U0529161

本丛书属于国家社科基金重大项目
　　——梵文研究及人才队伍建设

梵汉佛经对勘丛书

梵汉对勘
究竟一乘宝性论

黄宝生 译注

中国社会科学出版社

图书在版编目(CIP)数据

梵汉对勘究竟一乘宝性论/黄宝生译注.—北京：中国社会科学出版社，2017.10（2024.3重印）

（梵汉佛经对勘丛书）

ISBN 978-7-5203-0889-2

Ⅰ.①梵⋯　Ⅱ.①黄⋯　Ⅲ.①大乘—佛经　Ⅳ.①B942.1

中国版本图书馆 CIP 数据核字（2017）第 210436 号

出 版 人	赵剑英
责任编辑	史慕鸿
特约编辑	郑国栋　常　蕾
责任校对	朱妍洁
责任印制	戴　宽

出　　版	中国社会科学出版社
社　　址	北京鼓楼西大街甲 158 号
邮　　编	100720
网　　址	http://www.csspw.cn
发 行 部	010-84083685
门 市 部	010-84029450
经　　销	新华书店及其他书店

印刷装订	北京君升印刷有限公司
版　　次	2017 年 10 月第 1 版
印　　次	2024 年 3 月第 3 次印刷
开　　本	710×1000　1/16
印　　张	21.75
字　　数	281 千字
定　　价	99.00 元

凡购买中国社会科学出版社图书，如有质量问题请与本社营销中心联系调换
电话：010-84083683
版权所有　侵权必究

《梵汉佛经对勘丛书》总序

  印度佛教自两汉之际传入中国,译经活动也随之开始。相传摄摩腾和竺法兰所译《四十二章经》是中国的第一部汉译佛经。这样,汉译佛经活动始于东汉,持续至宋代,历时千余年。同样,印度佛教自七世纪传入中国藏族地区,藏译佛经活动始于松赞干布时期,持续至十七世纪,也历时千余年。据赵朴初先生的说法,汉译佛经共有"一千六百九十余部",而藏译佛经共有"五千九百余种"。[①] 中国的佛教译经活动历时之久,译本数量之多,而且以写本和雕版印刷的传承方式保存至今,堪称世界古代文化交流史上的一大奇观。

  印度佛教在中国文化土壤中扎下根,长期与中国文化交流融合,已经成为中国传统文化的有机组成部分。就汉文化而言,最终形成的传统文化是以儒家为主干的儒道释文化复合体。汉译佛经和中国古代高僧的佛学著述合称汉文大藏经。它们与儒家典籍和道藏共同成为中华民族的宝贵文化遗产。为了更好地继承和利用文化遗产,我们必须依循时代发展,不断对这些文献资料进行整理和研究。儒家典籍在中国古代文献整理和研究中始终是强项,自不待言。相比之下,佛教典籍自近代以来,学术界重视不够,已经逐渐成为中国古代文献整理和研究中的薄弱环节。

  [①] 赵朴初:《佛教常识答问》,上海辞书出版社2009年版,第147、150页。另据吕澂著《新编汉文大藏经》目录,汉译佛经有一千五百零四部。关于汉译和藏译佛经的数量迄今未有确切的统计数字。

二十世纪五十至七十年代，中国台湾地区编辑的《中华大藏经》是迄今为止汇集经文数量最多的一部汉文大藏经。其后，八九十年代，中国大陆地区也着手编辑《中华大藏经》，已经出版了"正编"。这部大陆版《中华大藏经》（正编）以《赵城金藏》为基础，以另外八种汉文大藏经为校本，在每卷经文后面列出"校勘记"。可惜，这部《中华大藏经》的编辑只完成了一半，也就是它的"续编"还有待时日。这种收集经文完备又附有"校勘记"的新编汉文大藏经能为汉传佛教文献的整理和研究奠定坚实的基础。在此基础上，可以进一步开展标点和注释工作。

与汉文大藏经的总量相比，出自现代中国学者之手的汉文佛经的标点本和注释本数量十分有限。为何这两种《中华大藏经》都采取影印本，而不同时进行标点工作？就是因为标点工作的前期积累太少，目前还没有条件全面进行。而对于中国现代学术来说，古籍整理中的标点和注释工作也是不可或缺的。因此，有计划地对汉文佛经进行标点和注释的工作应该提到日程上来。唯有这项工作有了相当的成果，并在工作实践中造就了一批人才，《中华大藏经》的标点工作才有希望全面展开。

对于佛经标点和注释的人才，素质要求其实是很高的：既要熟谙古代汉语，又要通晓佛学。同时，我们还应该注意到，在汉文大藏经中，汉译佛经的数量占据一多半。而汉译佛经大多译自梵文，因此，从事佛经标点和注释，具备一些梵文知识也是必要的。此外，有一些佛经还保存有梵文原典，那么，采用梵汉对勘的方法必然对这些汉译佛经的标点和注释大有裨益。这就需要通晓梵文的人才参与其中了。

过去国内有些佛教学者认为留存于世的梵文佛经数量很少，对汉文大藏经的校勘能起到的作用有限。而实际情况并非这么简单。自十九世纪以来，西方和印度学者发掘和整理梵文佛经抄本的工作持续至今。当代中国学者也开始重视西藏地区的梵文佛经抄本的发掘和整理。由于这些抄本分散收藏在各个国家和地区，目前没有确切的统计数字。虽然不能说所有的汉译佛经都能找到相应的梵文原典，实际上也不可能做到这样，但其数量仍然十分可观，超乎人们以往的想象。例如，在汉译佛经中占据庞大篇幅的《般若经》，其梵文原典《十万颂般若经》、《二万五千颂般若经》和《八千颂般若经》等均有完整的抄本。又如，印度出版的《梵文佛经丛刊》（Buddhist Sanskrit Texts）收有三十多种梵文佛经校刊本。其中与汉译佛经对应的梵文原典有《神通游戏》（《方广大庄严经》）、《三昧王经》（《月灯三昧经》）、《入楞伽经》、《华严经》、《妙法莲华经》、《十地经》、《金光明经》、《菩萨学集》（《大乘集菩萨学论》）、《入菩提行论》、《中论》、《经庄严论》（《大乘庄严经论》）、《根本说一切有部毗奈耶》、《阿弥陀经》、《庄严宝王经》、《护国菩萨经》、《稻秆经》、《悲华经》、《撰集百缘经》、《佛所行赞》、《如来秘密经》（《一切如来金刚三业最上秘密大教王经》）和《文殊师利根本仪轨经》等。此外，诸如《金刚经》、《维摩诘经》、《阿毗达磨俱舍论》、《因明入正理论》和《辩中边论》等这样一些重要的汉译佛经也都已经有梵文校刊本。因此，对于梵汉佛经对勘在汉文佛教文献整理和研究中的学术价值不可低估，相反，应该予以高度重视。

其实，梵汉佛经对勘不仅有助于汉文佛教文献的整理，也有助于梵文佛经抄本的整理。梵文佛经抄本整理的主要成果是编订校刊本。因为梵文佛经抄本在传抄过程中，必定会产生或多或少的文字脱误或变异。这需要依据多种抄本进行校勘，确定正确的或可取的读法，加以订正。除了利用同一佛经的多种梵文抄本进行校勘外，还可以利用同一佛经的平行译本进行对勘。尤其是在有的梵文佛经只有一个抄本的情况下，利用平行译本进行对勘就显得更为重要。正是这个原因，长期以来，西方、印度和日本学者在编订梵文佛经校刊本时，都十分重视利用梵文佛经的汉译本和藏译本。但对于西方学者来说，掌握古代汉语比较困难，因此，从发展趋势看，他们越来越倚重藏译本。相比之下，日本学者在利用汉译本方面做得更好。

近一百多年来，国际佛教学术界已经出版了不少梵文佛经校刊本，同时也出版了完整的巴利文三藏校刊本。这些校刊本为佛教研究提供了方便。学者们依据这些校刊本从事翻译和各种专题研究。在此基础上，撰写了大量的印度佛教论著和多种印度佛教史。如果没有这些校刊本，这些学术成果的产生是不可设想的。这从这些著作中引用的梵文佛经校刊本及其现代语言（英语、法语或日语）译本资料便可见出。同时，我们也应该注意到，有些重要佛经缺乏梵文原典，西方学者还依据汉译佛经转译成西方文字，如英译《佛所行赞》（梵文原典缺失后半）、《胜鬘师子吼一乘大方便方广经》，德译和英译《维摩诘经》（译于梵文原典发现前），法译《成唯识论》、《大智度论》、《摄大乘论》、《那先比丘经》，等等。又鉴于印度古代缺少历史文献，他们也先后将法显的《佛国记》、玄奘的《大唐西域记》、慧立和彦悰的《大慈恩寺三藏法师传》、义净的《大唐西域求法高僧传》和《南海寄归内法传》译成英文或法文。这些都说明国际佛教学术界对汉文佛教文献的高度重视。只是限于通晓古代汉语的佛教学者终究不多，他们对汉文佛教文献的利用还远不充分。

而中国学术界直至二十世纪上半叶，才注意到国际上利用梵文佛经原典研究佛教的"新潮流"。引进这种"新潮流",利用梵文佛经原典研究与佛教相关的中国古代文献的先驱者是陈寅恪、汤用彤、季羡林和吕澂等先生。然而,当时国内缺少梵文人才,后继乏人。时光荏苒,到了近二三十年,才渐渐出现转机。因为国内已有一批青年学子在学习梵文后,有志于利用梵文从事佛教研究。这条研究道路在中国具有开拓性,研究者必定会备尝艰辛,但只要有锲而不舍的精神,前景是充满希望的。

利用梵文从事佛教研究的方法和途径多种多样,研究者完全可以依据自己的学术兴趣和专长选择研究领域。而梵汉佛经对勘研究应该是其中的一个重要选项。这项研究的学术价值至少体现在以下几个方面。

一、有助于读解汉译佛经。现代读者读解汉译佛经的难度既表现在义理上,也表现在语言上。佛教义理体现印度古代思维方式。尤其是大乘佛教的中观和唯识,更是体现印度古代哲学思辨方式。它们有别于中国传统的理论思维形态。而汉译佛经的语言对于现代读者,不仅有古今汉语的隔阂,还有佛经汉译受梵文影响而产生不同程度的变异,更增添一层读解难度。然而,通过梵汉佛经对勘,则可以针对汉译佛经中义理和语言两方面的读解难点,用现代汉语予以疏通和阐释。

二、有助于读解梵文佛经。佛教于十二世纪在印度本土消亡,佛经抄本大量散失,佛教学术也随之中断。近代以来,随着国际印度学的兴起,学者们重视发掘佛经原典,先后在尼泊尔和克什米尔等地,尤其是在中国西藏地区发现了数量可观的梵文佛经抄本。这样,印度佛教文献研究成了一门"新兴学科"。由于佛教学术在印度本土已经中断数百年之久，对于印度或西方学者来说，梵文佛经的读解也是印度古代文献研究中的一个难点。这与汉文佛教文献在现代中国古代文献研究中的情况类似。仅以梵文词典为例，著名的M.威廉斯的《梵英词典》和V. S.阿伯代的《实用梵英词典》基本上都没有收入佛教词汇。因此，才会有后来出现的F.埃杰顿的《佛教混合梵语语法和词典》和荻原云来的《梵和大辞典》。尤其是《梵和大辞典》，充分利用了梵汉佛经对勘的成果。

现存的所有梵文佛经抄本都会存在或多或少的文字错乱或讹误，已经编订出版的校刊本也未必都能彻底予以纠正。校刊本质量的高低既取决于校刊者本人的学术造诣，也取决于所掌握抄本的数量和质量。同时，佛教梵语受方言俗语影响，在词汇、惯用语和句法上与古典梵语存在一些差异，以及经文中对一些义理的深邃思辨，都会形成梵文佛经读解中的难点。而梵汉佛经对勘能为扫除梵文佛经中的种种文字障碍，提供另一条有效途径。毫无疑问，在利用汉译佛经资料方面，中国学者具有得天独厚的优势。如果我们能在梵汉佛经对勘研究方面多做一些工作，也是对国际佛教学术作出应有的贡献。

三、有助于佛教汉语研究。现在国内汉语学界已经基本达成一个共识，即认为佛经汉语是中国古代汉语中的一个特殊类型。有的学者仿照"佛教混合梵语"（Buddhist Hybrid Sanskrit）的称谓，将它命名为"佛教混合汉语"。而时下比较简便的称谓则是"佛教汉语"。梵文佛经使用的语言在总体上属于通俗梵语，这是由佛教的口头传承方式决定的。而这种通俗梵语中含有佛教的种种特定词语，也夹杂有俗语语法成分，尤其是在经文的偈颂部分，因此，明显有别于传统的梵语。同样，汉译佛经受梵文佛经影响，主要采用白话文体，较多采用口语用词。同时，在构词、词义、语法和句式上也受梵文影响，语言形态发生一些变异，有别于传统的汉语。这些特殊的语言现象需要汉语学者认真研究和诠释。近二三十年中，佛教汉语研究已成为一门"显学"。日本学者辛嶋静志和中国学者朱庆之是这个领域中的代表人物。

尽管国内佛教汉语研究已经取得了不少成绩，但研究队伍中存在一个明显的缺陷，也就是通晓梵语的学者很少。如果通晓梵语，直接运用梵汉佛经对勘研究的方法，就会方便得多，避免一些不必要的暗中摸索和无端臆测。辛嶋静志能在这个领域中取得大家公认的学术成就，是与他具备多方面的语言和知识学养分不开的，尤其是直接运用梵汉佛经对勘研究的方法。这是值得国内从事佛教汉语研究的年青一代学者效仿的。希望在不久的将来，中国学者能在大量的梵汉佛经对勘研究的基础上，编出佛教汉语语法和词典。这样，不仅拓展和充实了中国汉语史，也能为现代学者阅读和研究汉文佛经提供方便实用的语言工具书。

四、有助于中国佛经翻译史研究。中国无论在古代或现代，都无愧为世界上的"翻译大国"。在浩瀚的汉文大藏经中，不仅保存有大量的汉译佛经，也保存有许多佛经翻译史料。现代学者经常依据这些史料撰写佛经翻译史论。但是，佛经翻译史研究若要进一步深入的话，也有赖于梵汉佛经对勘研究的展开。因为佛经翻译史中的一些重要论题，诸如佛经原文的文体和风格，翻译的方法和技巧，译文的质量，只有通过具体的梵汉佛经对勘研究，才会有比较切实的体认。在这样的基础上撰写佛经翻译史论，就能更加准确地把握和运用古代史料，并提供更多的实例，增添更多的新意。

鉴于上述学术理念，我们决定编辑出版《梵汉佛经对勘丛书》，由国内有志于从事梵汉佛经对勘的学者分工协作完成。这是一个长期计划，完成一部，出版一部，不追求一时的速度和数量。每部对勘著作的内容主要是提供梵文佛经的现代汉语今译，对梵文佛经和古代汉译进行对勘，作出注释。

其中，梵文佛经原文选用现已出版的校刊本。若有两个或两个以上校刊本，则选定一个校刊本作为底本，其他的校刊本用作参考。若有其他未经校勘的抄本，也可用作参考。而如果对勘者通晓藏文，也可将藏译本用作参考。当然，我们的主要任务是进行梵汉佛经对勘，而不是编订校刊本。因为编订校刊本是一项专门的工作，需要独立进行。编订校刊本的本意是为研究提供方便。前人已经编订出版的校刊本我们不应该"束之高阁"，而应该充分加以利用。在学术研究中，凡事不可能，也无必要从头做起，否则，就可能永远在原地踏步。正因为前人已经编订出版了不少梵文佛经校刊本，我们今天才有可能编辑出版《梵汉佛经对勘丛书》。而且，我们的梵汉佛经对勘研究也能在一定程度上起到改善前人校勘成果的作用。这也是我们对勘成果的一个组成部分。

梵汉佛经对勘的版面格式是将梵文佛经原文按照自然段落排列，依次附上相应段落的现代汉语今译和古代汉译。古代汉译若有多种译本，则选取其中在古代最通行和最接近现存梵本的译本一至两种，其他译本可依据对勘需要用作参考。现代汉语今译指依据梵文佛经原文提供的新译。为何要提供现代汉语今译呢？因为这样便于同行们检验或核实对勘者对原文的读解是否正确。如果读解本身有误或出现偏差，势必会影响对勘的学术价值。另外，国内利用汉译佛经从事相关研究的学者大多不通晓梵文，或者只是掌握一些梵文基础知识，尚未达到读解原典的程度。那么，我们提供的现代汉语今译可以供他们参考，为他们的研究助一臂之力。

实际上，现代汉语今译本身也是对勘成果的重要体现。因为梵文佛经原文中的一些疑点或难点往往可以通过对勘加以解决。如果有的疑点或难点一时解决不了，我们可以暂不译出，或者提供参考译文，并在注释中注明。确实，如果我们能正确读解梵文佛经原文，并提供比较准确的现代汉语今译，便会对古代汉译佛经中一些文字晦涩或意义难解之处产生豁然开朗的感觉。通过梵汉佛经对勘，帮助读解梵文佛经和汉译佛经，这正是我们的工作目的。

对勘注释主要包括这几个方面：

一、订正梵文佛经校刊本和汉译佛经中的文字讹误或提供可能的合理读法。

二、指出梵文佛经与汉译佛经的文字差异之处。

三、指出汉译佛经中的误译之处。

四、疏通汉译佛经中的文字晦涩之处。

五、诠释梵文佛经和汉译佛经中的一些特殊词语。

由于我们已经提供了现代汉语今译，也就不需要逐句作出对勘说明，而可以依据实际需要，有重点和有选择地进行对勘注释。

同时，利用这次梵汉佛经对勘的机会，我们也对古代汉译佛经进行标点。梵文和古代汉语一样，没有现代形式的标点。但梵文在散文文体中，用符号 ǀ 表示一句结束，ǁ 表示一个段落结束；在诗体中，用符号 ǀ 表示半颂结束，ǁ 表示一颂结束。这样，参考梵文佛经，尤其是依靠读通句义，便有助于汉译佛经的标点。但古代汉语的行文毕竟具有自身的特点，不可能完全依据梵文原文进行标点。我们的标点也只是提供一个初步的样本，留待以后听取批评意见，加以完善。

　　以上是对《梵汉佛经对勘丛书》的基本学术设想。在实际工作中，对勘者可以根据自己的学术专长，在某些方面有所侧重。我们的共同宗旨是对中国古代佛教文献的整理和研究作出各自的创造性贡献。

　　千里之行，始于足下。不管前面的道路怎样艰难曲折，让我们现在就起步，登上征途吧！

黄宝生
2010 年 5 月 12 日

目　录

导言 1

究竟一乘宝性论 1

　　第一　如来藏品 35

　　第二　菩提品 212

　　第三　功德品 244

　　第四　如来业品 263

　　第五　利益品 296

导　言

一

如来藏（tathāgatagarbha）是大乘佛教中期（即公元三至五世纪）产生的一个流派，现存有不少汉译如来藏经典。

这个时期的如来藏经典或与如来藏相关的经典主要有《大方等如来藏经》（简称《如来藏经》）、《大方等大集经》（其中的《陀罗尼自在王菩萨品》、《海慧菩萨品》、《宝女品》、《虚空藏品》和《宝髻品》等）、《大方广无想经》（又称《大云经》或《无想经》）、《大法鼓经》、《央掘魔罗经》、《如来庄严智慧光明入一切佛境界经》、《大般涅槃经》、《胜鬘师子吼一乘大方便方广经》（简称《胜鬘经》）、《不增不减经》和《无上依经》等。

其中，《如来藏经》可能产生最早。此经讲述佛在王舍城耆阇崛山中宝月讲堂栴檀重阁说法。佛开宗明义，宣示说："善男子！我以佛眼观一切众生，贪欲恚痴诸烦恼中，有如来智、如来眼、如来身，结加趺坐，俨然不动。善男子！一切众生虽在诸趣，烦恼身中有如来藏，常无污染，德相备足，如我无异。又善男子！譬如天眼之人观未敷花，见诸花内有如来身结加趺坐，除去萎花，便得显现。如是，善男子！佛见众生如来藏已，欲令开敷，为说经法，除灭烦恼，显现佛性。善男子！诸佛法尔，若佛出世，若不出世，一切众生如来之藏常住不变，但彼众生烦恼覆故。如来出世广为说法，除灭尘劳，净一切智。善男子！若有菩萨信乐此法，专心修学，便能解脱，成等正觉，普为世间施作佛事。"这段说法可以说是如来藏的根本教义，此后各种如来藏经都以此为基本纲领，予以引申和发挥。

例如，《大般涅槃经》强调"一切众生悉有如来藏"。经中以"常、乐、我、净"指称佛、法身、涅槃和佛法："我者即是佛义，常者是法身义，乐者是涅槃义，净者是法义。"又说："我者是如来藏义。一切众生悉有如来藏，即是我义。"

经中还提出如来藏的空观："佛性者名为第一义空，第一义空为智慧。""空者一切生死。不空者谓大涅槃。……见一切空，不见不空，不名中道。……见一切无我，不见我者，不名中道。中道者名为佛性。以是义故，佛性常恒，无有变易，无明覆故，令诸众生不能得见。"这说明佛性有所空，有所不空，佛性永恒存在不变易，只是由于无明污垢覆盖而一时不能得见。

关于一阐提能否成佛问题，此经"前分"中的基调是一阐提不能成佛："一切众生皆有佛性，以是性故，断无量亿诸烦恼结，即得成阿耨多罗三藐三菩提，除一阐提。"而在"后分"中又认为一阐提也能成佛："一切众生定当得成阿耨多罗三藐三菩提。以是义故，我经中说，一切众生……乃至五逆、四重禁及一阐提悉有佛性。"

《胜鬘经》指出"如来藏者是法界藏，法身藏，出世间上上藏，自性清净藏"。又说："如来法身，不离烦恼藏，名如来藏。""此自性清净如来藏，而客尘烦恼上烦恼所染，不思议如来境界"。正因为"自性清净心而有染者"，故而"难可了知"。经中也指出"如来法身是常波罗蜜，乐波罗蜜，我波罗蜜，净波罗蜜。于佛法身作是见，是名正见"。

此经也说明如来藏的"空智":"世尊!空如来藏,若离若脱若异一切烦恼藏。世尊!不空如来藏,过于恒沙不离不脱不异不思议佛法。"也就是说明如来藏有所空,有所不空。同时指出:"生死者依如来藏……有如来藏,故说有生死。"又说:"非如来藏有生有死。如来藏离有为相,如来藏常住不变,是故如来藏是依是持是建立。"

《不增不减经》同样指出:"甚深义者,即是第一义谛。第一义谛者,即是众生界。众生界者,即是如来藏。如来藏者,即是法身。"也说明如来藏的所空和所不空:"众生界中亦三种法,皆真实如不异不差。何谓三法?一者,如来藏本际相应体及清净法。二者,如来藏本际不相应体及烦恼缠不清净法。三者,如来藏未来际平等恒及有法。"这是说明无始以来存在清净相应法体,而这自性清净法体无始以来受不相应的烦恼不清净法所缠。总之,一切众生皆有如来藏。这如来藏"恒及有",即过去、现在和未来永恒存在。

在这些如来藏经的基础上,产生了《究竟一乘宝性论》(按照现存梵本,这个经名可译为《宝性分别大乘至上论》,简称《宝性论》)这样一部如来藏论著。上面提到的这些如来藏经,除了《大方广无想经》、《大法鼓经》、《央掘魔罗经》和《无上依经》,在《宝性论》中都有所引用。而其中的《无上依经》由于经中的论题和论述的内容文字与《宝性论》多有相似之处,故而可能产生在《宝性论》之后。在《宝性论》中,引用较多的是《胜鬘经》。《宝性论》中也多用譬喻说法,其中如来藏为烦恼所缠的九种譬喻出自《如来藏经》,佛业的九种譬喻出自《如来庄严智慧光明入一切佛境界经》。此外,佛的六十四种功德出自《大集经》中的《宝女品》。

《宝性论》是对如来藏思想的理论总结,试图以七个论题,即佛、法、僧、界、菩提、功德和佛业，构建如来藏的理论体系。"佛"、"法"和"僧"合称"三宝"，是佛教的基本结构，佛教成立的根基。"界"也就是三宝种性。"种性"也就是如来性。如来性也就是如来界。如来界也就是佛性或真如。真如有污垢，称为如来藏。真如远离污垢，称为如来法身。如来法身也就是佛性或真如。如来藏又称众生界，即一切众生有如来藏。众生的如来藏覆盖有无数烦恼污垢。但这些污垢只是客尘，本身无自性。因此，众生只要觉知自身中有如来藏，而远离客尘污垢，便能成佛。"菩提"是指觉知如来藏。获得无上菩提就是在无漏界远离一切污垢，转依佛地。"功德"是指佛具有三身：法身、受用身和化身，具有自利和利他的六十四种功德。"佛业"是指佛为众生谋求出离，只要这个事业未完成，就与世间恒常共存，永不休息。

另一部如来藏论著是《大乘法界无差别论》。此论以菩提心为核心命题。而这菩提心即"自性清净心"或"如来法身"。经中阐明菩提心十二义：果、因、自性、异名、无差别、分位、无染、常恒、相应、不作义利、作义利和一性。"果"指寂静涅槃界，"因"指信、慧、定、悲，"自性"指离染清净，"异名"指菩提心即如来法身，即自性清净心，"无差别"指法身或菩提心于一切众生身中无差别，"分位"指染位众生、染净位菩萨和最极清净位如来，"无染"指自性清净，所缠烦恼只是客尘，而不受其染，"常恒"指菩提心或如来藏寂静常住，不变不断，"相应"指与佛功德净法相应，"不作义利"指烦恼障缠覆，不能利益众生，"作义利"指去除烦恼障，则能利益众生，"一性"指法身、如来和涅槃同为一性。这些论题及其相关论述与《宝性论》中论述如来界的"十义"中的体、因、果、业、相应、时差别、遍一切处、不变异和无差别,多有相似之处。故而,此论是与《宝性论》同一类的如来藏论著。

《佛性论》是又一部如来藏论著。此论共有四分。在第一《缘起分》中指出"如来为除五种过失,生五功德故,说一切众生悉有佛性"。这与《宝性论》中《为何义说品第七》(梵本《第一如来藏品》末尾部分)中的说法一致。在第二《破执分》中批驳小乘、外道和大乘中对佛性问题的谬见。在第三《显体分》中以佛性三因(所得因、加行因和圆满因)、三性(三无性和三自性)和如来藏三义(所摄藏、隐覆藏和能摄藏)说明如来藏的体性。其中的"三自性",即分别、依他和真实,是唯识论的重要命题。"如来藏三义"中的"所摄藏"指"约住自性如如,一切众生是如来藏"。这是说依据未显露的佛性或真如,一切众生是如来藏。"隐覆藏"指"如来性住道前,为烦恼覆藏,众生不见,故名为藏"。此处"住道前"意谓众生在修道之前。"能摄藏"指"果地一切过恒沙数功德,住如来应得性时,摄之已尽故"。这是说,如来藏虽然在果地显现,而实际"本有,是故言常"。在第四《辩相分》中论述佛性的十相:自体、因、果、事能、总摄、分别、阶位、遍满、无变异和无差别,相当于《宝性论》中论述如来界的"十义"。而其中也论及"拔除阿梨耶":"一切生死果报,依阿梨耶识为本故,以未离此识,果报不断。"因此,通过修习,运用"无分别智,能拔除现在虚妄,能清净法身,即名净智"。运用"无分别后智,能令未来虚妄永不得起,圆满法身,即无生智"。可见,这是一部如来藏和唯识论融合的论著。

《入楞伽经》是一部重要的大乘佛经,涉及论题很多,但核心理论是唯识论,而且是吸纳如来藏的唯识论。经中将阿赖耶识(也译"藏识"或"识藏")称为如来藏。经中指出:"如来之藏是善不善因,能遍兴造一切趣生,譬如伎儿变现诸趣。……为无始虚伪恶习所熏,名为识藏,生无明住地,与七识俱。如海浪身,常生不断,离无常过,离于我论,自性无垢,毕竟清净。"经中强调"如来藏识藏""非声闻缘觉修行境界","菩萨摩诃萨欲求胜进者,当净如来藏及识藏名"。

此经还论及如来藏与外道所谓的"我"的区别。经中大慧菩萨询问佛:"世尊!修多罗中说如来藏本性清净,常恒不断,无有变异,具三十二相,在于一切众生身中,为蕴界处垢衣所缠,贪恚痴等妄分别垢所污染,如无价宝在垢衣中。外道说我是常作者,离于求那,自在无灭。世尊所说如来藏义,岂不同于外道我耶?"大慧菩萨的提问中,对如来藏作了精确的概括。佛回答说:"大慧!我说如来藏,不同外道所说之我。大慧!有时说空、无相、无愿、如、实际、法性、法身、涅槃、离自性、不生不灭、本来寂静、自性涅槃,如是等句,说如来藏已。如来、应供、等正觉为断愚夫畏无我句故,说离妄想、无所有境界如来藏法门。……以种种智慧善巧方便,或说如来藏,或说无我。以是因缘故,说如来藏,不同外道所说之我,是名说如来藏。……为离外道见故,当依无我如来之藏。"

《大乘起信论》也是一部融合如来藏和唯识论的论著。此论共有五分:《因缘分》、《立义分》、《解释分》、《修行信心分》和《劝修利益分》,内容包括义理和修行两方面,可以概括为一心、二门、三大、四信和五行。"一心"指"众生心。是心则摄一切世间法、出世间法"。此"众生心"实际是真如或如来藏。"二门"指心真如门和心生灭门。其中,第一门"心真如者,即是一法界大总相法门体,所谓心性不生不灭"。此真如有所空和有所不空。"所言空者,从本已来,一切染法不相应故。谓离一切差别之相,以无虚妄心念故。""所言不空者,已显法体空无妄故，即是真心，常恒不变，净法满足，则名不空"。第二门"心生灭者，依如来藏，故有生灭心。所谓不生不灭与生灭和合，非一非异，名为阿黎耶识"。这里，是将如来藏视为不生不灭真如心，而阿黎耶识依于真如心，是不生不灭心和妄识生灭心的和合。这样，阿黎耶识具有产生生灭和回归不生不灭的双重身份。"三大"指体大、相大和用大。其中，"体大"指"一切法真如平等，不增减故"。也就是真如平等遍于一切法中。"相大"指"如来藏具足一切性功德"。"用大"指"能生一切世间、出世间善因果故，一切诸佛本所乘故，一切菩萨皆乘此法到如来地故"。"四信"指虔信真如、佛、法和僧。"五行"指修行施舍、持戒、忍辱、精进和止观。其中的"止观"相当于禅定和智慧，故而，"五行"也就是修行六波罗蜜。

如来藏和唯识论是产生于中观学之后的佛教学说，可以统摄在瑜伽行派名下。如来藏和唯识论虽然有各自的表现形式，但两者的思维方式和理论本质是相通的，故而在后期会出现两者合流的现象。

关于如来藏学说的起源，学界通常归诸佛教中固有的心性本净说。如《杂阿含经》中有"净心""烦恼缠"以及"心恼故众生恼，心净故众生净"等说法。又据《异部宗轮论》，部派佛教中，大众部、一说部、说出世部、鸡胤部主张"心性本净，客尘烦恼之所染，说为不净"。分别论者也指出"圣教亦说心本清净，有时客尘烦恼所染"。类似论述也见于早期大乘佛经中。因此，"心性本净，客尘所染"这一思想脉流，在佛教中始终连绵不断，以至在大乘佛教发展的中期，引发如来藏学说。

我在《梵汉对勘唯识论三种》导言中已提到自早期佛教至大乘佛教般若空论和中观学，有个理论问题始终没有获得解决，即生死轮回和涅槃的主体。因为佛教的发展不是孤立的，而是处在古代印度宗教文化的大环境中。在古代印度，生死轮回是包括佛教在内所有宗教派别的共识。婆罗门教确认这个轮回主体是"我"（ātman），解脱之道是达到"梵我同一"。同时，婆罗门教在古代印度始终处于主流地位。故而，佛教如果不对轮回主体作出合理的说明，在与强大的婆罗门教抗衡中，这会成为与婆罗门教论辩中的一个弱点。

实际上，佛教内部也始终关注和思考这个问题。例如，部派佛教曾提出轮回主体的种种设想，其中之一是补特伽罗（pudgala）。从《阿毗达磨俱舍论》卷三〇《破执我品》中，可以看出教内对此问题的思考："若定无补特伽罗，为说阿谁流转生死？""若一切类我体都无，刹那灭心，于所曾受久相似境，何能忆知？""若实无我，谁能作业？谁能受果？""若实无我，业已灭坏，云何复能生未来果？"又如，在《成唯识论》卷一中提到与上述类似的问难："实我若无，云何得有忆识、诵习、恩怨等事？""若无实有，谁能造业？谁受果耶？""我若实无，谁于生死轮回诸趣？谁复厌苦求趣涅槃？"论中批驳婆罗门教的"实我"论，而以"本识"（即"阿赖耶识"）取代"实我"，作为对上述问难的解答。这说明佛教在发展历程中，必须正视和解决这个理论问题。

正如唯识论提出阿赖耶识，如来藏学说提出如来藏。而且，与阿赖耶识有染有净一样，如来藏存在真如有污垢和无污垢两种状态。有污垢则造成生死轮回，无污垢则达到涅槃境界。这样，佛教修行就是消除客尘污垢，回归本性清净的历程，也就是实现"转依"。凭借阿赖耶识或如来藏，轮回和涅槃的主体得以成立，佛教学说从义理到修行，从理论到实践，也就一以贯之，顺理成章。

在如来藏学说中，有两个理论亮点值得重视。一是强调如来藏有所空和有所不空。例如，《宝性论》引述《胜鬘经》中所说"二种如来藏空智":一种是"空如来藏,若离若脱若异一切烦恼藏",另一种是"不空如来藏,过于恒沙不离不脱不异不思议佛法"。《宝性论》中还提到以前的经中已说明一切有为法如云如梦如幻,而撰写这部论著是为了说明"界的有性"(dhātvastitva),即有真如性。也就是针对以往的性空说,而提出如来藏的"空智",即既有"空",也有"有"。这可以印证义净的"瑜伽则外无内有"之说。

二是宣称如来法身是"常乐我净"。在佛教中,"常乐我净"原本指凡夫于无常中起常想,于苦中起乐想,于无我中起我想,于不净中起净想,即"四颠倒"。如来藏学说对此是认同的。而同时指出真正的"常乐我净"是如来法身。按照《宝性论》中的阐释,如来法身的"净"是本性清净。"我"是以无我为我,是第一我。"乐"是远离一切痛苦和烦恼习气。"常"是世间和涅槃平等,常住世间,利益众生。

如来藏学说确认如来藏是轮回和涅槃的主体,并确认一切众生皆有佛性,故而,提出如来法身(即佛性)"常乐我净"是合乎自己的理论逻辑的。从对"常乐我净"的具体阐释中,也可以看出如来藏学说并不否定佛教既定的"人法无我"理论,而是对此理论的继承和发展。同时,提出如来法身是"我"、"第一我"或"大我",也可以说是为了吸引深受婆罗门教"自我"说影响者,而采取的一种善巧方便的说法。

二

在以上提及的如来藏经论中,除了《入楞伽经》,唯有《究竟一乘宝性论》(简称《宝性论》)留存梵语原典,因而弥足珍贵。《宝性论》的译者是勒那摩提。据《开元释教录》记载,勒那摩提"魏言宝意"

（可以还原成梵语 Ratnamati），是中印度人，于北魏宣武帝正始五年（508 年）来华，原于洛阳内殿与菩提留支和扇多一起合作译经。后来，三人意见不合，"各传师习，不相访问。帝以弘法之盛略叙曲烦，敕三处各翻，讫乃参校，其间隐没，互有不同，致有文旨时兼异缀，后人合之，共成通部。"文中夹注："所以法华、宝积、宝性等论各有两本耳。"据《大唐内典录》著录，《宝性论》四卷，归在菩提留支名下；《究竟一乘宝性论》四卷，归在勒那摩提名下。而现存通行的只有勒那摩提译（以下简称"勒译"）《究竟一乘宝性论》这一种汉译本。

勒译《究竟一乘宝性论》没有题署作者名。而《宝性论》有十一世纪的两个藏译本。其中一部只含有偈颂，题署作者名为弥勒，另一部包含偈颂和释论，题署作者名为无著。故而一般认为《宝性论》的本偈作者是弥勒，释论作者是无著。然而，在唐法藏的《大乘法界无差别论疏》中，提到坚慧（音译"娑啰末底"，可以还原成梵语 Sāramati）"造《究竟一乘宝性论》及《法界无差别论》等"。由于别无旁证，《宝性论》的作者难以确定。

勒译《究竟一乘宝性论》的梵语原名为 Ratnagotravibhāga Mahāyānottaratantraśāstra，可直译为《宝性分别大乘至上论》。其中，"宝"（ratna）指佛、法、僧三宝。"性"指"种性"（gotra），即如来性或如来藏。"分别"（vibhāga）指分析或辨析。"分别"也是佛经论藏中通常采取的方法，将佛法要义归纳为若干"论母"（mātrikā），分别进行论述。这部《宝性论》便是将如来藏归纳为七个"论母"（即"七金刚句"），分别进行论述。勒那摩提将这个论名译为《究竟一乘宝性论》。其中，"究竟"一词对应的梵语原词很多，如 niṣṭhā 或 niṣṭha（"终极"）、para（"至上"）、parama（"第一"或"最高"）和 paramapāramiprāpta（"彻底通达")等。此处对应的原词是 uttara，词义为上面的、后面的或更高的，汉译佛经中常译为"上"或"胜上"。"一乘"对应 mahāyāna 一词，即"大乘"。"论"对应 tantra 一词①。此词词义为织布机、线、系列、仪式、程序、要点、原则、原理和经论等。原文中最后一个词是 śāstra，即经论。在《大唐内典录》中也提到勒译《究竟一乘宝性论》又名《宝性分别大乘增上论》。显然，这个译名更贴近梵语原名。这里还可以提及，勒那摩提使用"究竟一乘"这个词语，可能受汉译《胜鬘经》的影响，因为在求那跋陀罗译《胜鬘经》中，有"得究竟法身者，则究竟一乘"这样的语句。

《宝性论》采用颂释体，也就是由颂（kārikā，也称"本颂"或"本偈"）和释（vyākhyā 或 bhāṣya）两部分组成。"释"是对"颂"的解释或阐释，故而，"颂释体"也可以称为"经疏体"。其中，"颂"是偈颂体，而"释"主要是散文体释，也含有偈颂体释。"颂"通常包含在释中，也有首先单独排列在"释"的前面，并同时在"释"中出现。《宝性论》现存梵本的"颂"包含在"释"中，而勒那摩提的汉译本将"颂"首先排列在"释"的前面，然而，其中有些"颂"同时出现在"释"中，有些"颂"则没有出现在"释"中。这是读者在阅读中应该注意的。这里还应该指出，正因为勒译将本偈单列在释论前，我们现在就确认这些偈颂是本偈，而将释论中出现的其他偈颂视为偈颂体释。否则，依据梵本释论，是难以确定哪些是本偈的。

《宝性论》梵本共分五品：《如来藏品》、《菩提品》、《功德品》、《如来业品》和《利益品》。而勒译《宝性论》共分十一品：《教化品》、

---

① 参阅勒那摩提译《究竟一乘宝性论》第七《为何义说品》，其中提到这部论著名为《究竟论》，对应的梵语原词即 uttara（"究竟"）和 tantra（"论"）。

《佛宝品》、《法宝品》、《僧宝品》、《一切众生有如来藏品》、《无量烦恼所缠品》、《为何义说品》、《身转清净成菩提品》、《如来功德品》、《自然不休息佛业品》和《较量信功德品》。其中的前七品实际是梵本第一品的细分。下面依据梵本介绍《宝性论》五品的主要内容。

第一《如来藏品》：首先，确定本论的论体由佛、法、僧、界、菩提、功德和业七个论题组成，即七金刚句。接着，概述这七金刚句及其互相关系。关于"佛、法和僧"，指出如来不显现，法不可言，僧无为。同时指出依佛有法，依法有僧。关于"界"，指出第一义又名众生界，众生界又名如来藏，如来藏又名法身。关于"菩提"，指出无上正等菩提又名涅槃界，涅槃界又名法身。关于"功德"，指出如来法身不脱离智慧功德。关于"业"，指出如来不妄想，不分别，他的业行自然转出。

以上这部分论述相当于勒译《教化品第一》。

在扼要说明七金刚句后，依次论述佛、法、僧和界。其中，佛宝具有八种功德（或性质）：无为性、自然性、不依他觉知、智慧、慈悲、能力、自利和利他。这八种功德的前六种中，前三种用于如来自利，后三种用于如来利他。

以上这部分论述相当于勒译《佛宝品第二》。

从佛宝产生法宝。法宝具有八种功德：不可思议性、不二性、无分别性、清净、显现、对治性、离欲和离欲之因。这八种功德的前六种中，前三种说明灭谛，属于离欲，后三种说明道谛，属于离欲之因。

以上这部分论述相当于勒译《法宝品第三》。

从大乘法宝产生不退转菩萨僧宝。不退转菩萨僧宝有两种修行：如实修行和遍修行。"如实修行"指如实洞悉人和法终究无我，自性原本永远寂静。"遍修行"指凭借穷尽一切所知的出世间智慧觉察一切众生皆有如来藏。

在论述佛法僧三宝后，论述三皈依。三皈依中，法和僧只是暂时皈依，唯有具有清净法身的佛是永恒、坚固、清凉和持久的皈依。

接着，论述三宝种性是佛的境界。三宝出现的依据是真如有污垢，称为如来藏。真如远离污垢，转依佛地，称为如来法身。如来法身有十力等佛法，则是佛功德。这些佛法自然而行，永不休息，则是佛业。

以上这部分论述相当于勒译《僧宝品第四》。

真如有污垢，也就是说一切众生有如来藏。一切众生有如来藏依据三种意义：一是如来法身遍及一切众生，二是如来真如无有差别，三是有如来种性。

论中依据自性、因、果、业、相应、行、状况、遍及一切、不变异和无差别这十种意义确定至高真实如来界，也就是确定如来藏。

"自性义"指本性清净，永不污染。

"因义"指虔信、般若、智慧和慈悲是清净的原因。其中，毁谤大乘法是一阐提的障碍，对治的方法是修习虔信大乘法。诸法有我见是其他外道的障碍，对治的方法是修习菩萨般若波罗蜜。有世间痛苦想法而惧怕痛苦是声闻乘人的障碍，对治的方法是修习菩萨的虚空藏等三昧。无视和不关心众生利益是缘觉乘人的障碍，对治的方法是修习菩萨的大慈悲。

"果义"指净、我、乐、常功德圆满是果。于无常中起常想，于苦中起乐想，于无我中起我想，于不净中起净想，这是四颠倒。扭转这四颠倒，确立法身功德圆满，即常波罗蜜、乐波罗蜜、我波罗蜜、净波罗蜜。修习虔信大乘法，获得净波罗蜜。修习般若波罗蜜，获得我波罗蜜。所谓我，即以无我为我。修习三昧，获得乐波罗蜜。修习慈悲，与世间恒常共存，一心利益众生，获得常波罗蜜。

"业义"指厌恶痛苦、渴求达到寂静是业。佛界清净甚至促成邪定聚众生产生两种业：一是依靠观察世间痛苦弊病，产生厌离；二是依靠观察涅槃快乐功德，产生欲求。因为具有本性清净的种性，任何人都有清净的可能。

"相应义"指修习虔信大乘是如来法身清净因，修习般若三昧是如来智生起因，修习慈悲是如来大慈悲展现因。清除阻碍智慧感知事物的愚暗是神通果，彻底焚毁一切业和烦恼是漏尽智果，永恒无垢、清净和光明是转依漏尽果。

"行义"指凡夫、圣人和佛都不离真如，但这三者行为不同：凡夫颠倒而不见真实，圣人不颠倒而见真实，佛完全不颠倒和摒弃戏论而达到终极清净。

"状况义"指这三者的状况分别为不清净、清净不清净和完全清净。按照不清净状况称为众生界，按照清净不清净状况称为菩萨，按照完全清净状况称为如来。

"遍及一切义"指在这三种状况中，如来法界遍及一切。这样，众生界即法身，法身即众生界。无分别本性在这三种状况中永远平等无分别。

"不变异义"指如来界遍及一切，不因污染或清净而变异。

"无差别义"指在无漏界如来藏中，法身、如来、圣谛和涅槃这四者同一义而无差别。

以上这部分论述相当于勒译《一切众生有如来藏品第五》。

论中依据九种譬喻说明如来藏无始以来自性本性清净，同时又藏有无数烦恼库藏。这九种譬喻是凋谢莲花中的佛、蜜蜂围绕的蜜、糠壳中的谷粒、垃圾中的金子、地底下的宝藏、果子中的芽、破烂布包裹的佛像、贫女腹中的帝王种和泥模中的金像。这些譬喻说明客尘烦恼覆盖如来性,即一切众生无始以来心受污染,然而这些污染只是客尘,心本性依然清净。

这些具有客尘性的烦恼库藏有千万种,但可以概括为九种:贪随眠烦恼、瞋随眠烦恼、痴随眠烦恼、强烈贪瞋痴相烦恼、执著无明住地烦恼、见道所断烦恼、修道所断烦恼、处于不清净地烦恼和处于清净地烦恼。莲花、蜜蜂和糠壳等九种喻体依次用于这九种烦恼。

如来藏有三种自性,即法身、真如和种性。这样,佛、蜜和谷粒这三种喻体用于法身自性。金子这个喻体用于真如自性。宝藏、大树、佛像、转轮王和金像这五个喻体用于种性自性。

如来藏是一切法(包括无为法和有为法)所依,有如来藏而有生死轮回和涅槃。

四种人不能觉知如来藏,即执著有身见的凡夫、执著四颠倒的声闻和缘觉以及迷乱于空性的初入道菩萨。

如来藏的空性义是如来界本性清净,所空者是客尘污垢,所不空者是佛法。故而,其中有空,则感知为空,其中有有,则感知为有。也就是不增不减,由此而说明如来藏的空性相。

以上这部分论述相当于勒译《无量烦恼所缠品第六》。

既然这种如来界如此难见,甚至住于菩萨地的圣人也不能完全进入这种境界,为何还要向愚痴凡夫宣示?换言之,已说一切皆空,有为法如云如梦如幻,为何诸佛还说世上一切众生皆有佛界?回答是,虽然以前已经这样确定,而在这里的至上论中,为了断除众生的五种过失，而说明界的有性，以增长五种功德，这样就能迅速获得佛性。

以上这部分论述相当于勒译《为何义说品第七》。

第二《菩提品》："菩提"一词的本义是觉知，在这里可以理解为觉知如来藏。而在第一品开头概述七金刚句时，也将"无上正等菩提"称为"涅槃界"或"法身"。这品论述佛在无漏界远离一切污垢，实现转依。"转依"指转依佛地，由八种意义确定：自性、因、果、业、相应、行、常和不可思议。

"自性义"指自性原本清净，而为烦恼污垢所缠。因转依而清净。这样，自性的清净有两种，即自性清净和离垢清净。这里，又运用第一品中的九种譬喻说明佛性。

"因义"指无分别智和后得智是转依的原因。

"果义"指清除客尘污染而清净是无分别智的果，展现殊胜法身是后得智的果。

"业义"指达到自利和利他。摆脱烦恼障和所知障及其习气，获得无障碍法身，达到自利。在这之后，与世间恒常共存，自然而行，凭借两种佛身，示现和说法，达到利他。

"相应义"指佛性与这些功德相应：不可思议、恒常、坚固、清凉、永久、寂静、遍布、远离分别、如同虚空、不执著、无障碍、远离粗涩的接触、不可见、不可取、清净和无垢。

"行义"指佛的自性身（"法身"）、受用身和化身自然而行，施予世间利益和快乐，具有深邃、崇高和伟大的功德性。

"常义"指由于众生界无尽等原因，这三种佛身永恒存在。

"不可思议义"指如来转依所得法门，具有不可思议性，即不可言说性，摄取第一义，非思辨领域，不可比喻，无上，不执取世间和涅槃。其中，前五种是法身不可思议，第六种是色身（即受用身和化身）不可思议。

这品即勒译《身转清净成菩提品第八》。

第三《功德品》："功德"指佛的功德。这些清净的功德与无污垢的真如不分离，犹如摩尼珠的光芒、色彩和形状。佛有三身，第一义身（即法身）和依据第一义身的世俗身（即受用身和化身）。第一义身是成就自己（"自利"）的根基，世俗身是成就他人（"利他"）的根基。第一义身具有十力、四无畏和十八不共佛法。世俗身具有三十二大人相。这样，佛具有六十四种功德。

论中以金刚杵比喻十力，以狮子比喻四无畏，以虚空比喻十八不共佛法，以空中月和水中月比喻佛的世俗身。

这品即勒译《如来功德品第九》。

第四《如来业品》：如来怀有众生与自己平等见，为他人谋求出离。只要事业未完成，就与世间恒常共存，永不休息。论中以九种譬喻说明如来业：帝释天、天鼓、云、梵天、太阳、摩尼珠、回音、虚空和大地。

帝释天影像比喻众生依靠虔信等功德，能在自己的清净心中看到佛的影像，由此产生愿望，追求佛性，最后达到愿望的目的。

天鼓比喻佛宣说的法音，平息众生的烦恼痛苦。

云比喻佛的慈悲云，无分别地为众生降下妙法雨，增长世间的善业。

梵天比喻佛不离法身，在一切世界运用化身，自然而行，向众生显现排除一切污垢。

太阳比喻佛释放妙法光芒，无分别地照耀所有可教化众生。

如意摩尼宝珠比喻佛永远与世共存，依据情况利益他人。

回音比喻佛始终无分别，自然而行，无内外。

虚空比喻佛的法身无所有，无影像，无所缘，无所依，无所见，无色像，不显现。

大地比喻世间善根依靠佛地生长壮大，而佛地全然不分别。

以上是佛与这些喻体的相似处，同时佛又有与这些喻体的不相似处：如同帝释天影像，而不像影像无声。如同天鼓，而不像天鼓不利益一切众生。如同云，而不像云没有有益种子。如同梵天，而不像梵天不教化众生。如同太阳，而不像太阳不能彻底驱除一切黑暗。如同如意摩尼宝珠，而不像如意摩尼宝珠不难获得。如同回音，而不像回音依缘而起。如同大地，而不像大地不能成就世间出世间一切众生善业。

这品即勒译《自然不休息佛业品第十》。

第五《利益品》：这品说明和赞扬虔信佛境界获得的利益。智者虔信佛境界，便成为一切功德的容器，获得的功德胜过一切众生的功德，胜过一切布施、持戒和修禅获得的功德。因为虔信佛境界，便迅速生起菩提心，永远不退转，最后达到功德圆满清净，获得无上菩提。

这品即勒译《较量信功德品》。

从梵本《宝性论》五品的内容可以看出，前四品是阐释七金刚句。其中第一品阐释佛、法、僧和界。第二品阐释菩提。第三品阐释佛功德。第四品阐释佛业。第五品则是称颂虔信者能获得的利益。其中，第一品内容占据篇幅最大，故而勒译将此品细分为七品，便于读者把握这品中的四个论题：佛、法、僧和界。关于"界"，实际是如来界或如来藏，又是论述中的重点，故而，勒译又将这部分内容分为三品，即《一切众生有如来藏品》、《无量烦恼所缠品》和《为何义说品》。

通过勒译和现存梵本对照，可以看出这两个文本一致，内容和文字基本上能一一对应。但也存在不同程度的差异。在本偈部分，勒译的头十八首偈颂实际是对佛的礼敬辞，不见于梵本。其他的本偈则与梵本一致，互相之间只有少量出入。前面已提及在本偈的排列方式上，勒译与梵本有差异，例如，梵本第一品中，说明如来藏本性清净而覆盖有烦恼污垢的九个譬喻，共有二十八首本偈（1.99—1.126），勒译在释论中没有引用。又如，梵本第四品中，说明佛业的九个譬喻，约有三十多首本偈（4.14—4.76之间），勒译在释论中没有引用。这多少会造成读者阅读的不便。此外，在释论中，散文体释有少量的内容和文字，此有彼无或彼有此无。偈颂体释也互有出入，总的说来，梵本偈颂体释比勒译本多出一些。同时，勒译在内容表述上，时常会显出文字略多于梵本。关于这些差异，既有可能是勒译所据梵本与现存梵本存在差异，也有可能是由于自由表达或采取阐释性翻译而出现差异。但无论如何，勒译与梵本的内容和精神是一致的。

三

在国际上，俄国学者奥伯密勒（E. Obermiller）率先于1931年将题名为无著造的《宝性论》藏译本翻译成英文出版（The Sublime Science of the Great Vehicle to Salvation being a Manual of Buddhist Monism, the work of Ārya Maitreya with a commentary by Āryāsaṅga, Acta Orientalia），引起国际印度学界对这部如来藏论著的重视。

此后，印度学者罗睺罗（Rāhula Sāṃkṛtyāyana）在我国西藏获得

《宝性论》的两个梵语抄本，照相版保存在印度巴特那（Patna）的一个研究机构内。英国学者约翰斯顿（E. Johnston）获得这两个抄本的编订使用权。约翰斯顿是一位杰出的梵语学者，此前已出版梵语佛教文学名著《佛所行赞》和《美难陀传》的校刊本和英译本。他依据这两个抄本，以十世纪的 śāradā 字体抄本为主，以另一个十一世纪的 nepali 字体抄本为副，进行校勘，于 1941 年完成编订本。这个编订本的质量很高。但当时处在第二次世界大战时期，无法及时交由印度出版。而他本人于 1942 年去世。这样，直至 1946 年，才由约翰斯顿的夫人将文稿交给印度方面。后经印度学者乔杜里（T. Chowdhury）校订整理，并编制词汇索引，于 1950 年出版。

约翰斯顿这个编订本出版后，日本学者利用这个编订本，结合如来藏经典研究，用力最勤。1959 年，宇井伯寿（H. Ui）出版日文著作《宝性论研究》，对《宝性论》的文本、作者和义理做了深入研究，并提供依据梵本《宝性论》的日译。1961 年，中村瑞隆（Z. Nakamura）出版日文著作《究竟一乘宝性论研究》，将梵本和勒那摩提汉译本对照排列，进行校注，并在书前的长篇导言中，将梵本与两种藏译本和勒那摩提汉译本，做了认真的文本比较和分析，也对《究竟一乘宝性论》与其他如来藏经典的关系做了研究和介绍。1966 年，高崎直道（J. Takasaki）出版用英语撰写的《宝性论》研究著作：A Study on the Ratnagotravibhāga（Uttaratantra）Being a Treatise on the Tathāgatagarbha Theory of Mahāyāna Buddhism, Serie Orientale Roma。这部著作提供依据梵本《宝性论》的英译，并将梵本与勒那摩提汉译本和藏译本进行认真细致的对勘，作出注释。书前的长篇导言对《宝性论》的文本、作者、汉藏译本、文本结构、关键词、如来藏源流及其在大乘佛教中的地位，做了全面的研究和介绍。应该说，这是一部运用文本对勘方法研究《宝性论》的力作。

此外，1991年，印度出版有布朗（B. E. Brown）的一部研究佛性的著作：The Buddha Nature，A Study of the Tathāgatagarbha and Ālaya-vijñāna，Delhi。这部著作以佛性为主题，对如来藏和阿赖耶识进行综合比较研究，《宝性论》即其中重点研究的三部著作之一。还有，2005年，印度出版有塞巴斯蒂安（C. D. Sebastian）的一部《宝性论》研究著作：Metaphysics and Mysticism in Mahāyāna Buddhism，An Analytical Study of the Ratnagotravibhāgo-Mahāyānottaratantra-Śāstram，Delhi。这部著作依据《宝性论》中的七个论题逐一予以评述，并以形而上学和神秘主义作为对《宝性论》的理论总结。

我这次进行《宝性论》梵汉对勘，梵本即依据约翰斯顿的编订本（The Ratnagotravibhāga Mahāyānottaratantraśāstram，Patna，1950），并按照乔杜里在书中提供的勘误表和在前言中提出的需要修订之处，对梵本原文作了订正。勒那摩提的汉译本则采用《中华大藏经》（第三〇册）提供的文本，并进行标点。

最后，郑国栋为我的这部书稿的电子文本，按照出版要求的版面格式做了编排工作。常蕾读过本书的打印稿，帮助改正一些错别字。在此一并表示感谢。

黄宝生

2015年8月

रत्नगोत्रविभाग महायानोत्तरतन्त्रशास्त्रम्

今译：究竟一乘宝性论①

勒译②：究竟一乘寶性論

---

① 这个经名按原文可译为《宝性分别大乘至上论》，这里沿用通行的勒那摩提所译《究竟一乘宝性论》这个译名。
② "勒译"指勒那摩提译。

勒译：究竟一乘寶性論教化品第一①

我今悉歸命，一切無上尊，
為開②法王藏，廣利諸群生。
諸佛勝妙法，謗以為非法，
愚癡無智慧，迷於邪正故。
具足智慧人，善分別邪正，
如是作論者，不違於正法。
順三乘③菩提，對④三界⑤煩惱，
雖是弟子造，正取邪則捨。
善說名句義，初中後功德，
智者聞是義，不取於餘法。
如我知佛意，堅住深正義
如實修行者，取同於佛語。
雖無善巧言，但有真實義，
彼法應受持，如取金捨石。
妙義如真金，巧語如瓦石，

---

① 勒译将《宝性论》的本偈单独排列在释论之前，而梵本的这些本偈分别排列在释论中。同时，现存梵本分为五品，而勒译分为十一品。故而，这里首先出现的是勒译《宝性论》十一品中的本偈。此外，勒译这些本偈大多重复出现在释论的相应部分中，而也有些在释论相应部分没有引用。为方便读者检索，对勒译单独排列的这些本偈都标上它们在梵本中的序号。对于其中在勒译释论中引用的那些本偈不再加注，而对于在勒译释论中没有引用的那些本偈，则根据需要加注。
② "开"指开启。
③ "三乘"指声闻、缘觉和菩萨三乘。
④ "对"指对治。
⑤ "三界"指欲界、色界和无色界。

依名不依義①，彼人無明盲②。
依自罪業障，謗諸佛妙法，
如是諸人等，則為諸佛呵。
或有取他心③，謗諸佛妙法，
如是諸人等，則為諸佛呵。
為種種供養，謗諸佛妙法，
如是諸人等，則為諸佛呵。
愚癡及我慢，樂行於小法，
謗法及法師，則為諸佛呵。
外現威儀相，不識如來教，
謗法及法師，則為諸佛呵。
為求名聞故，起種種異說，
謗法及法師，則為諸佛呵。
說乖修多羅④，言是真實義，
謗法及法師，則為諸佛呵。
求利養攝眾，誑惑無智者，
謗法及法師，則為諸佛呵。
佛觀如是等，極惡罪眾生，
慈悲心自在，為說法除苦。
深智大慈悲，能如是利益，
我說不求利，頂礼無上尊⑤。

---

① "依名不依义"指执著文字表面义，而不理解内含的真实义。
② "无明盲"指无知如同盲人。
③ "取他心"指接受其他教派之心。
④ "乖修多罗"指背离经典。"修多罗"是 sūtra（"经"）一词的音译。
⑤ 此处"顶礼无上尊"，据《中华大藏经》校勘记，诸本作"为正法久住"。以上十八首偈颂不见于梵本。

勒译：究竟一乘寶性論佛寶品第二

佛體無前際，及無中間際，
亦復無後際，寂靜自覺知，
既自覺知已，為欲令他知，
是故為彼說，無畏常恒道，
佛能執持彼，智慧慈悲刀，
及妙金剛杵，割截諸苦牙[1]，
摧碎諸見山，覆藏顛倒意，
及一切稠林，故我今敬礼。（梵本 1.4）[2]

勒译：究竟一乘寶性論法寶品第三

非有亦非無，亦復非有無，
亦非即於彼，亦復不離彼，
不可得思量，非聞慧境界，
出離言語道，內心知清涼，
彼真妙法日，清淨無塵垢，
大智慧光明，普照諸世間，
能破諸曀障，覺觀貪瞋癡，
一切煩惱等，故我今敬礼。（梵本 1.9）

① 此处“牙”通“芽”。下同。
② 此处括号中的标注指梵本第一品第四首偈颂。下同。

勒译：究竟一乘寶性論僧寶品第四

正覺正知者，見一切眾生，
清淨無有我，寂靜真實際，
以能知於彼，自性清淨心，
見煩惱無實，故離諸煩惱，
無障淨智者，如實見眾生，
自性清淨性，佛法僧境界，
無閡淨智者，見諸眾生性，
遍無量境界，故我今敬礼。（梵本 1.13）

問曰：依何等法有此三寶？答曰偈言：

真如有雜垢，及遠離諸垢，
佛無量功德，及佛所作業，
如是妙境界，是諸佛所知，
依此妙法身，出生於三寶。（梵本 1.23）

勒译：究竟一乘寶性論一切衆生有如來藏品第五

問曰：云何得知一切眾生有如來藏？答曰偈言：

一切眾生界，不離諸佛智，
以彼淨無垢，性體不二故，
依一切諸佛，平等法性身，
知一切眾生，皆有如來藏。（梵本 1.27）

又復略說偈言：

體及因果業，相應及以行，
時差別遍處，不變無差別，
彼妙義次第，第一真法性，
我如是略說，汝今應善知。（梵本 1.29）

此偈明何義？偈曰：

自性常不染，如寶空淨水，
信法及般若，三昧大悲等。（梵本 1.30）
淨我樂常等，彼岸功德果，
厭苦求涅槃，欲願等諸業。（梵本 1.35）
大海器寶水，無量不可盡，
如燈明觸色，性功德如是。（梵本 1.42）
見實者說言，凡夫聖人佛，
眾生如來藏，真如無差別。（梵本 1.45）
有不淨有[①]淨，及以善淨等，
如是次第說，眾生菩薩佛。（梵本 1.47）
如空遍一切，而空無分別，
自性無垢心，亦遍無分別。（梵本 1.49）
如虛空遍至，體細塵不染，
佛性遍眾生，諸煩惱不染。（梵本 1.52）
如一切世間，依虛空生滅，
依於無漏界，有諸根生滅。（梵本 1.53）
火不燒虛空，若燒無是處，
如是老病死，不能燒佛性。（梵本 1.54）

---

① 此处"有"字，据《中华大藏经》校勘记，《丽》作"杂"。

地依於水住，水復依於風，
風依於虛空，空不依地等。（梵本 1.55）
如是陰界根，住煩惱業中，
諸煩惱業等，依不善思惟。（梵本 1.56）
不善思惟行，住清淨心中，
自性清淨心，不住彼諸法。（梵本 1.57）
陰入界如地，煩惱業如水。（梵本 1.58）
不正念如風，淨心界如空。（梵本 1.59）
依性起邪心①，念起煩惱業。（梵本 1.60）
依因煩惱業，能起陰界入，
依止於五陰，界入等諸法，
有諸根生滅，如世界成壞。（梵本 1.61）
淨心如虛空，無因復無緣，
及無和合義，亦無生住滅。（梵本 1.62）
如虛空淨心，常明無轉變，
為虛妄分別，客塵煩惱染。（梵本 1.63）
菩薩摩訶薩，如實知佛性，
不生亦不滅，又無老病等，
菩薩如是知，得離於生死，
憐愍眾生故，示現有生滅。（梵本 1.66）
佛身不變異，以得無盡法，
眾生所歸依，以無邊際故，
常住不二法，以離妄分別，
恒不執不作，清淨心力故。（梵本 1.79）

---

① 此处"心"字，据《中华大藏经》校勘记，诸本作"念"。

法身及如來，聖諦與涅槃，
功德不相離，如光不離日。（梵本 1.84）

勒译：究竟一乘寶性論無量煩惱所纏品第六

萎花中諸佛，眾蜂中美蜜，
皮糩等中實，糞穢中真金，
地中珍寶藏，諸果子中芽，
朽故弊壞衣，纏裹真金像。（梵本 1.96）
貧賤醜陋女，懷轉輪聖王，
燋[①]黑泥摸[②]中，有上妙寶像，
眾生貪瞋癡，妄想煩惱等，
塵勞諸垢中，皆有如來藏。（梵本 1.97）
華[③]蜂糩糞穢，地果故弊衣，
貧賤女泥摸，煩惱垢相似，
佛蜜實真金，寶牙金像王，
上妙寶像等，如來藏相似。（梵本 1.98）

問曰：華佛譬喻為明何義？答曰：言萎華者，喻諸煩惱。言諸佛者，喻如來藏。偈曰：

功德莊嚴佛，住於萎華中，
淨天眼者見，去花顯諸佛。（梵本 1.99）
佛眼觀自法[④]，遍一切眾生，

---

① 此处“燋”通“焦”。下同。
② 此处“摸”字应为“模”。下同。
③ 此处“华”通“花”。下同。
④ “自法”的原词是 svadharmatā，即自己的法性。

下至阿鼻獄[1]，具足如來藏，
自處常住際[2]，以慈悲方便，
令一切眾生，遠離諸障礙。（梵本 1.100）
如朽故華[3]中，有諸佛如來，
天眼者見知，除去萎華葉，
如來亦如是，見貪煩惱垢，
不淨眾生中，具足如來藏，
以大慈悲心，憐愍世間故，
為一切眾生，除煩惱花葉。（梵本 1.101）

問曰：蜂蜜譬喻為明何義？答曰：言群蜂者，喻諸煩惱。言美蜜者，喻如來藏。偈言：

上妙美味蜜，為群蜂圍遶，
須者設方便[4]，散蜂而取蜜。（梵本 1.102）
如來亦如是，以一切智眼，
見諸煩惱蜂，圍遶佛性蜜，
以大方便力，散彼煩惱蜂，
顯出如來藏，如取蜜受用。（梵本 1.103）
猶如百千億，那由他[5]諸虫，
遮障微妙蜜，無有能近者，
有智者須蜜，殺害彼諸虫，
取上味美蜜，隨意而受用，

① “阿鼻狱”（avicī）也译“无间地狱”。
② “自处常住际”指佛处在永恒中。
③ “朽故华”指枯萎凋谢的莲花。
④ “须者设方便”指需要者设法。
⑤ “那由他”（niyuta）是一个数目极大的数字。

無漏智如蜜，在眾生身中，
煩惱如毒虫，如來所殺害。（梵本1.104）

問曰：糩實譬喻為明何義？答曰：言皮糩者，喻諸煩惱。言內實者，喻如來藏。偈言：

穀實在糩中，無人能受用，
時有須用者，方便除皮糩。（梵本1.105）
佛見諸眾生，身有如來性，
煩惱皮糩纏，不能作佛事，
以善方便力，令三界眾生，
除煩惱皮糩，隨意作佛事。（梵本1.106）
如稻穀麥等，不離諸皮糩，
內實未淨治①，不任美食用，
如是如來藏，不離煩惱糩，
令一切眾生，煩惱所飢渴，
佛自在法王，在眾生身中，
能示以愛味，除彼飢渴苦。（梵本1.107）

問曰：糞金譬喻為明何義？答曰：糞穢譬喻者，諸煩惱相似。真金譬喻者，如來藏相似。偈言：

如人行遠路，遺金糞穢中，
經百千歲住，如本②不變異。（梵本1.108）
淨天眼③見已，遍告眾人言，

---

① "淨治"指清除污垢。
② "如本"指如同原來那樣。
③ "淨天眼"指具有清淨天眼者，這裡指天神。

此中有真金，汝可取受用。（梵本 1.109）
佛觀眾生性，沒煩惱糞中，
為欲拔濟彼，雨微妙法雨。（梵本 1.110）
如於不淨地，漏失真金寶，
諸天眼了見，眾生不能知，
諸天[1]既見已，語眾悉令知，
教除垢方便，得淨真金用，
佛性金[2]亦爾，墮煩惱穢中，
如來觀察已，為說清淨法。（梵本 1.111）

問曰：地寶譬喻為明何義？答曰：地譬喻者，諸煩惱相似。寶藏譬喻者，如來藏相似。偈言：

譬如貧人舍，地有珍寶藏，
彼人不能知，寶又不能言[3]。（梵本 1.112）
眾生亦如是，於自心舍中，
有不可思議，無盡法寶藏，
雖有此寶藏，不能自覺知，
以不覺知故，受生死貧苦。（梵本 1.113）
譬如珍寶藏，在彼貧人宅，
人言不[4]我貧，寶不言我此，
如是法寶藏，在眾生心中，
眾生如貧人，佛性如寶藏，

① “诸天”指众天神。
② “佛性金”指如同金子的佛性。
③ “宝又不能言”，按照原文是说宝藏又不会自己说：“我是宝藏”。
④ 此处“言不”，据《中华大藏经》校勘记，诸本作“不言”。这句按照原文是说穷人不知道自己屋中地下有宝藏。

為欲令眾生，得此珍寶故，
彼諸佛如來，出現於世間。（梵本 1.114）

問曰：果牙譬喻為明何義？答曰：果皮譬喻者，諸煩惱相似。子牙①譬喻者，如來藏相似。偈言：

如種種果樹，子牙不朽壞，
種地中水灌，生長成大樹。（梵本 1.115）
一切諸眾生，種種煩惱中，
皆有如來性，無明皮所纏②，
種諸善根地，生彼菩提牙，
次第漸增長，成如來樹王。（梵本 1.116）
依地水火風，空時日月緣，
多羅③等種內，出生大樹王，
一切諸眾生，皆亦復如是，
煩惱果皮內，有正覺子牙，
依日④淨等法，種種諸緣故，
次第漸增長，成佛大法王。（梵本 1.117）

問曰：衣像譬喻為明何義？答曰：弊衣譬喻者，諸煩惱相似。金像譬喻者，如來藏相似。偈言：

弊衣纏金像，在於道路中，
諸天為人說，此中有金像。（梵本 1.115）

---

① "子牙"指种子的芽。
② "无明皮所缠"指众生受无知缠缚如同种子的芽受皮壳缠缚。
③ "多罗"（tāla）是树名，即棕榈树。
④ 此处"日"字，据《中华大藏经》校勘记，诸本作"白"。"白净等法"指种种善法。

種種煩惱垢，纏裹如來藏，
佛無障眼見，下至阿鼻獄，
皆有如來身，為令彼得故，
廣設諸方便，說種種妙法。（梵本 1.119）
金像弊衣纏，墮在曠野路，
有天眼者見，為淨示眾人，
眾生如來藏，煩惱爛衣纏，
在世間險道[1]，而不自覺知，
佛眼觀眾生，皆有如來藏，
為說種種法，令彼得解脫。（梵本 1.120）

問曰：女王[2]譬喻為明何義？答曰：賤女譬喻者，諸煩惱相似。歌羅邏四大[3]中有轉輪王身喻者，生死歌羅邏藏[4]中有如來藏轉輪王相似。偈言：

譬如孤獨女，住在貧窮舍，
身懷轉輪王，而不自覺知。（梵本 1.121）
如彼貧窮舍，三有[5]亦如是，
懷胎女人者，喻不淨眾生，
如彼藏中胎，眾生性亦爾，
內有無垢性，名為不孤獨[6]。（梵本 1.122）
貧女垢衣纏，極醜陋受苦，

① "在世间险道"，按照原文的意思是丢弃在生死轮回中。
② 此处"女王"指贫女怀有转轮王。
③ "歌罗逻四大"（kalalamahābhūta）指胚胎。或者说，由四大（mahābhūta）合成的胚胎（kalala）。
④ "生死歌罗逻藏"指处在生死轮回中的胎藏。
⑤ "三有"指三界的生存。
⑥ 此处"不孤独"的原词是 sanātha，词义为有保护者，也就是说不是孤苦无助。

處於孤獨舍，懷妊王重擔，
如是諸煩惱，染污眾生性，
受無量苦惱，無有歸依處，
實有歸依處，而無歸依心，
不覺自身中，有如來藏故。（梵本 1.123）

問曰：摸像譬喻為明何義？答曰：泥摸譬喻者，諸煩惱相似。寶像譬喻者，如來藏相似。偈言：

如人融真金，鑄在泥摸中，
外有燋黑泥，內有真寶像，
彼人量已冷[1]，除去外泥障，
開摸令顯現，取內真寶像。（梵本 1.124）
佛性常明淨，客垢所染污，
諸佛善觀察，除障令顯現。（梵本 1.125）
離垢明淨像，在於穢泥中，
鑄師知無熱，然後去泥障，
如來亦如是，見眾生佛性，
儼然處煩惱，如像在摸中，
能以巧方便，善用說法椎，
打破煩惱摸，顯發如來藏。（梵本 1.126）[2]

勒译：究竟一乘寶性論为何義说品第七

問曰：餘修多羅中皆說一切空，此中何故說有真如佛性？偈言：

① “量已冷”指估量已经冷却。
② 以上 1.99 至 1.126，勒译释论中没有引用。

處處經中說，內外一切空，
有為法如雲，及如夢幻等，
此中何故說，一切諸眾生，
皆有真如性，而不說空寂。（梵本 1.156）

答曰偈言：

以有怯弱心，輕慢諸眾生，
執著虛妄法，謗真如實性，
計身有神我，為令如是等，
遠離五種過，故說有佛性。（梵本 1.157）

勒译：究竟一乘寶性論身轉清净成菩提品第八

淨得及遠離，自他利相應，
依止深快大，如彼所為義[①]。（梵本 2.1）

初說佛菩提及得菩提方便。偈言：

向說佛法身，自性清淨體，
為諸煩惱垢，客塵所染污，
譬如虛空中，離垢淨日月，
為彼厚密雲，羅網之所覆，
佛功德無垢，常恒及不變，
不分別諸法，得無漏真智。（梵本 2.3）

次說無垢清淨體。偈言：

① 此处“如彼所为义”在勒译释论中写为“时数依彼法”。

如清淨池水，無有諸塵濁，
　　種種雜花樹，周匝常圍遶，
　　如月離羅睺，日無雲翳等，
　　無垢功德具，顯現即彼體。（梵本 2.8）
　　蜂王美味蜜，堅實淨真金，
　　寶藏大果樹，無垢真金像，
　　轉輪聖王身，妙寶如來像，
　　如是等諸法，即是如來身。（梵本 2.9）

次說成就自利利他。偈言：

　　無漏及遍至，不滅法與恒，
　　清淨①不變異，不退寂靜處，
　　諸佛如來身，如虛空無相，
　　為諸勝智者，作六根境界。（梵本 2.18）
　　示現微妙色，出乎妙音聲，
　　令嗅佛戒香，與佛妙法味。（梵本 2.19）
　　使覺三昧觸，令知深妙法，
　　細思惟稠林，佛離虛空相。（梵本 2.20）

次說第一義相應。偈言：

　　如空不思議，常恒及清涼，
　　不變與寂靜，遍離諸分別，
　　一切處不著，離閡麁澁觸，
　　亦不可見取，佛淨心無垢。（梵本 2.29）

次說佛法身。偈言：

---

① 此处"净"字，据《中华大藏经》校勘记，《丽》作"凉"。

非初非中後，不破壞不二，
遠離於三界，無垢無分別，
此甚深境界，非二乘所知，
具勝三昧慧，如是人能見。（梵本2.38）
出過於恒沙，不思議功德，
唯如來成就，不與餘人共，
如來妙色身，清淨無垢體，
遠離諸煩惱，及一切習氣。（梵本2.39）
種種勝妙法，光明以為體，
令眾生解脫，常無有休息，
所作不思議，如摩尼寶王，
能現種種形，而彼體非實。（梵本2.40）
為世間說法，示現寂靜處，
教化使淳熟，授記令入道，
如來鏡像身，而不離本體，
猶如一切色，不離於虛空。（梵本2.41）

次說如來常住身。偈言：

世尊體常住，以修無量因，
眾生界不盡，慈悲心如意，
智成就相應，法中得自在，
降伏諸魔怨，體寂靜故常。（梵本2.62）

次說不可思議體。偈言：

非言語所說，第一義諦攝，
離諸覺觀地，無譬喻可說，

最上勝妙法，不取有涅槃，
非三乘所知，唯是佛境界。（梵本2.69）

勒译：究竟一乘寶性論如來功德品第九

自利亦利他，第一義諦身，
依彼真諦身，有此世諦體，
果遠離淳熟，此中具足有，
六十四種法，諸功德差別。（梵本3.1）

略說偈言：

佛力金剛杵，破無智者障，
如來無所畏，處眾如師子，
如來不共法，清淨如虛空，
如彼水中月，眾生二種見。（梵本3.4）

初說十力。偈言：

處非處果報，業及於諸根，
性信至處道，離垢諸禪定，
憶念過去世，天眼寂靜智，
如是等諸句，說名十種力。（梵本3.5、6）

如金剛杵者。偈言：

處非處業性，眾生諸信根，
種種隨修地，過宿命差別，
天眼漏盡等，佛力金剛杵，
能刺摧散破，癡鎧山牆樹。（梵本3.7）

次說四無畏。偈言：

> 如實覺諸法，遮諸閡道障，
> 說道得無漏，是四種無畏。（梵本 3.8）
> 於所知境界，畢竟知自他，
> 自知教他知，此非遮障道，
> 能證勝妙果，自得令他得，
> 說自他利諦，是諸處無畏。（梵本 3.9）

如師子王者。偈言：

> 譬如師子王，諸獸中自在，
> 常在於山林，不怖畏諸獸，
> 佛人王亦爾，處於諸群眾，
> 不畏及善住，堅固奮迅等。（梵本 3.10）

次說佛十八不共法。偈言：

> 佛無過無諍，無妄念等失，
> 無不定散心，無種種諸想。（梵本 3.11）
> 無作意護心，欲精進不退，
> 念慧及解脫，知見等不退。（梵本 3.12）
> 諸業智為本，知三世無障，
> 佛十八功德，及餘不說者。（梵本 3.13）
> 佛身口無失，若他來破壞，
> 內心無動相，非作心捨心，
> 世尊欲精進，念淨智解脫，
> 知見常不失，示現可知境。（梵本 3.14）
> 一切諸業等，智為本展轉，

三世無障礙，廣大智行常，
是名如來體，大智慧相應，
覺彼大菩提，最上勝妙法，
為一切眾生，轉於大法輪，
無畏勝妙法，令彼得解脫。（梵本 3.15）

次說虛空不相應義。偈言：

地水火風等，彼法空中無，
諸色中亦無，虛空無閡法，
諸佛無閡障，猶如虛空相，
如來在世間，如地水火風，
而諸佛如來，所有諸功德，
乃至無一法，共餘世間有。（梵本 3.16）

次說三十二大人相。偈言：

足下相平滿，具足千輻輪，
跟牖趺上隆，伊尼鹿王蹦，
手足悉柔軟，諸指皆纖長，
鵝王網縵指，臂肘上下牖，
兩肩前後平，左右俱圓滿，
立能手過膝，馬王陰藏相，
身牖相洪雅，如尼拘樹王，
體相七處滿，上半如師子，
威德勢堅固，猶如那羅延，
身色新淨妙，柔軟金色皮，
淨軟細平密，一孔一毛生，

毛柔軟上靡，微細輪右旋，
　　身淨光圓匝，頂上相高顯，
　　項如孔雀王，頤方若師子，
　　髮淨金精色，喻如因陀羅，
　　額上白毫相，通面淨光明，
　　口含四十齒，二牙白踰雪，
　　深密內外明，上下齒平齊，
　　迦陵頻伽聲，妙音深遠聲，
　　所食無完過，得味中上味，
　　細薄廣長舌，二目淳紺色，
　　眼睫若牛王，功德如蓮華，
　　如是說人尊，妙相三十二，
　　一一不雜亂，普身不可嫌。（梵本3.17—3.25）

次說如水中月。偈言：

　　秋空無雲翳，月在天及水，
　　一切世間人，皆見月勢力，
　　清淨佛輪中，具功德勢力，
　　佛子見如來，功德身亦爾。（梵本3.26）

勒译：究竟一乘寶性論自然不休息佛業品第十

　　於可化眾生，以教化方便，
　　起化眾生業，教化眾生界，
　　諸佛自在人，於可化眾生，
　　常待時待處，自然作佛事。（梵本4.1）

遍覺知大乘，最妙功德聚，
如大海水寶，如來智亦爾，
菩提廣無邊，猶如虛空界，
放無量功德，大智慧日光，
遍照諸眾生，有佛妙法身，
無垢功德藏，如我身無異，
煩惱障智障，雲霧羅網覆，
諸佛慈悲風，吹令散滅盡。（梵本 4.2）

次說大乘業喻。略說偈言：

帝釋妙鼓雲，梵天日摩尼，
響及虛空地，如來身亦爾。（梵本 4.13）

初說帝釋鏡像譬喻。偈言：

如彼毗琉璃，清淨大地中，
天主帝釋身，於中鏡像[1]現。（梵本 4.14）
如是眾生心，清淨大地中，
諸佛如來身，於中鏡像現。（梵本 4.20）
帝釋現不現，依地淨不淨，
如是諸世間，鏡像現不現，
如來有起滅，依濁不濁心，
如是諸眾生，鏡像現不現。（梵本 4.29）
天主帝釋身，鏡像有生滅，
不可得說有，不可得說無，

① “镜像”（pratibhāsa）也可译为“影像”。

>　　如來身亦爾，鏡像有生滅，
>　　不可得說有，不可得說無。（梵本 4.30）
>　　如地普周遍，遠離高下穢[①]，
>　　大琉璃明淨，離垢功德平，
>　　以彼毗琉璃，清淨無垢故，
>　　天主鏡像現，及莊嚴具生。（梵本 4.27）
>　　若男若女等，於中見天主，
>　　及妙莊嚴具，作生彼處願，
>　　眾生為生彼，修行諸善行，
>　　持戒及布施，散花捨珍寶，
>　　後時功德盡，地滅彼亦滅，
>　　心琉璃地淨，諸佛鏡像現，
>　　諸佛子菩薩，見佛心歡喜，
>　　為求菩提故，起願修諸行。（梵本 4.28）[②]

不生不滅者，即是如來。偈言：

>　　如毗琉璃滅，彼鏡像亦滅，
>　　無可化眾生，如來不出世，
>　　琉璃寶地淨，示現佛妙像，
>　　彼淨心不壞，信根牙增長。（梵本 4.89）
>　　白淨法生滅，佛像亦生滅，
>　　如來不生滅，猶如帝釋王。（梵本 4.90）
>　　此業自然有，見是等現前，

[①] "远离高下秽"指远离高低不平和污秽。
[②] 以上梵本 4.29、4.30、4.27 和 4.28 只是与勒译大致对应，因为文字表述有较大差异。

法身不生滅，盡諸際常住。（梵本 4.91）

次說天中妙鼓譬喻。偈言：

天妙法鼓聲，依自業而有，
諸佛說法音，眾生自業聞，
如妙聲遠離，功用處身心①，
令一切諸天，離怖得寂靜，
佛聲亦如是，離功用身心，
令一切眾生，得證寂滅道。（梵本 4.31—4.34）②
於彼戰鬪時，為破修羅③力，
因鼓出畏聲，令修羅退散，
如來為眾生，滅諸煩惱苦，
為世間說法，示勝禪定道。（梵本 4.35）

一切世間人，不覺自過失。偈言：

聾不聞細聲，天耳聞不遍④，
唯智者境界，以聞心不染⑤。（梵本 4.41）

次說雲雨譬喻。偈言：

知有起悲心，遍滿世間處，
定持無垢藏⑥，佛雨淨穀因⑦，
世間依善業，依風生雲雨，

---

① 这里是说鼓声对功用、处所、身和心均不分别，自然而行。
② 勒译这三首偈颂是对梵本四首偈颂的综合表述。
③ “修罗”即阿修罗（asura）。
④ “天耳闻不遍”指即使天耳也不能听到所有的声音。
⑤ 这里是说只要心不受污染，便能闻听智者的境界。
⑥ “定持无垢藏”，按照原文的意思是蕴含三昧和陀罗尼清净水。
⑦ “佛雨净谷因”指佛雨是谷物清净的原因。

依悲等增長，佛妙法雲雨。（梵本 4.44、4.45）

依止器世間，雨水味變壞。偈言：

> 譬如虛空中，雨八功德水[①]，
> 到醎等住處，生種種異味，
> 如來慈悲雲，雨八聖道水，
> 到眾生心處，生種種解味。（梵本 4.46）

無差別心。偈言：

> 信於妙大乘，及中謗法者，
> 人遮多鳥[②]鬼，此三聚相似，
> 正定聚眾生，習氣不定聚，
> 身見邪定聚，邪見流生死。[③]（梵本 4.47）
> 秋天無雲雨，人空鳥[④]受苦，
> 夏天多雨水，燒鬼[⑤]令受苦，
> 佛現世不現，悲雲雨法雨，
> 信法器能得，謗法有不聞。（梵本 4.48）

不護眾生。偈言：

> 天雨如車軸[⑥]，澍下衝大地，

---

① "八功德水"指这种水有八种品质：纯净、清凉、甘美、轻软、润泽、平静、解渴和滋养。
② "遮多鸟"（cātaka）指饮雨鸟。
③ "邪见流生死"指怀有邪见者在生死中流转。这首偈颂后半部分讲述正定聚、沾染烦恼习气的不定聚和执著身见的邪定聚三类众生，不见于梵本。
④ "空鸟"，按照原文是说不飞行空中的鸟，意谓空中无雨云，饮雨鸟不飞行空中。
⑤ "烧鬼"指饿鬼（preta）。
⑥ 此处"车轴"一词不见于原文。

雹及礔礰石，金剛爆火[1]等，
不護微細虫，山林諸果樹，
草穀稻糧等，行人故不雨[2]，
如來亦如是，於麁細眾生，
相應諸方便，般若悲雲雨，
諸煩惱習氣，我邪見眾生，
如是種類等，一切智[3]不護。（梵本 4.49）

為滅苦火。偈言：

知病離病因，取無病修藥[4]，
苦因彼滅道，知離觸修[5]等。（梵本 4.52）
無始世生死，彼[6]流轉五道，
五道[7]中受樂，猶如臭爛糞，
寒熱惱等觸，諸苦畢竟有，
為令彼除滅，降大妙法雨。（梵本 4.50）
知天中退苦[8]，人中追求苦[9]，
有智者不求，人天自在樂，
慧者信佛語，已信者知苦，
亦復知苦因，觀滅及知道[10]。（梵本 4.51）

① “金刚爆火”指雷电。
② “故不雨”是说暴雨并不为了保护这里所说的一切而不降下。
③ “一切智”（或“一切知”）是佛的称号。
④ “取无病修药”指为了获得健康而使用药。
⑤ “知离触修”，按照原文的意思是说认知苦、排除苦因，达到灭寂苦因，修习八正道。
⑥ 此处“彼”字，据《中华大藏经》校勘记，《丽》作“波”。
⑦ “五道”指生死轮回中的五道：天神、人、畜生、饿鬼和地狱。
⑧ “天中退苦”指天神中有坠落的痛苦，因为天神也处在生死轮回中。
⑨ “人中追求苦”指人中有追求欲望而造成的痛苦。
⑩ “观灭及知道”指观察灭寂苦因和修习八正道。

次說梵天譬喻。偈言：

> 梵天過去願，依諸天淨業，
> 梵天自然現，化佛身亦爾[①]，
> 梵宮中不動，常現於欲界，
> 諸天見妙色，失五欲境界[②]，
> 佛法身不動，而常現世間，
> 眾生見歡喜，不樂諸有樂。（梵本 4.55）

有現不現。偈言：

> 從天退入胎[③]，現生有父母，
> 在家示嬰兒，習學諸伎藝，
> 戲樂及遊行，出家行苦行，
> 現就外道學[④]，降伏於天魔，
> 成佛轉法輪，示道入涅槃[⑤]，
> 諸薄福眾生，不能見如來。（梵本 4.57）

次說日譬喻。偈言：

> 如日光初出，普照諸蓮華，
> 有同一時開，亦有一時合[⑥]，
> 佛日亦如是，照一切眾生，

---

① 这里是说梵天按照过去的誓愿，依据众天神行为清净，便自然显现，佛的化身也是如此。
② "失五欲境界"指摒弃眼、耳、鼻、舌和身五种感官的享乐对象。
③ "从天退入胎"指佛从兜率天降下，进入人间母胎。
④ "现就外道学"指示现向外道求教解脱之道。由于从外道那里得不到解脱之道，佛后来独自修禅，证得解脱之道。
⑤ 以上是简述佛的生平事迹。
⑥ "亦有一时合"指睡莲在日出时闭合。

　　　　有智如華開，有罪如華合，
　　　　如日照水華①，而日無分別，
　　　　佛日亦如是，照而無分別。（梵本 4.58）

次第偈言：

　　　　日初出世間，千光次第照，
　　　　先照高大山，後照中下山，
　　　　佛日亦如是，次第照世間，
　　　　先照諸菩薩，後及餘眾生。（梵本 4.64）

光明輪不同。偈言：

　　　　色智身二法，大悲身如空，
　　　　遍照諸世間，故佛不同日②，
　　　　日不能遍照，諸國土虛空，
　　　　不破無明闇，不示何知境③，
　　　　放種種諸色，光明雲羅網④，
　　　　示大慈悲體，真如妙境界。（梵本 4.65）
　　　　佛入城聚落⑤，無眼者得眼，
　　　　見佛得大利，亦滅諸惡法，
　　　　無明沒諸有⑥，邪見黑闇障，
　　　　如來日光照，見慧未見處⑦。（梵本 4.66）

---

① "水华"指水中莲花。
② 这里是说怀有大慈悲的佛身具有色身和智身，如同天空遍照诸世间，故而与太阳不同。这两行不见于梵本。
③ 这一行是说不破除无知黑暗，不显示所知境界。
④ 这一行是说佛闪发种种色彩和如同罗网的光芒。
⑤ "聚落"指聚居处。
⑥ "无明没诸有"指无知者在生死中浮沉。
⑦ "见慧未见处"指看见智慧原来没有看见之处。

次說摩尼珠譬喻。偈言：

> 一時同處住，滿足所求意，
> 摩尼寶無心，而滿眾生願。（梵本 4.67）
> 自在大法王，同住於悲心[①]，
> 眾生種種聞，佛心無分別。（梵本 4.68）

次說響譬喻。偈言：

> 譬如諸響聲[②]，依他而得起，
> 自然無分別，非內非外住。（梵本 4.71）
> 如來聲亦爾，依他心而起，
> 自然無分別，非內非外住。（梵本 4.72）

次說虛空譬喻。偈言：

> 無物不可見，無觀無依止，
> 過[③]眼識境界，無色不可見。（梵本 4.75）
> 空中見高下，而空不如是，
> 佛中見一切，其義亦如是。（梵本，4.76）

次說地譬喻。偈言：

> 一切諸草木，依止大地生，
> 地無分別心，而增長成就。（梵本 4.75）
> 眾生心善根，依止佛地生，

---

① 这里按照原文，意思是人们怀有各种心愿，来到佛摩尼宝前。
② "响声"的原词是 pratiśrut，即回音。
③ "过"指超越。

佛無分別心，而增廣成就。（梵本 4.76）①
佛聲猶如響，以無名字說②，
佛身如虛空，遍不可見常③，
如依地諸法，一切諸妙藥，
遍為諸眾生，不限於一人，
依佛地諸法，白淨妙法藥，
遍為諸眾生，不限於一人。（梵本 4.88）

勒译：究竟一乘寶性論校④量信功德品第十一

佛性佛菩提，佛法及佛業，
諸出世淨人，所不能思議。（梵本 5.1）
此諸佛境界，若有能信者，
得無量功德，勝一切眾生，
以求佛菩提，不思議果報，
得無量功德，故勝諸世間。（梵本 5.2）
若有人能捨，魔尼諸珍寶，
遍布十方界，無量佛國土，
為求佛菩提，施與諸法王，
是人如是施，無量恒沙劫，
若復有人聞，妙境界一句，
聞已復能信，過施福無量。（梵本 5.3）

---

① 4.14 至 4.76 之间，有三十多首，勒译释论中没有引用。
② "以无名字说"指不可言说。
③ "遍不可见常"，按照原文，意思是永远遍布一切而无形色。
④ 此处原文是"挍"，通"校"。

若有智慧人，奉持無上戒，
身口意業淨，自然常護持，
為求佛菩提，如是無量劫，
是人所得福，不可得思議，
若復有人聞，妙境界一句，
聞已復能信，過戒福無量。（梵本 5.4）
若人入禪定，焚三界煩惱，
過天行彼岸，無菩提方便，
若復有人聞，妙境界一句，
聞已復能信，過禪福無量。（梵本 5.5）
無慧人能捨，唯得富貴報，
修持禁戒者，得生人天中，
修行斷諸障，非[①]慧不能除，
慧除煩惱障，亦能除智障，
聞法為慧因，是故聞法勝，
何況聞法已，復能生信心。（梵本 5.6）
我此所說法，為自心清淨，
依諸如來教，修多羅相應，
若有智慧人，聞能信受者，
我此所說法，亦為攝彼人。（梵本 5.16）
依燈電摩尼，日月等諸明，
一切有眼者，皆能見境界，
依佛法光明，慧眼者能見，
以法有是利，故我說此法。（梵本 5.17）

① 此处“非”字，据《中华大藏经》校勘记，诸本作“悲”。

若一切所說，有義有法句，
能令修行者，遠離於三界，
及示寂靜法，最勝無上道，
佛說是正經，餘者顛倒說。（梵本 5.18）
雖說法句義，斷三界煩惱，
無明覆慧眼，貪等垢所縛，
又於佛法中，取少分說者，
世典善言說，彼三尚可受，
何況諸如來，遠離煩惱垢，
無漏智慧人，所說修多羅。（梵本 5.19）
以離於諸佛，一切世間中，
更無勝智慧，如實知法者，
如來說了義，彼不可思議，
思者是謗法，不識佛意故。（梵本 5.20）
謗聖及壞法，此諸邪思惟，
煩惱愚癡人，妄見所計故，
故不應執著，邪見諸垢法，
以淨衣受色，垢膩不可染。（梵本 5.21）

問曰：以何因緣有此謗法？答曰偈言：

愚不信白法，邪見及憍慢，
過去謗法障，執著不了義，
著供養恭敬，唯見於邪法，
遠離善知識，親近謗法者，
樂著小乘法，如是等眾生，
不信於大乘，故謗諸佛法。（梵本 5.22）

智者不應畏，怨家蛇火毒，
因陀羅礔礰，刀杖諸惡獸，
虎狼師子等，彼但能斷命，
不能令人入，可畏阿鼻獄。（梵本 5.23）
應畏謗深法，及謗法知識，
決定令人入，可畏阿鼻獄，
雖近惡知識，惡心出佛血，
及殺害父母，斷諸聖人命，
破壞和合僧，及斷諸善根，
以繫念正法，能解脫彼處，
若復有餘人，誹謗甚深法，
彼人無量劫，不可得解脫。（梵本 5.24）
若人令眾生，覺信如是法，
彼是我父母，亦是善知識，
彼人是智者，以如來滅後，
迴邪見顛倒，令入正道故。①
三寶清淨性，菩提功德業，
我略說七種，與佛經相應，
依此諸功德，願於命終時，
見無量壽佛，無邊功德身，
我及餘信者，既見彼佛已，
願得離垢眼，成無上菩提。（梵本 5.25）②

---

① 这首偈颂不见于梵本。
② 据《中华大藏经》校勘记，此处下面《资》、《碛》、《普》、《南》有"已说论本偈经竟"。这是说明以上部分是"本偈"，以下是释论。

ॐ नमः श्रीवज्रसत्त्वाय।

今译：唵！向金刚力士[①]致敬！

今译：第一　如来藏品

勒译：究竟一乘寶性論教化品第一[②]

勒译：論曰：第一教化品。如向偈中已說，應知此論廣門有七[③]一品，中則七品，略唯一品[④]。初釋一品，具攝此論法義體相。應知偈言：[⑤]

बुद्धश्च धर्मश्च गणश्च धातु-
　　बोंधिर्गुणाः कर्म च बौद्धमन्त्यम्।
कृत्स्नस्य शास्त्रस्य शरीरमेत-
　　त्समासतो वज्रपदानि सप्त ॥ १ ॥

今译：佛、法、僧、界、菩提、
　　功德，最后是佛的事业[⑥]，
　　这是整部经论的论体，
　　简而言之是七金刚句。（1）

---

① “金刚力士”（vajrasattva）是佛教的护法神。

② 此处勒译第一品的品名原无，为与勒译以下各品体例保持一致，这里补上。

③ 此处“七”字，据《中华大藏经》校勘记，诸本作“十”。

④ 本经梵本分为五品，勒译分为十一品。这里所说“中则七品，略唯一品”，相当于勒译本品末尾提到的“已说一品具摄此论法义体相，次说七品具摄此论法义体相”。也就是说，勒译十一品，第一品总说法义体相，中间七品即第二品至第八品分说法义体相。所谓“法义体相”即七金刚句中前五金刚句：佛、法、僧、界和菩提。

⑤ 勒译这段释文不见于原文（指现存梵本的原文，下同）。梵本第一品从下面这首偈颂开始。

⑥ 此处“事业”的原词（指现存梵本的原词。下同）是 karman，词义为行为、行动或工作。汉译佛经中通常译为“业”，也译“作”、“作业”、“行”、“行业”或“事”等。这里，“佛的事业”也可以简化为“佛业”。

勒译：佛法及眾僧，性道[①]功德業，

略說此論體，七種金剛句。

वज्रोपमस्याधिगमार्थस्य पदं स्थानमिति वज्रपदम्। तत्र श्रुतिचिन्तामयज्ञानदुष्प्रतिवेधादनभिलाप्यस्वभावः प्रत्यात्मवेदनीयो ऽर्थो वज्रवद्वेदितव्यः। यान्यक्षराणि तमर्थमभिवदन्ति तत्प्राप्त्यनुकूलमार्गाभिद्योतनतस्तानि तत्प्रतिष्ठाभूतत्वात्पदमित्युच्यन्ते। इति दुष्प्रतिवेधार्थेन प्रतिष्ठार्थेन च वज्रपदत्वमर्थव्यञ्जनयोरनुगन्तव्यम्।

今译：金刚句意谓证得义的词句如同金刚的足，足即根基[②]。这里，应知此义如同金刚闻思所成慧[③]难以穿透，它的自性不可言说，必须自觉内证。那些字母表述此义，照亮随顺达到此义的道路，成为此义的根基，而称为词句。由于此义难以穿透，由于此义是根基，应该理解此义和字母具有金刚足性质。

勒译：此偈明何義？言金剛者，猶如金剛難可沮壞，所證之義亦復如是，故言金剛。所言句者，以此論句能與論[④]義為根本故。此明何義？內身證法，無言之體，以聞思智難可證得，猶如金剛。名字章句，以能詮彼理中證智隨順正道，能作根本，故名為句。此復何義？有二義故。何謂二義？一難證義，二者因義[⑤]，是名為義。金剛字句應如是知。

तत्र कतमो ऽर्थः कतमद्व्यञ्जनम्। अर्थ उच्यते सप्तप्रकारो ऽधिगमार्थो यदुत बुद्धार्थो धर्मार्थः संघार्थो धात्वर्थो बोध्यर्थो गुणार्थः कर्मार्थश्च। अयमुच्यते ऽर्थः। यैरक्षरैरेष सप्तप्रकारो ऽधिगमार्थः सूच्यते प्रकाश्यत इदमुच्यते व्यञ्जनम्। स चैष

---

① 此处“性”和“道”的原词是 dhātu（“界”）和 bodhi（“菩提”）。

② 这里，“足”的原词是 pada，引申义为根基或根本。同时，pada 的另一义为词，汉译佛经中经常译为“句”。

③ “闻思所成慧”指由听闻和思惟形成的智慧，勒译“闻思智”。

④ 此处“论”字，据《中华大藏经》校勘记，诸本作“证”。

⑤ 此处“因义”的原词是 pratiṣṭhārtha，意谓基础义、根本义或根基义。

वज्रपदनिर्देशो विस्तरेण यथासूत्रमनुगन्तव्यः।

今译：这里，何为义？何为字母？义称为七种证得义，即佛义、法义、僧义、界义、菩提义、功德义和事业义。这称为义。字母表示和显示七种证得义。这称为字母。应该依据经中广说理解这种金刚句。

勒译：又何謂為義？何謂為字？義者，則有七種證義。何謂七義？一者佛義，二者法義，三者僧義。四者眾生義①，五者菩提義，六者功德義，七者業義，是名為義。是故經言：“又第一義諦者，所謂心緣尚不能知，何況名字章句故。”所言字者，隨以何等名字、章句、言語、風聲能表、能說、能明、能示此七種義，是名為字。是故經言：“又世諦者，謂世間中所用之事，名字、章句、言語所說故。”②又此七種金剛句義，如諸經中廣說應知。

अनिदर्शनो ह्यानन्द तथागतः। स न शक्यश्चक्षुषा द्रष्टुम्। अनभिलाप्यो ह्यानन्द धर्मः। स न शक्यः कर्णेन श्रोतुम्। असंस्कृतो ह्यानन्द संघः। स न शक्यः कायेन वा चित्तेन वा पर्युपासितुम्। इतीमानि त्रीणि वज्रपदानि दृढाध्याशयपरिवर्तानुसारेणानुगन्तव्यानि।

今译：“阿难啊，如来不显现，眼睛不能看见。阿难啊，法不可言说，耳朵不能闻听。阿难啊，僧无为，身或心不能供奉。”应该依据《坚固意经》理解这三种金刚句。

勒译：應云何知依佛義故，如來經中告阿難言：“阿難！所言如來者，非可見法。”是故，眼識不能得見故。依法義故，如來經中告阿難言：“阿難！所言法者，非可說事。”以是故，非耳識所聞故。依僧義故，如來經中告阿難言：“阿難！所言僧者，名為無為。”是故，不可身心供養、礼拜、讚歎故。

तथागतविषयो हि शारिपुत्रायमर्थस्तथागतगोचरः। सर्वश्रावकप्रत्येकबुद्धैरपि

---

① 此处“众生义”的原词是 dhātvartha（“界义”）。

② 这里对第一义谛和世谛的阐释不见于原文。

तावच्छारिपुत्रायमर्थो न शक्यः सम्यक्स्वप्रज्ञया [ज्ञातुं वा] द्रष्टुं वा प्रत्यवेक्षितुं वा। प्रागेव बालपृथग्जनैरन्यत्र तथागतश्रद्धागमनतः। श्रद्धागमनीयो हि शारिपुत्र परमार्थः। परमार्थ इति शारिपुत्र सत्त्वधातोरेतदधिवचनम्। सत्त्वधातुरिति शारिपुत्र तथागतगर्भस्यैतदधिवचनम्। तथागतगर्भ इति शारिपुत्र धर्मकायस्यै-तदधिवचनम्। इतीदं चतुर्थं वज्रपदमनूनत्वापूर्णत्वनिर्देशपरिवर्तानुसारेणा-नुगतव्यम्।

今译："舍利弗啊，如来境界，其义是如来所行处。舍利弗啊，一切声闻和缘觉①不能凭自己的正智目睹或观察，更何况愚痴凡夫，除非对如来具有信仰。舍利弗啊，第一义必须信仰。舍利弗啊，这第一义又名众生界。舍利弗啊，这众生界又名如来藏。舍利弗啊，这如来藏又名法身。"这是金刚句的第四义②，应该依据《不增不减所说经》③理解。

勒译：依眾生義故，如來經中告舍利弗言："舍利弗！言眾生者，乃是諸佛如來境界，一切聲聞辟支佛等，以正智慧不能觀察眾生之義，何況能證毛道凡夫④。於此義中，唯信如來。是故，舍利弗！隨如來信此眾生義。舍利弗！言眾生者，即是第一義諦。舍利弗！言第一義諦者，即是眾生界。舍利弗！言眾生界者，即是如來藏。舍利弗！言如來藏者，即是法身故。"

अनुत्तरा सम्यक्संबोधिरिति भगवन्निर्वाणधातोरेतदधिवचनम्। निर्वाण-धातुरिति भगवन्तथागतधर्मकायस्यैतदधिवचनम्। इतीदं पञ्चमं वज्रपदमार्य-श्रीमालासूत्रानुसारेणानुगन्तव्यम्।

今译："世尊啊，这无上正等菩提又名涅槃界。世尊啊，这涅槃

---

① "缘觉"（pratyekabuddha）也译辟支佛或独觉。
② 此处"第四义"即"界义"。
③ 此经有菩提留支译《不增不减经》。
④ "毛道凡夫"的原词是 bālapṛthagjana，词义为愚痴凡夫。由于此词其中的 bāla（"幼稚"或"愚痴"）一词也有马尾或毛发的意义，同时，pṛthagjana（"凡夫"）一词中的 pṛthag 与 patha（"道路"）一词词形相近，故而在传译过程中产生"毛道凡夫"的读法。

界又名如来法身。”这是第五金刚句，应该依据《圣胜鬘夫人经》[①]理解。

勒译：依菩提義故，經中說言：“世尊！言阿耨多羅三藐三菩提[②]者，名涅槃界。世尊！言涅槃界者，即是法身故。”

यो ऽयं शारिपुत्र तथागतनिर्दिष्टो धर्मकायः सो ऽयमविनिर्भागधर्मा। अविनिर्मुक्तज्ञानगुणो यदुत गङ्गानदीवालिकाव्यतिक्रान्तैस्तथागतधर्मैः। इतीदं षष्ठं वज्रपदमनूनत्वापूर्णत्वनिर्देशानुसारेणानुगन्तव्यम्।

今译：“舍利弗啊，如来所说法身，具有不可分离性，不脱离智慧功德，也就是具有超过恒河沙数的如来法。”这是第六金刚句，应该依据《不增不减所说经》理解。

勒译：依功德義故，如來經中告舍利弗言：“舍利弗！如來所說法身義者，過於恒沙、不離不脫不思議佛法如來智慧功德。舍利弗！如世間燈，明、色及觸不離不脫。又如摩尼寶珠，明、色、形相不離不脫。舍利弗！法身之義亦復如是，過於恒沙、不離不脫不思議佛法如來智慧功德故。”

न मञ्जुश्रीस्तथागतः कल्पयति न विकल्पयति। अथवास्यानाभोगेनाकल्पयतो ऽविकल्पयत इयमेवंरूपा क्रिया प्रवर्तते। इतीदं सप्तमं वज्रपद तथागतगुणज्ञानाचिन्त्यविषयावतारनिर्देशानुसारेणानुगन्तव्यम्।

今译：“文殊师利啊，如来不妄想，不分别。”他不妄想，不分别，无须费力，这样的业行自然转出。这是第七金刚句，应该依据《入如来功德智不思议境界所说经》[③]理解。

勒译：依業義故，如來經中告文殊師利言：“文殊師利！如來不

① 此经有求那跋陀罗译《胜鬘师子吼一乘大方便方广经》和菩提流志译《大宝积经》中的《胜鬘夫人会》。

② “阿耨多罗三藐三菩提”（anuttarasamyaksaṃbodhi）或译“无上正等菩提”。

③ 此经有阇那崛多译《佛华严入如来德智不思议境界经》和实叉难陀译《入如来智德不思议经》。

分別。”不分別，無分別，而自然無分別，如所作業自然行故。

इतीमानि समासतः सप्त वज्रपदानि सकलस्यास्य शास्त्रस्योद्देशमुखसंग्राहार्थेन शरीरमिति वेदितव्यम्।

今译：应该知道这简括的七金刚句是整部经论的论体，总摄各部分的释义。

勒译：如是等名略說七種金剛字句，總攝此論體相應知。是故偈言：

स्वलक्षणेनानुगतानि चैषां
यथाक्रमं धारणिराजसूत्रे।
निदानतस्त्रीणि पदानि विद्या-
चत्वारि धीमज्जिनधर्मभेदात्॥ २ ॥

今译：这些金刚句都有自相，应知
前三句依次在《陀罗尼王经》[①]
序品中，应知后四句依据
其中所说菩萨[②]法和佛[③]法差别。（2）

勒译：七種相次第，總持自在王
菩薩修多羅[④]，序分有三句，
餘殘[⑤]四句者，在菩薩如來，
智慧差別分，應當如是知。

① 《陀罗尼王经》（或称《陀罗尼自在王经》）有昙无谶译《大集经》中的《陀罗尼自在王菩萨品》。

② 此处“菩萨”的原词是 dhīmat（“智者”），在本论中经常用作菩萨的称谓。

③ 此处“佛”的原词是 jina（“胜者”），是佛的称号。

④ 此处“总持自在王菩萨修多罗”指《陀罗尼自在王菩萨经》。其中的“总持”（指记诵佛经和佛法的超常能力）是 dhāraṇi（“陀罗尼”）一词的意译，“修多罗”是 sūtra（“经”）一词的音译。

⑤ “余残”指其他。

एषां च सप्तानां वज्रपदानां स्वलक्षणनिर्देशेन यथाक्रममार्यधारणीश्वर-राजसूत्रनिदानपरिवर्तानुगतानि त्रीणि पदानि वेदितव्यानि। तत ऊर्ध्वमवशिष्टानि चत्वारि बोधिसत्त्वतथागतधर्मनिर्देशभेदादिति। तस्माद्यदुक्तम्। भगवान्सर्वधर्म-समताभिसंबुद्धः सुप्रवर्तितधर्मचक्रो ऽनन्तशिष्यगणसुविनीत इति।

今译：这七种金刚句应知前三句依次在《陀罗尼自在王经》序品中有所说自相，后四句依据菩萨法和如来法的差别。因此，这样说："世尊证得一切法平等，善于转动法轮，善于教化无数弟子。"

勒译：此偈明何義？以是七種金剛字句總攝此論，一切佛法廣說其相。如《陀羅尼自在王經》序分中三句。餘四句在彼修多羅菩薩如來法差別分。應知云何序分有初三句。彼修多羅序分中言："婆伽婆[1]平等證一切法，善轉法輪，善能教化調伏無量諸弟子眾。"

एभिस्त्रिभिर्मूलपदैर्यथाक्रमं त्रयाणां रत्नानामनुपूर्वसमुत्पादसमुदागमव्यव-स्थानं वेदितव्यम्। अवशिष्टानि चत्वारि पदानि त्रिरत्नोत्पत्त्यनुरूप-हेतुसमुदागमनिर्देशो वेदितव्यः। तत्र यतो ऽष्टम्यां बोधिसत्त्वभूमौ वर्तमानः सर्व-धर्मवशिताप्राप्तो भवति तस्मात् स बोधिमण्डवरगतः सर्वधर्मसमताभिसंबुद्ध इत्युच्यते।

今译：应该知道前三个根本句依次确立三宝[2]的产生和兴起。应该知道其余四句宣说依随三宝产生，因而兴起。这里，在第八菩萨地[3]，获得一切法自在[4]，因此说："他在殊胜菩提道场，证得一切法平等。"

勒译：如是三種根本字句，次第示現佛法僧寶，說彼三寶次第生起成就。應知餘四句者，說隨順三寶因，成就三寶因。應知此明何義，

---

① 此处"婆伽婆"的原词是 bhagavat，意译为世尊，音译通常为薄伽梵。

② "三宝"指佛宝、法宝和僧宝。

③ 菩萨修行的十地依次为第一欢喜地、第二离垢地、第三发光地、第四焰慧地、第五难胜地、第六现前地、第七远行地、第八不动地、第九善慧地和第十法云地。

④ "自在"（īśvara）指掌控一切，自由无碍。

以諸菩薩於八地中，十自在①為首，具足得一切自在。是故，菩薩坐於道場勝妙之處，於一切法中皆得自在。是故經言"婆伽婆平等證一切法故"。

यतो नवम्यां बोधिसत्त्वभूमौ वर्तमानो ऽनुत्तरधर्मभाणकत्वसंपन्नः सर्व-सत्त्वाशयसुविधिज्ञ इन्द्रियपरमपारमिताप्राप्तः सर्वसत्त्वक्लेशवासनानुसंधिसमु-द्घातनकुशलो भवति तस्मात्सो ऽभिसंबुद्धबोधिः सुप्रवर्तितधर्मचक्र इत्युच्यते।

今译：由于在第九菩萨地成为无上法师，通晓一切众生心意，彻底掌握诸根，善于消除一切众生烦恼习气，因此说："他证得菩提，善于转动法轮。"

勒译：以諸菩薩住九地時，於一切法中，得為無上最大法師，善知一切諸眾生心，到一切眾生根機第一彼岸②，能斷一切眾生煩惱習氣。是故菩薩成大菩提。是故經言"善轉法輪"故。

यतो दशम्यां भूमावनुत्तरतथागतधर्मयौवराज्याभिषेकप्राप्त्यनन्तरमनाभोग-बुद्धकार्याप्रतिप्रश्रब्धो भवति तस्मात्स सुप्रवर्तितधर्मचक्रो ऽनन्तशिष्यगणसुविनीत इत्युच्यते।

今译：由于在第十菩萨地，获得无上如来法王子灌顶，随即自然而然从事佛的事业不休息，因此说："他善于转动法轮，善于教化无数弟子。"

勒译：以諸菩薩於第十地中，得住無上法王位後，能於一切佛所作業自然而行，常不休息。是故經言"善能教化調伏無量諸弟子眾"故，彼善能教化調伏無量諸弟子眾。

तां पुनरनन्तशिष्यगणसुविनीततां तदनन्तरमनेन ग्रन्थेन दर्शयति। महता

---

① "十自在"指命、心、财、业、生、愿、信解、如意、智和法十种自在。原文中没有使用此词。

② 此处"到……第一彼岸"的原词是 paramapāramitāprāpta，词义为彻底通达或掌握。

भिक्षुसंघेन सार्धं यावदप्रमेयेण च बोधिसत्त्वगणेन सार्धमिति। यथाक्रमं श्रावकबोधौ बुद्धबोधौ च सुविनीतत्वादेवं गुणसमन्वागतैरिति।

今译：经中示现善于教化无数弟子后，又示现与大比丘僧众一起，乃至与无数菩萨一起，善于依次教诲声闻菩提和佛菩提，而具有功德。

勒译：即彼經中次後示現。是故經言“與大比丘眾俱，如是乃至復有無量菩薩眾俱”。如是次第，善能教化聲聞位地[①]及佛菩提，善能調伏一切煩惱，如是畢竟有無量功德。

ततः श्रावकबोधिसत्त्वगुणवर्णनिर्देशानन्तरमचिन्त्यबुद्धसमाधिवृषभितां प्रतीत्य विपुलरत्नव्यूहमण्डलव्यूहनिर्वृत्तितथागतपरिषत्समावर्तनविविधदिव्यद्रव्यपूजाविधानस्तुतिमेघाभिसंप्रवर्षणतो बुद्धरत्नगुणविभागव्यवस्थानं वेदितव्यम्।

今译：在示现声闻和菩萨各种功德之后，示现依据不可思议佛三昧威力[②]，展现大宝庄严曼荼罗庄严如来集会，供奉各种天国物品，赞颂之云降雨，应知由此确立各种佛宝功德。

勒译：又說聲聞、菩薩諸功德已，次說諸佛如來不可思議三昧境界。又說諸佛如來三昧境界已，次說無垢大寶莊嚴寶殿成就。又說大寶莊嚴寶殿成就已，次說大眾雲集種種供養、讚歎如來，雨種種衣，雨種種華，雨種種香。如是等，示現佛寶不思議事。

तदनन्तरमुदारधर्मासनव्यूहप्रभाधर्मपर्यायनामगुणपरिकीर्तनतो धर्मरत्नगुणविभागव्यवस्थानं वेदितव्यम्।

今译：然后，示现大法座庄严光明，称赞各种法门名称和功德，应知由此确立各种法宝功德。

勒译：應知又復次說妙法莊嚴法座。又說妙法莊嚴法座已，次說法門名字及示現功德。此明法寶功德差別。

---

① 此处“位地”的原词是 bodhi（“菩提”）。

② 此处“威力”的原词是 vṛṣabhitā，词义为雄牛性，引申义为威力。

तदनन्तरमन्योन्यं बोधिसत्त्वसमाधिगोचरविषयप्रभावसंदर्शनतद्विचित्रगुण-वर्णनिर्देशतः संघरत्नगुणविभागव्यवस्थानं वेदितव्यम्।

今译：然后，菩萨互相示现三昧所行境界威力，示现各种功德，应知由此确立各种僧宝功德。

勒译：應知又復次說諸菩薩摩訶薩[①]迭共[②]三昧行境界，示現種種功德。此明僧寶功德差別。

तदनन्तरं पुनरपि बुद्धरश्म्यभिषेकैरनुत्तरधर्मराजज्येष्ठपुत्रपरमवैशारद्यप्रति-भानोपकरणतां प्रतीत्य तथागतभूतगुणपरमार्थस्तुतिनिर्देशतश्च महायानपरमधर्म-कथावस्तूपन्यसनतश्च तत्प्रतिपत्तेः परमधर्मैश्वर्यफलप्राप्तिसंदर्शनतश्च यथासंख्य-मेषामेव त्रयाणां रत्नानामनुत्तरगुणविभागव्यवस्थानं निदानपरिवर्तावसानगतमेव द्रष्टव्यम्।

今译：然后，依靠佛光灌顶，成为无上法王子，凭借至高无畏辩才，宣示如来真实功德，赞颂第一义，宣说大乘至高法话题，如实修行，示现获得至高法自在果，应知由此确立这三宝各种无上功德。序品至此结束。

勒译：應知又復次說如來放大光明，授諸菩薩摩訶薩太子法王位職。又復次說與大無畏不怯弱辯才。又復讚歎諸佛如來第一功德。又復次說最上第一大乘之法，示現如實修行彼大乘故，於法中證果，即彼三寶無上功德次第差別。

ततः सूत्रनिदानपरिवर्तानन्तरं बुद्धधातुः षष्ट्याकारतद्विशुद्धिगुणपरिकर्म-निर्देशेन परिदीपितः। विशोध्ये ऽर्थे गुणवति तद्विशुद्धिपरिकर्मयोगात्। इमं चार्थवशमुपादाय दशसु बोधिसत्त्वभूमिषु पुनर्जातरूपपरिकर्मविशेषोदाहरण-मुदाहृतम्।

今译：在此经序品之后，说明佛界，宣示六十种净化功德修行。

① “摩诃萨”是 mahāsattva（“大士”）的音译。此词与“菩萨”连用，即“菩萨大士”。此处原文中没有使用此词。

② “迭共”的原词是 anyaoyam，词义为互相。

佛界有功德，值得净化，而有佛界的净化修行。依据这种意义，在十菩萨地，再次用净化金子的殊胜例举予以说明。

勒译：序分中義大都已竟，應如是知。已說《自在王菩薩修多羅》序分中三寶，次說佛性[①]義，有六十種法，清淨彼功德。何以故？以有彼清淨無量功德性，為清淨彼性，修六十種法。為此義故，《十地經》中，數數說金，以為譬喻，為清淨彼佛性義故。

अस्मिन्नेव च सूत्रे तथागतकर्मनिर्देशानन्तरमविशुद्धवैडूर्यमणिदृष्टान्तः कृतः। तद्यथा कुलपुत्र कुशलो मणिकारो मणिशुद्धिसुविधिज्ञः। स मणिगोत्राद-पर्यवदापितानि मणिरत्नानि गृहीत्वा तीक्ष्णेन खारोदकेनोत्क्षाल्य कृष्णेन केशकम्बलपर्यवदापनेन पर्यवदापयति। न च तावन्मात्रेण वीर्यं प्रश्रम्भयति। ततः पश्चात्तीक्ष्णेनामिषरसेनोत्क्षाल्य खण्डिकापर्यवदापनेन पर्यवदापयति। न च तावन्मात्रेण वीर्यं प्रश्रम्भयति। ततः स पश्चान्महाभैषज्यरसेनोत्क्षाल्य सूक्ष्मवस्त्र-पर्यवदापनेन पर्यवदापयति। पर्यवदापितं चापगतकाचमभिजातवैडूर्यमित्युच्यते।

今译：在这部经中，宣示如来的事业后，以不纯净的琉璃摩尼珠宝作为例证："譬如，善男子啊，熟练的摩尼珠宝匠通晓摩尼珠宝的净化方法。他从摩尼宝性山[②]中采得不纯净的摩尼珠宝后，用强烈的碱水[③]洗，用黑毛毡擦拭干净。他并不到此停止努力。然后，又用酸性肉汁洗，用木屑[④]擦拭干净。他并不到此停止努力。然后，用大药草汁洗，用细布擦拭干净。直至清除矿物杂质，才能称为上等琉璃珠宝。

勒译：又復即於此《陀羅尼自在王經》中，說如來業已，次說不清淨大毗琉璃摩尼寶喻。是故經言："善男子！譬如善巧摩尼寶師，

---

① 此处"佛性"的原词是 buddhadhātu（"佛界"）。

② 此处"摩尼宝性山"的原词是 maṇigotra（"摩尼性"）。这里采用勒译"摩尼宝性山"。

③ 此处"碱水"的原词是 khāra（"碱"）-udaka（"水"）。其中的 khāra 是巴利语，相当于梵语 kṣāra（"盐"、"碱"或"酸醋"）。此词勒译"酽灰"。"酽"指酒、醋等味道浓烈。故而"酽灰"指酸性或碱性的灰汁。

④ 此处"木屑"的原词是 khaṇḍikā，是巴利语，词义为碎片或碎屑。

善知清淨大摩尼寶，向大摩尼寶性山中，取未清淨諸摩尼寶。既取彼寶，以醲灰洗。醲灰洗已，然後復持黑頭髮衣，以用揩磨。不以為足，勤未休息。次以辛味飲食汁洗。食汁洗已，然後復持衣纏裹木以用揩磨。不以為足，勤未休息。次後復以大藥汁洗。藥汁洗已，次後復更持細軟衣，以用揩磨。以細軟衣，用揩磨已，然後遠離銅鐵等鑛毗琉璃垢，方得說言大琉璃寶。

एवमेव कुलपुत्र तथागतो ऽप्यपरिशुद्धं सत्त्वधातुं विदित्वानित्यदुःखानात्माशुभोद्वेगकथया संसाराभिरतान्सत्त्वानुद्वेजयति। आर्ये च धर्मविनये ऽवतारयति। न च तावन्मात्रेण वीर्यं प्रश्रम्भयति। ततः पश्चाच्छून्यानिमित्तप्रणिहितकथया तथागतनेत्रीमवबोधयति। न च तावन्मात्रेण तथागतो वीर्यं प्रश्रम्भयति। ततः पश्चादविवर्त्यधर्मचक्रकथया त्रिमण्डलपरिशुद्धिकथया च तथागतविषये तान्सत्त्वानवतारयति नानाप्रकृतिहेतुकान्। अवतीर्णाश्च समानास्तथागतधर्मता- मधिगम्यानुत्तरा दक्षिणीया इत्युच्यन्त इति।

今译：“同样，善男子啊，如来知道众生界不纯净，于是宣说无常、苦、无我和不清净，令热衷轮回的众生产生恐惧感和厌弃心，引导他们进入圣法律[①]。他并不到此停止努力。然后，他宣说空、无愿和无相[②]，令他们觉知如来法[③]。他并不到此停止努力。然后，他宣说不退法轮[④]，又宣说三轮清净[⑤]，令具有本性和因缘的众生进入如来境界。他们平等进入如来境界，证得如来法性，而被称为无上福田[⑥]。”

勒译：“善男子！諸佛如來亦復如是，善知不淨諸眾生性。知已乃為說無常、苦、無我、不淨，為驚怖彼樂世眾生，令厭世間，入聲

---

① “圣法律”的原词是 ārye dharmanaye，指圣者的法律。“圣者”（ārya，或译“圣人”）是对菩萨和佛的尊称，也指称声闻等一切高僧。故而，此词勒译“声闻法”。

② “空、无愿和无相”合称“三解脱门”。

③ 此处“如来法”的原词是 tathāgatanetrī，其中的 netrī 词义为引导、指导或方法。

④ “不退法轮”（avivartyadharmacakra）指不再从菩提退转的法轮。

⑤ “三轮清净”（trimaṇḍalaviśuddhi）指在施舍中，施者、受者和所施物三者无所分别，无所执著。此词勒译“清净波罗蜜行，谓不见三事”。

⑥ “福田”（dakṣiṇīya）指值得供养者。供养值得供养者，能产生福德，故而称值得供养者为福田。

聞法中。而佛如來不以為足，勤未休息。次為說空、無相、無願，令彼眾生少解[①]如來所說法輪。而佛如來不以為足，勤未休息。次復為說不退法輪，次說清淨波羅蜜行，謂不見三事，令眾生入如來境界。如是依種種因缘[②]，依種種性，入佛法中。入法中已，故名無上最大福田。”

एतदेव विशुद्धगोत्रं तथागतधातुमभिसंधायोक्तम्।

今译：依据种性清净的如来界这样说：

勒译：又復依此自性清淨如來性故，經中偈言：

यथा पत्थरचुण्णंहि जातरूपं न दिस्सति।
परिकम्मेन तद्दिट्ठं एवं लोके तथागता इति ॥

今译：犹如在矿石沙粒中，真金不可见，
世上如来也这样，净化者方可见。[③]

勒译：譬如石鑛中，真金不可見，
能清淨者見，見佛亦如是。

तत्र कतमे ते बुद्धधातोः षष्ट्याकारविशुद्धिपरिकर्मगुणाः। तद्यथा चतुराकारो बोधिसत्त्वालंकारः। अष्टाकारो बोधिसत्त्वावभासः। षोडशाकारा बोधिसत्त्वमहाकरुणा। द्वात्रिंशदाकारं बोधिसत्त्वकर्म।

今译：这里，佛界的六十种净化功德是哪些？它们是四种菩萨庄严，八种菩萨光明，十六种菩萨大慈悲，三十二种菩萨业[④]。

---

① “少解”指稍许理解。

② 此处“缘”字，据《中华大藏经》校勘记，诸本无。

③ 这首偈颂原文属于混合梵语。其中的 patthara（“岩石”或“矿石”）、dissati（“见”）、parikamma（“修习”或“净化”）和 diṭṭha（“见”）均是巴利语用词。

④ 据昙无谶译《陀罗尼自在王菩萨品》，这里的“四种菩萨庄严”指戒、三昧、智慧和陀罗尼。“八种菩萨光明”指念光、意光、行光、法光、智光、实光、神通光和无碍智光。“十六种菩萨大慈悲”和“三十二种菩萨业”指菩萨出于大慈悲心，破除众生的各种邪见。

勒译：向說佛性有六十種淨業功德。何謂六十？所謂四種菩薩莊嚴，八種菩薩光明，十六種菩薩摩訶薩大悲，三十二種諸菩薩業。

तन्निर्देशानन्तरं बुद्धबोधिः षोडशाकारमहाबोधिकरुणानिर्देशेन परिदीपिता। तन्निर्देशानन्तरं बुद्धगुणा दशबलचतुर्वैशारद्यष्टादशावेणिकबुद्धधर्मनिर्देशेन परिदीपिताः। तन्निर्देशानन्तरं बुद्धकर्म द्वात्रिंशदाकारनिरुत्तरतथागतकर्मनिर्देशेन परिदीपितम्। एवमिमानि सप्त वज्रपदानि स्वलक्षणनिर्देशतो विस्तरेण यथासूत्रमनुगन्तव्यानि। कः पुनरेषामनुश्लेषः।

今译：宣示佛界后，宣示十六种大菩提慈悲[①]，说明佛菩提。宣示佛菩提后，宣示十力、四无畏和十八不共佛法，说明佛功德。宣示佛功德后，宣示三十二种无上如来业，说明佛业。这样，应该依据经中广说的自相理解这七金刚句。还有，它们之间的关系是什么？

勒译：已說佛性義，次說佛菩提。有十六種無上菩提大慈悲心。已說佛菩提，次說諸佛如來功德，所謂十力，四無所畏，十八不共法，三十二相[②]。已說功德，次說如來三十二種無上大業。如是七種金剛句義，彼修多羅廣說體相。如是應知。問曰：此七種句有何次第？答曰偈言：

बुद्धाद्धर्मो धर्मतश्चार्यसंघः
संघे गर्भो ज्ञानधात्वाप्तिनिष्ठः।
तज्ज्ञानाप्तिश्चाग्रबोधिर्बलाद्यै-
र्धर्मैर्युक्ता सर्वसत्त्वार्थकृद्भिः ॥ ३ ॥

今译：依佛有法，依法有圣僧众，
依僧众有胎藏，即获得智界，
也就是无上菩提，具有十力、
四无畏和利益一切众生之法。（3）

① 据昙无谶译《陀罗尼自在王菩萨品》，这里的“十六种菩提大慈悲”指菩萨出于大慈悲心，以菩提为准则，破除众生的各种邪见。

② 此处“三十二相”，据《中华大藏经》校勘记，诸本无。此词也不见于原文。

勒译：從佛次有法，次法復有僧，

僧次無礙性[①]，從性次有智，

十力等功德，為一切眾生，

而作利益業，有如是次第。

उक्तः शास्त्रसंबन्धः।

今译：已说经中的互相联系。

इदानीं श्लोकानामर्थो वक्तव्यः। ये सत्त्वास्तथागतेन विनीतास्ते तथागतं शरणं गच्छन्तो धर्मतानिष्यन्दाभिप्रसादेन धर्मं च संघं च शरणं गच्छन्ति। अतस्तत्प्रथमतो बुद्धरत्नमधिकृत्य श्लोकः।

今译：现在，应说这些偈颂的意义。如来教化众生，众生皈依如来。众生信仰法性所流[②]，而皈依法和皈依僧。因此，先解释关于佛宝的偈颂：

勒译：已說一品具攝此論法義體相，次說七品具攝此論法義體相。解釋偈義，應知歸敬三寶者。此明何義？所有如來教化眾生，彼諸眾生歸依於佛。尊敬如來，歸依於法。尊敬如來，歸依於僧。依於三寶，說十二偈。初明佛寶，故說四偈：

勒译：究竟一乘寶性論卷一

勒译：究竟一乘寶性論佛寶品第二

यो बुद्धत्वमनादिमध्यनिधनं शान्तं विबुद्धः स्वयं
बुद्ध्वा चाबुधबोधनार्थमभयं मार्गं दिदेश ध्रुवम्।

① 此处“无碍性”的原词是 garbha（“胎藏”）。

② “所流”的原词是 niṣyanda，词义为流动或流出，汉译佛经中常译为“等流”。此处“信仰法性所流”，勒译“尊敬如来”。

तस्मै ज्ञानकृपासिवज्रवरधृग्दुःखङ्कुरैकच्छिदे
नानादृग्गहनोपगूढविमतिप्राकारभेत्त्रे नमः ॥ ४ ॥

今译：佛性没有开始、中间和终结而寂静，自己觉知，
觉知后，宣示永恒无畏之道，令不觉知者觉知，
执持智慧和慈悲利剑和金刚杵，斩断一切苦芽，
粉碎种种邪见密林隐藏的愚痴墙壁，向佛致敬！（4）

勒译：佛體無前際，及無中間際，
亦復無後際，寂靜自覺知，
既自覺知已，為欲令他知，
是故為彼說，無畏常恒道，
佛能執持彼，智慧慈悲刀，
及妙金剛杵，割截諸苦芽，
摧碎諸見山，覆藏顛倒意[①]，
及一切稠林，故我今敬礼。

अनेन किं दर्शयति।

今译：这首偈颂宣示什么意义？

勒译：此偈示現何義？偈言：

असंस्कृतमनाभोगमपरप्रत्ययोदितम्।
बुद्धत्वं ज्ञानकारुण्यशक्त्युपेतं द्वयार्थवत्॥ ५ ॥

今译：佛性无为，自然而行[②]，不依他觉知，
具有智慧、慈悲和能力，自利利他。（5）

① “覆藏颠倒意”的原词是 gūḍhavimati，词义为隐藏的愚痴。
② “自然而行”的原词是 anābhoga，词义为不费力或自然，汉译佛经中常译为“无功用”或“无功用行”。

勒译：無為體自然，不依他而知，
　　　智悲及以力，自他利具足。

अनेन समासतो ऽष्टाभिर्गुणैः संगृहीतं बुद्धत्वमुद्भावितम्। अष्टौ गुणाः कतमे। असंस्कृतत्वमनाभोगतापरप्रत्ययाभिसंबोधिर्ज्ञानं करुणा शक्तिः स्वार्थसंपत्परार्थसंपदिति।

今译：这是简要说明佛性八种功德①。哪八种功德？无为性、自然性、不依他觉知、智慧、慈悲、能力、自利和利他。

勒译：此偈略明佛寶所攝八種功德。何等為八？一者無為體，二者自然，三者不依他知，四者智，五者悲，六者力，七者自利益，八者他利益。偈言：

अनादिमध्यनिधनप्रकृतत्वादसंस्कृतम्।
शान्तधर्मशरीरत्वादनाभोगमिति स्मृतम्॥ ६॥

今译：无始无终无中间，原本无为，
　　　由于法体寂静，因此说自然。（6）

勒译：非初非中後，自性無為體，
　　　及法體寂靜，故自然應知。

प्रत्यात्ममधिगम्यत्वादपरप्रत्ययोदयम्।
ज्ञानमेवं त्रिधा बोधात्करुणा मार्गदेशनात्॥ ७॥

今译：自觉内证，因而不依他觉知，
　　　三觉知②是智慧，宣道是慈悲。（7）

---

① "功德"的原词是 guṇa，词义为性质、品质、品德、优点和美德等，汉译佛经中常译为"功德"。此处所说"佛性八种功德"也可理解为佛性的八种性质。
② 此处"三觉知"具体所指不明，释文中也未涉及此词。勒译也是"三觉知"，同样，在释文中未涉及此词。但释文中强调自觉知，故而此词若是"自觉知"，似乎比较符合语境。

勒译：唯內身自證，故不依他知，
如是三覺知，慈心為說道。

शक्तिर्ज्ञानकृपाभ्यां तु दुःखक्लेशनिबर्हणात्।
त्रिभिराद्यैर्गुणैः स्वार्थः परार्थः पश्चिमैस्त्रिभिः ॥ ८ ॥

今译：能力是凭智慧和慈悲，灭除痛苦烦恼，
前三种功德自利，后三种功德利他[①]。（8）

勒译：智悲及力等，拔苦煩惱刺，
初三句自利，後三句利他。

संस्कृतविपर्ययेणासंस्कृतं वेदितव्यम्। तत्र संस्कृतमुच्यते यस्योत्पादो ऽपि प्रज्ञायते स्थितिरपि भङ्गो ऽपि प्रज्ञायते। तदभावाद्बुद्धत्वमनादिमध्यनिधनमसंस्कृतधर्मकायप्रभावितं द्रष्टव्यम्। सर्वप्रपञ्चविकल्पोपशान्तत्वादनाभोगम्। स्वयंभूज्ञानाधिगम्यत्वादपरप्रत्ययोदयम्। उदयो ऽत्राभिसंबोधो ऽभिप्रेतोत्पादः। इत्यसंस्कृतादप्रवृत्तिलक्षणादपि तथागतत्वादनाभोगतः सर्वसंबुद्धकृत्यमा संसारकोटेरनुपरतमनुपच्छिन्नं प्रवर्तते।

今译：应知无为是脱离有为。这里，所谓有为，是认为它有生、住和灭。佛性没有这些，因而能看到佛性无始无终无中间，呈现无为法身。平息一切戏论和妄想分别而自然。凭自己的智慧证知而不依他产生。这里，产生指觉知产生。这样，由于如来性无为，没有生起流转相，自然而行，故而无始轮回以来[②]，一切佛的事业不停止，不间断。

勒译：此偈明何義？遠離有為，名為無為。應知又有為者，生住滅法。無彼有為，是故佛體非初中後，故得名為無為法身。應知偈言

① 这里，“前三种功德”指无为性、自然性和不依他觉知。“后三种功德”指智慧、慈悲和能力。

② 此处“无始轮回以来”的原词是 ā saṃsārakoṭeḥ，可以有两种读法：一是“自无始轮回以来”，二是“直至轮回尽头”。

佛體無前際及無中間際，亦復無後際故。又復遠離一切戲論、虛妄分別，寂靜體故，名為自然。應知偈言寂靜故。不依他知者，不依他因緣證知故。不依他因緣證知者，不依他因緣生故。不依他因緣生者，自覺不依他覺故。如是依於如來無為法身相故，一切佛事無始世來自然而行，常不休息。

इत्येवमत्यद्भुताचिन्त्यविषयं बुद्धत्वमश्रुत्वा परतः स्वयमनाचार्यकेण स्वयंभूज्ञानेन निरभिलाप्यस्वभावतामभिसंबुध्य तदनुबोधं प्रत्यबुधानामपि जात्यन्धानां परेषामनुबोधाय तदनुगामिमार्गव्युपदेशकरणादनुत्तरज्ञानकरुणान्वितत्वं वेदितव्यम्। मार्गस्याभयत्वं लोकोत्तरत्वात्। लोकोत्तरत्वमपुनरावृत्तितश्च। यथाक्रमं परदुःखक्लेशमूलसमुद्घातं प्रत्यनयोरेव तथागतज्ञानकरुणयोः शक्तिरसिवज्रदृष्टान्तेन परिदीपिता। तत्र दुःखमूलं समासतो या काचिद्भवेषु नामरूपाभिनिर्वृत्तिः। क्लेशमूलं य काचित्सत्कायाभिनिवेशपूर्विका दृष्टिर्विचिकित्सा च। तत्र नामरूपसंगृहीतं दुःखमभिनिर्वृत्तिलक्षणत्वादङ्कुरस्थानीयं वेदितव्यम्। तच्छेत्तृत्वे तथागतज्ञानकरुणायोः शक्तिरसिदृष्टन्तेनोपमिता वेदितव्या। दृष्टिविचिकित्सासम्गृहीतो दर्शनमार्गप्रहेयः क्लेशो लौकिकज्ञानदुरवगाहो दुर्भेदत्वाद्घनगहनोपगूढप्राकारसदृशः। तद्भेत्तृत्वात्तथागतज्ञानकरुणयोः शक्तिर्वज्रदृष्टान्तेनोपमिता वेदितव्या।

今译：佛性如此稀有奇妙不可思议境界，不从他闻，不依师教，而是凭自己的智慧觉知它的不可言说自性。觉知后，令其他天生盲目而不觉知的人觉知。应知由于指明追随佛性的道路，而具有无上智慧和慈悲。这条道路出世间而无畏。不退转而出世间。依次断除他人痛苦和烦恼之根。以利剑和金刚杵作为例证说明如来智慧和慈悲的能力。这里，应知痛苦之根简而言之是在三有[①]中转出某种名色[②]。烦恼之根

① “三有”的原词是 bhaveṣu（bhava 的复数依格），通常指三有（tribhava），即欲界、色界和无色界，或称三界（tridhātu）。其中，“欲界”（kāmadhātu）是六道众生（天、人、畜生、饿鬼、地狱和阿修罗）居住的世界。“色界”（rūpadhātu）是摆脱欲界贪欲的众生居住的世界。“无色界”（ārūpyadhātu）是摆脱一切物质因素的众生居住的世界。

② “名色”（nāmarūpa）是五蕴的总称。其中，“名”（nāma）指受、想、行和识。“色”（rūpa）指四大及其造物。

是执著有身①等某种邪见和疑惑。应知痛苦是执取名色，具有转出相而有芽。应知由于斩断苦芽，而将如来智慧和慈悲的能力比作利剑。烦恼是执取邪见和疑惑，应由见道②排除，但如同密林隐藏的墙壁难以粉碎，凭世间智难以进入。应知由于粉碎邪见和疑惑，而将如来智慧和慈悲比作金刚杵。

勒译：如是希有不可思議諸佛境界，不從他聞。不從他聞者，不從師聞，自自在智無言之體③而自覺知，偈言自覺知故。既自覺知已，然後為他生盲眾生，令得覺知。為彼證得無為法身，說無上道，是故名為無上智悲。應知偈言既自覺知已，為欲令他知，是故為彼說無畏常恒道故。無畏常恒道者，明道無畏，是常是恒。以出世間不退轉法，如是次第又拔他苦煩惱根本。如來智慧慈悲及神力如是三句刀、金剛杵譬喻示現。又以何者為苦根本？略說言之，謂三有中生名色是。又何者為煩惱根本？謂身見等虛妄邪見、疑、戒取等④。又名色者，是彼所攝所生苦芽。應知如來智慧慈悲心等，能割彼芽。以是義故，說刀譬喻。偈言佛能執持彼智慧慈悲刀故，割截諸苦芽故。又邪見疑所攝煩惱，見道遠離。以世間智所不能知，稠林煩惱不能破壞，如世間中樹林牆等。彼相似法以如來力能破壞。彼以是故，說金剛杵喻。偈言及妙金剛杵故，摧碎諸見山覆藏顛倒意及一切稠林故。

इत्येते यथोद्दिष्टाः षड्तथागतगुणा विस्तरविभागनिर्देशतो ऽनयैवानुपूर्व्या सर्वबुद्धविषयावतारज्ञानालोकालंकारसूत्रानुसारेणानुगन्तव्याः। तत्र यदुक्तमनुत्पादो ऽनिरोध इति मञ्जुश्रीस्तथागतो ऽर्हन्सम्यक्संबुद्ध एष इत्यनेन तावदसंस्कृत-लक्षणस्तथागत इति परिदीपितम्। यत्पुनरनन्तरं विमलवैडूर्यपृथिवीशक्रप्रति-

---

① "有身"（satkāya）指存在的身体，即五蕴和合的身体。
② "见道"（darśanamārga）指菩萨修行五位（资粮位、加行位、见道位、修道位和究竟位）中的第三位。
③ "无言之体"的原词是 nirabhilāpyasvabhāva，即"不可言说自性"。
④ 这里解释根本烦恼。根本烦恼指贪、瞋、痴、慢、疑和见。其中的见指邪见或恶见，分成五种：有身见、边执见、邪见、见取见和戒禁取见。

बिम्बोदाहरणमादिं कृत्वा यावन्नवभिरुदाहरणैरेतमेवानुत्पादानिरोध तथागतार्थमधिकृत्याह। एवमेव मञ्जुश्रीस्तथागतो ऽर्हन्सम्यक्संबुद्धो नेञ्जते न विठपति न प्रपञ्चयति न कल्पयति न विकल्पयति। अकल्पो ऽविकल्पो ऽचित्तो ऽमनसिकारः शीतिभूतो ऽनुत्पादो ऽनिरोधो ऽदृष्टो ऽश्रुतो ऽनाघ्रातो ऽनास्वादितो ऽस्पृष्टो ऽनिमित्तो ऽविज्ञप्तिको ऽविज्ञपनीय इत्येवमादिरुपशमप्रभेदप्रदेशनिर्देशः। अनेन स्वक्रियासु सर्वप्रपञ्चविकल्पोपशान्तत्वादनाभोगस्तथागत इति परिदीपितम्।

今译：以上所说六种如来功德，应该按照这种次序，依据《入一切佛境界智光明庄严经》[①]中详细的分别说明理解。这部经中说："文殊师利啊，所谓不生不灭，也就是如来、阿罗汉、正等觉。"由此说明如来无为相。然后，经中又首先以净琉璃地中帝释天影像为例说明，乃至举出九种例子说明如来不生不灭。"正是这样，文殊师利啊，如来、阿罗汉、正等觉不动，不造作[②]，不戏论，不妄想，不分别。"不妄想，不分别，无心意，不思惟，清凉，不生不灭，不可见，不可闻，不可嗅，不可尝，不可触，无相，不显示，不可知，宣示如此等等各种寂静。由此说明如来本人的作为中，平息一切戏论和妄想分别，自然而行。

勒译：此六種句《如來莊嚴智慧光明入一切佛境界經》中次第顯說應知。應云何知，彼經中言："文殊師利！如來、應、正遍知[③]，不生不滅者。"此明如來無為之相。又復次說無垢清淨琉璃地中帝釋王身鏡像現等，如是乃至九種譬喻，皆明如來不生不滅。又言："文殊師利！如來、應、正遍知，清淨法身亦復如是。不動不生，心不戲論，不分別。"不分別，無分別，不思，無思，不思議，無念，寂滅，

① 此经有昙摩留支译《如来庄严智慧光明入一切佛境界经》、僧伽婆罗译《度一切诸佛境界智严经》和法护译《入诸佛境界智光明庄严经》。

② 此处"造作"是原词是 viṭhapati，属于混合梵语。据《佛教混合梵语词典》，此词通常写为 viṭhapayati。

③ "如来、应、正遍知"也译"如来、阿罗汉、正等觉"。在汉译佛经中，这三个词经常连用，用作对佛的尊称。

寂靜，不生不滅，不可見，不可聞，不可嗅，不可嘗，不可觸，無諸相，不可覺，不可知。如是等句皆說寂靜差別之相。此明何義？明佛一切所作事中，遠離一切戲論分別，寂靜自然。

तत ऊर्ध्वमुदाहरणनिर्देशादवशिष्टेन ग्रन्थेन सर्वधर्मधर्मतथताभिसंबोधमुखेष्वपरप्रत्ययाभिसंबोधस्तथागतस्य परिदीपितः। यत्पुनरन्ते षोडशाकारां तथागतबोधिं निर्दिश्यैवमाह। तत्र मञ्जुश्रीस्तथागतस्यैवंरूपान्सर्वधर्मानभिसंबुध्य सत्त्वानां च धर्मधातुं व्यवलोक्याशुद्धमविमलं साङ्गनं विक्रीडिता नाम सत्त्वेषु महाकरुणा प्रवर्तत इति। अनेन तथागतस्यानुत्तरज्ञानकरुणान्वितत्वमुद्भावितम्। तत्रैवंरूपान्सर्वधर्मानिति यथापूर्वं निर्दिष्टानभावस्वभावात्। अभिसंबुध्येति यथाभूतमविकल्पबुद्धज्ञानेन ज्ञात्वा। सत्त्वानामिति नियतानियतमिथ्यानियतराशिव्यवशितानाम्। धर्मधातुमिति स्वधर्मताप्रकृतिनिर्विशिष्टतथागतगर्भम्। व्यवलोक्येति सर्वाकारमनावरणेन बुद्धचक्षुषा दृष्ट्वा। अशुद्धं क्लेशावरणेन बालपृथग्जनानाम्। अविमलं ज्ञेयावरणेन श्रावकप्रत्येकबुद्धानाम्। साङ्गनं तदुभयान्यतमविशिष्टतया बोधिसत्त्वानाम्। विक्रीडिता विविधा संपन्नविनयोपायमुखेषु सुप्रविष्टत्वात्। सत्त्वेषु महाकरुणा प्रवर्तत इति समतया सर्वसत्त्वनिमित्तमभिसंबुद्धबोधेः स्वधर्मताधिगमसंप्रापणाशयत्वात्। यदित ऊर्ध्वमनुत्तरज्ञानकरुणाप्रवृत्तेरसमधर्मचक्रप्रवर्तनाभिनिर्हारप्रयोगाश्रंसनमियमनयोः परार्थकरणे शक्तिर्वेदितव्या।

今译：在举例说明后，其他经文说明如来不依他觉知一切法、法真如和正等觉法门。然后，宣示十六种如来菩提，这样说道：“这里，文殊师利啊，如来如此觉知一切法后，观察众生法界不净、有垢和有缺点，便对众生产生名为‘游戏’[①]的大慈悲。”由此说明如来具有无上智慧和慈悲。前面宣示的一切法，以无有为自性[②]。所谓觉知，

---

① “游戏”（vikrīḍitā）一词在佛经中常含有神通的意义，指施展神通力，运用善巧方便教化众生。此词勒译“奋迅”。

② “以无有为自性”的原词是 abhāvasvabhāva。其中，abhāva（“无有”）也可译为“无性”或“无实性”。svabhāva（“自性”）也可译为“本性”、“自体”或“体性”。这个复合词勒译“无体为体”。

是以无分别佛智如实觉知。所谓众生,指正定聚、邪定聚和不定聚[①]。所谓法界[②],指与自己的法性、本性无差别的如来藏。所谓观察,是用无碍佛眼洞察一切形态。所谓不净,指凡夫具有烦恼障。所谓有垢,指声闻和缘觉具有所知障。所谓有缺点,指菩萨具有二障中任何一障。所谓游戏,指善于运用种种方便[③]门径教化众生。所谓对众生产生大慈悲,指平等觉知一切众生相,而得菩提,旨在令众生证得自己的法性。然后,所谓无上智慧和慈悲转出,指坚持不懈,努力转动无比的法轮,应知这是两者[④]利他的能力。

勒译:次說餘殘修多羅,彼中說言如實覺知一切法門者,此明如來不依他故證大菩提。又復次說如來菩提有十六種。是故經言:"文殊師利!如來如是如實覺知一切諸法,觀察一切眾生法性不淨、有垢、有點,奮迅於諸眾生大悲現前。此明如來無上智悲應知。文殊師利!如來如是如實覺知一切法者。"如向前說,無體為體。如實覺知者,如實無分別佛智知故。觀察一切眾生法性者,乃至邪聚眾生,如我身中法性、法體、法界、如來藏等,彼諸眾生亦復如是無有差別,如來智眼了了知故。不淨者,以諸凡夫煩惱障故。有垢者,以諸聲聞、辟支佛等有智障故。有點者,以諸菩薩摩訶薩等依彼二種習氣障故。奮迅者,能如實知種種眾生可化方便,入彼眾生可化方便種種門故。大悲者,成大菩提得於一切眾生平等大慈悲心,為欲令彼一切眾生如佛證智,如是覺知證大菩提故。次於一切眾生平等轉大法輪,常不休息。如是三句能作他利益,故名為力。

तत्रैषामेव यथा क्रमं षण्णां तथागतगुणानामाद्यैस्त्रिभिरसंस्कृतादिभिर्योगः

[①] 这里是指三类众生:"正定聚"(niyata)指注定会觉悟的众生,"邪定聚"(mithyāniyata)指注定会堕入恶道的众生,"不定聚"(aniyata)指尚未定性的众生。
[②] "法界"(dharmadhātu)指一切事物,也指事物的要素、本质或本性。此词在这里属于后者,具体指众生的如来藏。
[③] "方便"的原词是 upāya,词义为方法、手段或谋略。在佛经中尤指为教化众生而能随机应变采用各种巧妙的方法。此词常与 kauśala("善巧")一词连用,称为"善巧方便"。
[④] 此处"两者"指智慧和慈悲。

स्वार्थसंपत्। त्रिभिरवशिष्टैर्ज्ञानादिभिः परार्थसंपत्। अपि खलु ज्ञानेन परमनित्योप-
शान्तिपदस्वाभिसंबोधिस्थानगुणात्स्वार्थसंपत्परिदीपिता। करुणाशक्तिभ्यामनुत्तर-
महाधर्मचक्रप्रवृत्तिस्थानगुणात्परार्थसंपदिति।

今译：依次六种如来功德中，无为等前三种用于自利，智慧等后三种用于利他。或者说，智慧具有自己觉知至上永恒寂静境界的功德，说明自利。慈悲和能力具有转动无上大法轮的功德，说明利他。

勒译：應知又此六句次第。初三種句謂無為等功德，如來法身相應示現自利益。餘三種句所謂智等示現他利益。又復有義，以有智慧故，證得第一寂靜法身，是故名為自利益。又依慈悲力等二句轉大法輪示現他利益。已說佛寶，次明法寶。

勒译：究竟一乘寶性論法寶品第三

अतो बुद्धरत्नाद्धर्मरत्नप्रभावनेति तदनन्तरं तदधिकृत्य श्लोकः।

今译：从佛宝产生法宝，接着解释关于法宝的偈颂：

勒译：論曰：依彼佛寶有真法寶。以是義故，次佛寶後，示現法寶。依彼法寶故，說四偈[①]：

यो नासन्न च सन्न चापि सदसन्नान्यः सतो नासतो
ऽसक्यस्तर्कयितुं निरुक्त्यपगतः प्रत्यात्मवेद्यः शिवः।
तस्मै धर्मदिवाकराय विमलज्ञानावभासत्विषे
सर्वारम्बणरागदोषतिमिरव्याघातकर्त्रे नमः ॥ ९ ॥

今译：非无非有非有无，不异于有，不异于无，

---

① 此处所说"四偈"，按照原文实际是一首诗。佛经中的诗体可以统称为"偈颂"。但这些诗体的诗律多样。常见的"输洛迦"（śloka）诗体为三十二个音节，分成四句，每句八个音节，汉译佛经中经常用五言四句对译。而三十二个音节以上的诗体，则大多需要用四句以上对译。故而，勒译这里所说"四偈"，是以汉译偈颂四句为一偈作为计算单位。以下勒译中所说的偈颂数目，都应该这样看待。

不可思辨，不可言说，自觉内证，清凉，
具有清净智慧的炽烈光焰，摧毁一切
所缘和贪瞋痴，向如同太阳的法致敬！（9）

勒译：非有亦非無，亦復非有無，
亦非即於彼，亦復不離彼，
不可得思量，非聞慧境界，
出離言語道，內心知清涼，
彼真妙法日，清淨無塵垢，
大智慧光明，普照諸世間，
能破諸曀障，覺觀貪瞋癡，
一切煩惱等，故我今敬礼。

अनेन किं दर्शितम्।

今译：这首偈颂宣示什么？

勒译：此偈示現何義？偈言：

अचिन्त्याद्वयनिष्कल्पशुद्धिव्यक्तिविपक्षतः।
यो येन च विरागो ऽसौ धर्मः सत्यद्विलक्षणः ॥ १० ॥

今译：它不可思议，不二，无分别，清净，显现，
对治，离欲，离欲之因，此法具有二谛相。（10）

勒译：不思議不二，無分淨現對，
依何得何法，離法二諦相。

अनेन समासतो ऽष्टाभिर्गुणैः संगृहीतं धर्मरत्नमुद्भावितम्। अष्टौ गुणाः कतमे। अचिन्त्यत्वमद्वयता निर्विकल्पता शुद्धिरभिव्यक्तिकरणं प्रतिपक्षता विरागो विरागहेतुरिति।

今译：这首偈颂简而言之是说明法宝具有八种功德。哪八种功德？不可思议性、不二性、无分别性、清净、显现、对治性、离欲和离欲之因。

勒译：此偈略明法寶所攝八種功德。何等為八？一者不可思議，二者不二，三者無分別，四者淨，五者顯現，六者對治，七者離果，八者離因。離者，偈言：

निरोधमार्गसत्याभ्यां संगृहीता विरागिता।
गुणैस्त्रिभिस्त्रिभिश्चैते वेदितव्ये यथाक्रमम्॥ ११ ॥

今译：灭谛和道谛总摄离欲性，
应知二者依次有三种功德。（11）

勒译：滅諦道諦等，二諦攝取離，
彼各三功德，次第說應知。

एषामेव यथाक्रमं षण्णां गुणानां त्रिभिराद्यैरचिन्त्याद्वयनिर्कल्पतागुणै-र्निरोधसत्यपरिदीपनाद्विरागसंग्रहो वेदितव्यः। त्रिभिरवशिष्टैः शुद्ध्यभिव्यक्तिप्रति-पक्षतागुणैर्मार्गसत्यपरिदीपनाद्विरागहेतुसंग्रह इति। यश्च विरागो निरोधसत्यं येन च विरागो मार्गसत्येन तदुभयमभिसमस्य व्यवदानसत्यद्वयलक्षणो विरागधर्म इति परिदीपितम्।

今译：应知依次六种功德中，不可思议、不二和无分别前三种功德说明灭谛，摄取离欲。清净、显现和对治性后三种功德说明道谛，摄取离欲之因。离欲是灭谛，离欲之因是道谛，两者合为清净二谛相，说明离欲法。

勒译：此偈明何義？前六功德中初三種功德，不思議、不二及無分別等，示現彼滅諦，攝取離煩惱。應知餘殘有三句，淨、顯現、對治，示現彼道諦，攝取斷煩惱因。應知又證法所有離，名為滅諦。以何等法修行斷煩惱，名為道諦。以此二諦合為淨法。以二諦相，名為離法應知。偈言：

अतर्क्यत्वादलाप्यत्वादार्यज्ञानादचिन्त्यता।
शिवत्वादद्वयाकल्पौ शुद्ध्यादि त्रयनर्कवत्॥ १२ ॥

今译：不可思辨、不可言说、圣者智慧而不可思议，
清凉而不二和无分别，清净等三者如同太阳。（12）

勒译：不思量無言，智者內智知，
以如是義故，不可得思議，
清涼不二法，及無分別法，
淨顯現對治，三句猶如日。

समासतो निरोधसत्यस्य त्रिभिः कारणैरचिन्त्यत्वं वेदितव्यम्। कतमैस्त्रिभिः। असत्सत्सदसन्नोभयप्रकारैश्चतुर्भिरपि तर्कागोचरत्वात्। सर्वरुतरवितघोषवाक्पथनिरुक्तिसंकेतव्यवहाराभिलापैरनभिलाप्यत्वात्। आर्याणां च प्रत्यात्मवेदनीयत्वात्।

今译：应知简而言之灭谛的不可思议性有三种原因。哪三种？一是不属于思辨领域，即使运用无、有、有无和非有非无的四句法。二是一切声音、言语道、解释和习惯用语都不可言说。三是圣者自觉内证。

勒译：此偈明何義？略明滅諦有三種法，以是義故，不可思議。應知以何義故不可思議。有四義故。何等為四？一者為無，二者為有，三者為有無，四者為二[1]。偈言非有亦非無，亦復非有無，亦非即於彼，亦復不離彼故。滅諦有三種法應知者。此明何義？滅諦非可知，有三種法。何等為三？一者非思量境界故。偈言不可得思量，非聞慧境界故。二者遠離一切聲響、名字、章句、言語、相貌故。偈言出離言語道故。三者聖人內證法故。偈言內心知故。

① 此处“二”的原词是 nobhaya，词义为非二，即非有非无。

तत्र निरोधसत्यस्य कथमद्वयता निर्विकल्पता च वेदितव्या। यथोक्तं भगवता। शिवो ऽयं शारिपुत्र धर्मकायो ऽद्वयधर्माविकल्पधर्मा। तत्र द्वयमुच्यते कर्म क्लेशाश्च। विकल्प उच्यते कर्मक्लेशसमुदयहेतुरयोनिशोमनसिकारः। तत्प्रकृतिनिरोधप्रतिवेधाद्द्वयविकल्पासमुदाचारयोगेन यो दुःखस्यात्यन्तमनुत्पाद इदमुच्यते दुःखनिरोधसत्यम्। न खलु कस्यचिद्धर्मस्य विनाशाद्दुःखनिरोधसत्यं परिदीपितम्। यथोक्तम्। अनुत्पादानिरोधे मञ्जुश्रीश्चित्तमनोविज्ञानानि न प्रवर्तन्ते। यत्र चित्तमनोविज्ञानानि न प्रवर्तन्ते तत्र न कश्चित्परिकल्पो येन परिकल्पेनायोनिशोमनसिकुर्यात्। स योनिशोमनसिकारप्रयुक्तो ऽविद्यां न समुत्थापयति। यच्चाविद्यासमुत्थानं तद्द्वादशानां भवाङ्गानामसमुत्थानम्। साजातिरिति विस्तरः। यथोक्तम्। न खलु भगवन्धर्मविनाशो दुःखनिरोधः। दुःखनिरोधनाम्ना भगवन्ननादिकालिको ऽकृतो ऽजातो ऽनुत्पन्नो ऽक्षयः क्षयापगतः नित्यो ध्रुवः शिवः शाश्वतः प्रकृतिपरिशुद्धः सर्वक्लेशकोशविनिर्मुक्तो गङ्गावालिकाव्यतिवृत्तैरविनिर्भागैरचिन्त्यैर्बुद्धधर्मैः समन्वागतस्तथागतधर्मकायो देशितः। अयमेव च भगवंस्तथागतधर्मकायो ऽविनिर्मुक्तक्लेशकोशस्तथागतगर्भः सूच्यते। इति सर्वविस्तरेण यथासूत्रमेव दुःखनिरोधसत्यव्यवस्थानमनुगन्तव्यम्।

今译：应知何为灭谛的不二性和无分别性。如世尊说：“舍利弗啊，法身清凉，具有不二性和无分别性。”其中所说二，指业和烦恼。所说分别，指业和烦恼产生的原因，即不如理思惟。洞察它们本性寂灭，而不生起二和分别，由此苦永不生起，这称为苦灭谛。无任何法灭，由此说明苦灭谛。如经中所说：“文殊师利啊，由于无生无灭，心、意和识不转出。一旦心、意和识不转出，也就无任何分别。有分别，则有不如理思惟。如理思惟，则不产生无明。不产生无明即不产生十二有支[①]，这是无生。”如此等等广说。如经中所说：“世尊啊，确实，非法灭而苦灭。世尊啊，所谓苦灭，是无始，无作，不生，不起，不灭，离灭，恒常，坚固，清凉，永远，本性清净，脱离一切烦

① “十二有支”又称“十二缘起”或“十二因缘”。

恼库藏①，具有超过恒河沙数的、无差别的、不可思议的佛法，称为如来法身。世尊啊，这如来法身不脱离烦恼库藏，称为如来藏。应该依据经中广说理解这样确定苦灭谛。"

勒译：又滅諦云何不二法者及云何無分別者？如《不增不減經》中如來說言："舍利弗！如來法身清涼，以不二法故，以無分別法故。"偈言清涼故。何者是二而說不二？所言二者，謂業、煩惱。言分別者，所謂集起②業、煩惱因及邪念③等。以知彼自性本來寂滅，不二無二行，知苦本來不生，是名苦滅諦。非滅法故，名苦滅諦。是故經言："文殊師利！何等法④中無心、意、意識行，彼法中無分別。以無分別故，不起邪念。以有正念故，不起無明。以不起無明故，即不起十二有支。以不起十二有支故，即名無生。"是故，《聖者勝鬘經》言："世尊！非滅法故，名苦滅諦。世尊！所言苦滅者，名無始、無作、無起、無盡、離盡、常恒、清涼、不變、自性清淨、離一切煩惱藏所纏。世尊！過於恒沙、不離不脫不異不思議佛法畢竟成就，說如來法身。世尊！如是如來法身不離煩惱藏所纏，名如來藏。"如是等《勝鬘經》中廣說滅諦應知。

अस्य खलु दुःखनिरोधसंज्ञितस्य तथागतधर्मकायस्य प्राप्तिहेतुरविकल्प-ज्ञानदर्शनभावनामार्गस्त्रिविधेन साधर्म्येण दिनकरसदृशः वेदितव्यः। मण्डल-विशुद्धिसाधर्म्येण सर्वोपक्लेशमलविगतत्वात्। रूपाभिव्यक्तिकरणसाधर्म्येण सर्वा-कारज्ञेयावभासकत्वात्। तमःप्रतिपक्षसाधर्म्येण च सर्वाकारसत्यदर्शनविबन्धप्रति-पक्षभूतत्वात्।

今译：应知获得这种称为灭谛的如来法身的原因在于无分别见道

---

① "库藏"的原词是 kośa，词义为容器、花苞、皮壳和仓库等。
② "集起"的原词是 samudaya，词义为生起、兴起或兴盛。
③ 此处"邪念"的原词是 ayoniśomanasikāra，通常译为"不如理思惟"。与此对应，下面出现的"如理思惟"（yoniśomanasikāra），勒译"正念"。
④ 此处"何等法"指任何法。

和修道[①]，与太阳有三种相似：远离一切烦恼污垢，与日轮清净相似。照亮一切所知，与太阳显现一切色相似。对治一切真见障碍，与太阳驱除黑暗相似。

勒译：又以何因得此滅諦如來法身？謂於見道及修道中無分別智三種日相似相對法應知。偈言彼真妙法日故。何等為三？一者日輪清淨相似相對法，以遠離一切煩惱垢故。偈言清淨無塵垢故。二者顯現一切色像相似相對法，以一切種一切智能照知故。偈言大智慧光明故。三者對治闇相似相對法，以起一切種智對治法故。偈言普照諸世間故。

विबन्धः पुनरभुतवस्तुनिमित्तारम्बणमनसिकारपूर्विका रागद्वेषमोहोत्पत्तिरनुशयपर्युत्थानयोगात्। अनुशयतो हि बालानामभूतमतत्स्वभावं वस्तु शुभाकारेण वा निमित्तं भवति रागोत्पत्तितः। प्रतिघाकारेण वा द्वेषोत्पत्तितः। अविद्याकारेण वा मोहोत्पत्तितः। तच्च रागद्वेषमोहनिमित्तमयथाभूतमारम्बणं कुर्वतामयोनिशोमनसिकारश्चित्तं पर्याददाति। तेषामयोनिशोमनसिकारपर्यवस्थितचेतसां रागद्वेषमोहानामन्यतक्लेशसमुदाचारो भवति। ते ततोनिदानं कायेन वाचा मनसा रागजमपि कर्माभिसंस्कुर्वन्ति। द्वेषजमपि मोहजमपि कर्माभिसंस्कुर्वन्ति। कर्मतश्च पुनर्जन्मानुबन्ध एव भवति। एवमेषां बालानामनुशयवतां। निमित्तग्राहिणामारम्बणचरितानामयोनिशोमनसिकारसमुदाचारात्क्लेशसमुदयः। क्लेशमुदायात्कर्मसमुदयः। कर्मसमुदयाज्जन्मसमुदयो भवति। स पुनरेष सर्वाकारक्लेशकर्मजन्मसंक्लेशो बालानामेकस्य धातोर्यथाभूतमज्ञानाददर्शनाच्च प्रवर्तते।

今译：所谓障碍，指随眠[②]生起，依随不实事物相思惟，而产生贪瞋痴。因为依据随眠，愚痴凡夫以为无自性的不实事物相形态美妙，而产生贪。或者，由于憎，产生瞋。或者由于无明，产生痴。他们依据虚妄不实的贪瞋痴相，则心中不如理思惟。他们心中不如理思惟，则生起种种烦恼。由此，他们的身、口和意造作贪业，造作瞋业，造

① “修道”（bhāvanāmārga）指菩萨修行五位中的第四位。
② “随眠”（anuśaya）指深藏的根本烦恼。此词在汉译佛经中也译“结使”或“烦恼”。

作痴业。由于这些业，而受生的束缚。这样，愚痴凡夫有随眠，执取相，依随所缘，产生不如理思惟，由此产生烦恼。产生烦恼而产生业。产生业而产生生。愚痴凡夫不如实知见一界[①]，而受一切烦恼、业和生的污染。

勒译：又以何者是所治法[②]？所謂依取不實事相，虛妄分別念，生貪瞋癡結使煩惱。此明何義？愚癡凡夫依結使煩惱，取不實事相念故，起於貪心。依瞋恚故，起於瞋心。依於無明虛妄念故，起於癡心。又復依彼貪瞋癡等虛妄分別，取不實事相念，起邪念心。依邪念心，起於結使。依於結使，起貪瞋癡。以是義故，身、口、意等造作貪業、瞋業、癡業。依此業故，復有生生不斷不絕。如是一切愚癡凡夫，依結使煩惱，集起邪念。依邪念故，起諸煩惱。依煩惱故，起一切業。依業起生如是此一切種諸煩惱染、業染、生染。愚癡凡夫不如實知，不如實見一實性界。

स च तथा द्रष्टव्यो यथा परिगवेषयन्न तस्य किंचिन्निमित्तमारम्बणं वा पश्यति। स यदा न निमित्तं नारम्बणं वा पश्यति तदा भूतं पश्यति। एवमेते धर्मास्तथागतेनाभिसंबुद्धाः समतया समा इति। य एवमसतश्च निमित्तारम्बण-स्यादर्शनात्सतश्च यथाभूतस्य परमार्थसत्यस्य दर्शनात्तदुभयोरनुत्क्षेपाप्रक्षेप-समताज्ञानेन सर्वधर्मसमताभिसंबोधः सो ऽस्य सर्वाकारस्य तत्त्वदर्शनविबन्धस्य प्रतिपक्षो वेदितव्यो यस्योदयादितरस्यात्यन्तमसंगतिरसमवधानं प्रवर्तते। स खल्वेष धर्मकायप्राप्तिहेतुरविकल्पज्ञानदर्शनभावनामार्गो विस्तरेण यथासूत्रं प्रज्ञा-पारमितानुसारेणानुगन्तव्यः।

今译：应该如实见，像洞察一切者那样不见任何相或所缘。一旦不见相，不见所缘，也就见真实。如来这样平等觉知一切法平等。这样不见不实相和所缘，而见真实、如实第一义谛，凭这两者不增不减

① “一界”（ekadhātu）在这里指唯一的界，相当于“法界”、“法性”、“佛性”或“如来界”。此词勒译“一实性界”。

② “所治法”指所对治的事物，即障碍。

平等智，而觉知一切法平等。应知这是对治一切真见障碍。由于运用对治，就永远不会遭遇障碍。确实，无分别智见道和修道是获得法身的原因，应该依据《般若波罗蜜经》中广说理解。

勒译：如彼如實性，觀察如實性而不取相。以不取相故，能見實性。如是實性，諸佛如來平等證知。又不見如是虛妄法相，如實知見，如實有法真如法界，以見第一義諦故。如是二法[①]不增不減。是故，名為平等證智，是名一切種智。所治障法應如是知。以起真如智對治法故，彼所治法畢竟不復生起現前。偈言能破諸曀障，覺觀貪瞋癡一切煩惱等故。又此得滅諦如來法身，因於見道中及修道中無分別智，廣說如《摩訶般若波羅蜜》[②]等修多羅中言："須菩提！真如如來真如平等無差別。"如是等應知。已說法寶，次說僧寶。

勒译：究竟一乘寶性論僧寶品第四

अतो महायानधर्मरत्नादवैवर्तिकबोधिसत्त्वगणरत्नप्रभावनेति तदनन्तरं तदधिकृत्य श्लोकः।

今译：从大乘法宝产生不退转菩萨僧宝，接着解释关于僧宝的偈颂：

勒译：論曰：依大乘法寶，有不退轉菩薩僧寶。以是義故，次法寶後，示現僧寶。依彼僧寶故，說四偈：

ये सम्यक्प्रतिविध्य सर्वजगतो नैरात्म्यकोटिं शिवां
तच्चित्तप्रकृतिप्रभास्वरतया क्लेशास्वभावेक्षणात्।
सर्वत्रानुगतामनावृतधियः पश्यन्ति संबुद्धतां
तेभ्यः सत्त्वविशुद्ध्यनन्तविषयज्ञानेक्षणेभ्यो नमः ॥ १३ ॥

① 此处"二法"指上述"不见如是虚妄法相"和"如实知见，如实有法真如法界"这两者。

② 此经有鸠摩罗什译《摩诃般若波罗蜜经》和玄奘译《大般若波罗蜜多经》。

今译：他们正确洞悉一切众生无我而清净，
　　　觉察烦恼无自性，众生心原本光明，
　　　智慧无碍，看到佛性遍及一切，智眼
　　　目睹众生清净无限境界，向僧众致敬！（13）

勒译：正覺正知者，見一切眾生，
　　　清淨無有我，寂靜真實際，
　　　以能知於彼，自性清淨心，
　　　見煩惱無實，故離諸煩惱，
　　　無障淨智者，如實見眾生，
　　　自性清淨性，佛法僧①境界，
　　　無閡淨智眼，見諸眾生性，
　　　遍無量境界，故我今敬礼。

अनेन किं दर्शितम्।

今译：这首偈颂宣示什么意义？

勒译：此偈示現何義？偈言：

यथावद्यावदध्यात्मज्ञानदर्शनशुद्धितः।
धीमतामविवर्त्यानामनुत्तरगुणैर्गणः ॥ १४ ॥

今译：如实修和遍修，内心知见清净，
　　　不退转菩萨僧众具有无上功德。（14）

勒译：如實知內身，以智見清淨，
　　　故名無上僧，諸佛如來說。

---

① 此处"佛法僧"，据《中华大藏经》校勘记，诸本作"佛法身"。在勒译释文中也写为"佛法身"。而此词对应原文中的 saṃbuddhatā，即"佛性"，意义与"佛法身"相通。

अनेन समासतो ऽवैवर्तिकबोधिसत्त्वगणरत्नस्य द्वाभ्यामाकाराभ्यां यथावद्भाविकतया यावद्भाविकतया च लोकोत्तरज्ञानदर्शनविशुद्धितो ऽनुत्तरगुणान्वितत्वमुद्भावितम्।

今译：简而言之，这首偈颂说明由于出世间知见清净，不退转菩萨僧宝具有无上功德，有两种形态，即如实修行和遍修行①。

勒译：此偈明何義？偈言：

यथावत्तज्जगच्छान्तधर्मतावगमात्स च।
प्रकृतेः परिशुद्धत्वात्क्लेशस्यादिक्षयेक्षणात्॥ १५ ॥

今译：如实获知众生寂静法性，
本性清净，烦恼原本无。（15）

勒译：如實見眾生，寂靜真法身，
以見性本淨，煩惱本來無。

तत्र यथावद्भाविकता कृत्स्नस्य पुद्गलधर्माख्यस्य जगतो यथावन्नैरात्म्यकोटेरवगमाद्वेदितव्या। स चायमवगमो ऽत्यन्तादिशान्तस्वभावतया पुद्गलधर्माविनाशयोगेन समासतो द्वाभ्यां कारणाभ्यामुत्पद्यते। प्रकृतिप्रभास्वरतादर्शनाच्च चित्तस्यादिक्षयनिरोधदर्शनाच्च तदुपक्लेशस्य। तत्र या चित्तस्य प्रकृतिप्रभास्वरता यश्च तदुपक्लेश इत्येतद्द्वयमनास्रवे धातौ कुशलाकुशलयोश्चित्तयोरेकचरत्वाद्द्वितीयचित्तानभिसंधानयोगेन परमदुष्प्रतिवेध्यम्। अत आह। क्षणिकं भगवन्कुशलं चित्तम्। न क्लेशैः संक्लिश्यते। क्षणिकमकुशलं चित्तम्। न संक्लिष्टमेव तच्चित्तं क्लेशैः। न भगवन्क्लेशास्तच्चित्तं स्पृशन्ति। कथमत्र भगवन्नस्पर्शनधर्मि चित्तं तमःक्लिष्टं भवति। अस्ति च भगवन्नुपक्लेशः। अस्त्युपक्लिष्टं चित्तम्। अथ च पुनर्भगवन्प्रकृतिपरिशुद्धस्य चित्तस्योपक्लेशार्थो दुष्प्रतिवेध्यः। इति विस्तरेण यथावद्भाविकतामारभ्य दुष्प्रतिवेधार्थनिर्देशो यथासूत्रमनुगन्तव्यः।

① “如实修行”和“遍修行”的原词是 yathāvadbhāvikatā 和 yāvadbhāvikatā，汉译佛经中也译“如所有性”和“尽所有性”。这里采用勒译“如实修行”和“遍修行”。

今译：这里，应知如实修行指如实洞悉称为人和法的整个世界终究无我。自性原本永远寂静，并非修行灭寂人和法。简而言之，这种洞悉产生于两个原因：见本性光明，见心中烦恼原本寂灭。心的本性清净和心受污染，这两者实在难以理解，因为在无漏界①中，善心和不善心一起行动，没有另外的心相连。因此，经中说："世尊啊，刹那的善心不受烦恼污染，刹那的不善心不受烦恼污染。世尊啊，烦恼不触心。世尊啊，心不触法，怎么会受愚暗污染？世尊啊，有烦恼，有心受污染，这难以理解。"关于如实修行，应该依据经中广说"难以理解"的意义理解。

勒译：此偈明何義？以如實見本際以來我空法空應知。偈言正覺正知者，見一切眾生清淨無有我，寂靜真實際故。又彼如實知無始世來本際寂靜，無我無法，非滅煩惱證時始有。此明何義？此見自性清淨法身。略說有二種法。何等為二？一者見性本來自性清淨，二者見諸煩惱本來寂滅。偈言以能知於彼自性清淨心，見煩惱無實，故離諸煩惱故。又自性清淨心本來清淨，又本來常為煩惱所染。此二種法於彼無漏真如法界中善心、不善心俱，更無第三心。如是義者，難可覺知。是故，《聖者勝鬘經》言："世尊！刹尼迦②善心，非煩惱所染。刹尼迦不善心，亦非煩惱所染。煩惱不觸心，心不觸煩惱。云何不觸法而能得染心？世尊！然有煩惱，有煩惱染心。自性清淨心而有染者，難可了知。"如是等《聖者勝鬘經》中廣說自性清淨心及煩惱所染應知。

यावद्भाविकता ज्ञेयपर्यन्तगतया धिया।
सर्वसत्त्वेषु सर्वज्ञधर्मतास्तित्वदर्शनात्॥ १६ ॥

今译：遍修行是凭借穷尽所知的智慧，

① "无漏界"（anāsravadhātu）指灭尽烦恼的法界。此词勒译"无漏真如法界"。
② "刹尼迦"的原词是 kṣaṇika，词义为刹那的。

觉察一切众生中有一切知法性[1]。（16）

तत्र यावद्भाविकता सर्वज्ञेयवस्तुपर्यन्तगतया लोकोत्तरया प्रज्ञया सर्वसत्त्वेष्वन्तशस्तिर्यग्योनिगतेष्वपि तथागतगर्भास्तित्वदर्शनाद्वेदितव्या। तच्च दर्शनं बोधिसत्त्वस्य प्रथमायामेव बोधिसत्त्वभूमावुत्पद्यते सर्वत्रगाथने धर्मधातुप्रतिवेधात्।

今译：这里，应知遍修行指凭穷尽一切所知的出世间智慧觉察一切众生乃至畜生中有如来藏。菩萨在菩萨初地洞察法界遍及一切而产生这种觉察。

इत्येवं यो ऽवबोधस्तत्प्रत्यात्मज्ञानदर्शनम्।
तच्छुद्धिरमले धातावसङ्गाप्रतिघा ततः ॥ १७ ॥

今译：这是内在的知见，这样的觉知清净，
因此，在无垢界中无执著，无障碍。（17）

इत्येवमनेन प्रकारेण यथावद्भाविकतया च यावद्भाविकतया च यो लोकोत्तरमार्गावबोधस्तदार्याणां प्रत्यात्ममनन्यसाधारणं लोकोत्तरज्ञानदर्शनमभिप्रेतम्। तच्च समासतो द्वाभ्यां कारणाभ्यामितरप्रादेशिकज्ञानदर्शनमुपनिधाय सुविशुद्धिरित्युच्यते। कतमाभ्यां द्वाभ्याम्। असङ्गत्वादप्रतिहतत्वाच्च। तत्र यथावद्भाविकतया सत्त्वधातुप्रकृतिविशुद्धविषयत्वादसङ्गम् यावद्भाविकतयानन्तज्ञेयवस्तुविषयत्वादप्रतिहतम्।

今译：这样，凭如实修行和遍修行，觉知出世间道，这意味圣者们不与他人共同的内证出世间知见。简而言之，与其他狭小低劣知见相比而称为“完全清净”。有两个原因。哪两个？无执著和无障碍。其中，凭如实修行，以众生界本性清净为境界而无执著。凭遍修行，以无边所知事物为境界，而无障碍。

勒译：又有二種修行，謂如實修行及遍修行難證知義。如實修行

[1] “一切知”（sarvajña）是佛的称号。“一切知法性”即佛法性。

者，謂見眾生自性清淨佛性境界故。偈言無障淨智者，如實見眾生自性清淨性佛法身境界故。遍修行者，謂遍十地一切境界故，見一切眾生有一切智故。又遍一切境界者，以遍一切境界，依出世間慧，見一切眾生乃至畜生有如來藏應知。彼見一切眾生有真如佛性，初地菩薩摩訶薩以遍證一切真如法界故。偈言無閡淨智眼，見諸眾生性遍無量境界故。如是內身自覺知，彼無漏法界無障無閡，依於二法：一者如實修行，二者遍修行。此明何義？謂出世間如實內證真如法智，不共二乘凡夫人等應知。此明何義？菩薩摩訶薩出世間清淨證智。略說有二種，勝聲聞、辟支佛證智。何等為二？一者無障，二者無礙。無障者，謂如實修行，見諸眾生自性清淨境界，故名無障。無閡者，謂遍修行，以如實知無邊境界，故名無閡。此明何義？偈言：

> **ज्ञानदर्शनशुध्या बुद्धज्ञानादनुत्तरात्।**
> **अवैवर्त्याद्भवन्त्यार्याः शरणं सर्वदेहिनाम्॥ १८ ॥**

今译：由于知见清净，具有无上佛智，
不退转，圣者们成为众生皈依。（18）

勒译：如實知見道，見清淨佛智，
故不退聖人，能作眾生依。

इतीयं ज्ञानदर्शनशुद्धिरविनिवर्तनीयभूमिसमारूढानां बोधिसत्त्वानामनुत्तरायास्तथागतज्ञानदर्शनविशुद्धेरुपनिषद्भतत्वादनुत्तरा वेदितव्या तदन्येभ्यो वा दानशीलादिभ्यो बोधिसत्त्वगुणेभ्यो यद्योगादविनिवर्तनीया बोधिसत्त्वाः शरणभूता भवन्ति सर्वसत्त्वानामिति।

今译：应知登上不退转地的菩萨的这种知见无上清净，由于接近如来知见的无上清净，不同于其他菩萨的布施、持戒等。由于这种知见清净，不退转菩萨成为一切众生皈依。

勒译：此偈明何義？又依初地菩薩摩訶薩證智清淨，見道不退地乘[①]，能作見彼無上菩提清淨勝因應知。偈言如實知見道，見清淨佛智故。此初地證智，勝餘菩薩摩訶薩布施、持戒等波羅蜜功德。以是義故，菩薩摩訶薩依如實見真如證智。是故，能與一切衆生、天龍八部[②]、聲聞、辟支佛等作歸依處。偈言不退聖人能作衆生依故。

श्रावकसंघरत्नाग्रहणं बोधिसत्त्वगणरत्नानन्तरं तत्पूजानर्हत्वात्। न हि जातु पण्डिता बोधिसत्त्वश्रावकगुणान्तरज्ञा महाबोधिविपुलपुण्यज्ञानसंभारापूर्यमाण-ज्ञानकरुणामण्डलमप्रमेयसत्त्वधातुगणसंतानावभासप्रत्युपस्थितमनुत्तरतथागत-पूर्णचन्द्रगमनानुकूलमार्गप्रतिपन्नं बोधिसत्त्वनवचन्द्रमुत्सृज्य प्रादेशिकज्ञाननिष्ठा-गतमपि तारारूपवत्स्वसंतानावभासप्रत्युपस्थितं श्रावकं नमस्यन्ति। परहित-क्रियाशयविशुद्धेः संनिश्रयगुणेनैव हि प्रथमचित्तोत्पादिको ऽपि बोधिसत्त्वो निरनुक्रोशमनन्यपोषिगण्यमनास्रवशीलसंवरविशुद्धिनिष्ठागतमार्यश्रावकमभि-भवति। प्रागेव तदन्यैर्दशवशितादिभिर्बोधिसत्त्वगुणैः। वक्ष्यति हि।

今译：在菩萨僧宝之后，不提及声闻僧宝，因为它不值得供奉。确实，菩萨智慧和慈悲圆满，充满大菩提广大的功德和智慧资粮[③]，如同新月升起，照亮无量众生界群众，修道趋向无上如来圆月，而声闻依据狭小低劣智慧，如同星星，只照亮自身。智者明了菩萨和声闻的功德差别，决不会舍弃菩萨新月，而礼敬声闻。菩萨怀有清净利他心而具有功德，即使初步发心，也胜过声闻，因为声闻虽然修持无漏禁戒[④]而极其清净，但无同情心，不考虑培养他人，更何况菩萨具有十自在等菩萨功德。因为经中说：

勒译：問曰：以何義故，不明[⑤]歸依聲聞僧寶？答曰：菩薩僧寶

---

① 此处“乘”的原词是 samārūḍha，词义为登上或达到。故而，“不退地乘”指登上或达到不退地。

② “天龙八部”泛指包括天神和龙在内的所有神怪。

③ “资粮”的原词是 saṃbhāra，词义为积累、必需品、财富或大量。

④ “无漏禁戒”（anāsraśīlasaṃvara）指清除烦恼污垢的禁戒。

⑤ “明”指说明或指明。

功德無量，是故應供。以應供故，合應禮拜、讚歎、供養。聲聞之人無如是義。以是義故，不明歸依聲聞僧寶。此明何義？偈言：

境界諸功德，證智及涅槃，
諸地淨無垢，滿足大慈悲，
生於如來家，具足自在通，
果勝最無上，是勝歸依義。

此偈明何義？略說菩薩十種勝義過[①]諸聲聞、辟支佛故。何等為十？一者觀勝，二者功德勝，三者證智勝，四者涅槃勝，五者地勝，六者清淨勝，七者平等心勝，八者生勝，九者神力勝，十者果勝。觀勝者，謂觀真如境界，是名觀勝。偈言境界故。功德勝者，菩薩修行無厭足，不同二乘少欲[②]等，是名功德勝。偈言功德故。證智勝者，證二種無我，是名證智勝。偈言證智故。涅槃勝者，教化眾生故，是名涅槃勝。偈言涅槃故。地勝者，所謂十地等，是名地勝。偈言諸地故。清淨勝者，菩薩遠離智障，是名清淨勝。偈言淨無垢故。平等心勝者，菩薩大悲遍覆，是名平等心勝。偈言滿足大慈悲故。生勝者，諸菩薩生無生故，是名生勝。偈言生於如來家故。神力勝者，謂三昧自在神通等力勝，是名神力勝。偈言具足三昧自在通故。果勝者，究竟無上菩提故，是名果勝。偈言果勝最無上故。[③]此明何義？有黠慧人[④]，知諸菩薩功德無量，修習菩提無量無邊廣大功德，有大智慧慈悲圓滿，為照知彼無量眾生性行稠林[⑤]，猶如初月，唯除諸佛如來滿月[⑥]。菩薩摩訶薩[⑦]知諸聲聞乃至證得阿羅漢道，少智慧人無大悲心，

① “过”指超过。
② “少欲”指缺少菩萨修行的意欲。
③ 以上勒译的偈颂和对这首偈颂的解释不见于原文。
④ “黠慧人”的原词是 paṇḍita，词义为智者。
⑤ “众生性行稠林”的原词是 sattvadhātugaṇasantāna，直译为“众生界群身”。其中，勒译的“众生性”即“众生界”，而“行稠林”是运用比喻的意译。
⑥ 这句按照原文的意思是修道趋向无上如来圆月。
⑦ 这里按照原文，主语应该是“黠慧人”（“智者”），而不是菩萨摩诃萨。

為照自身，猶如星宿。既如是知，欲取如來大滿月身，修菩提道，而當棄捨初月菩薩，起心禮拜供養其餘星宿聲聞、辟支佛者，無有是處。此復何義？明為利益一切眾生，初始發起菩提之心，諸菩薩等已能降伏不為利益他眾生身、為自利益修持無漏清淨禁戒乃至證得阿羅漢果聲聞之人，何況其餘得十自在等無量無邊功德菩薩摩訶薩，而同聲聞、辟支佛等少功德人，無有是處。以是義故，經中偈言：

यः शीलमात्मार्थकरं विभर्ति
दुःशीलसत्त्वेषु दयावियुक्तेः।
आत्मंभरिः शीलधनप्रशुद्धो
विशुद्धशीलं न तमाहुरार्यम्॥

今译：只为利益自己而持戒，
对破戒众生无慈悲心，
为自己积累清净戒财，
称不上是清净戒圣者。

勒译：若為自身故，修行於禁戒，
遠離大慈心，捨破戒眾生，
以為自身故，護持禁戒財，
如是持戒者，佛說非清淨。

यः शीलमादाय परोपजीव्यं करोति तेजो ऽनिलवारिभूवत्।
कारुण्यमुत्पाद्य परं परेषु स शीलवांस्तत्प्रतिरूपको ऽन्य इति ॥

今译：如同地水火风，利益他人而持戒，对他人
心生大慈悲，这是真持戒，否则是假持戒。

勒译：若為他人故，修行於禁戒，
能利益眾生，如地水火風，

以為他眾生，起第一悲心，
是名淨持戒，餘似非清淨。

तत्र केनार्थेन किमधिकृत्य भगवता शरणत्रयं प्रज्ञप्तम् ।

今译：世尊依据什么和为谁宣说三皈依？

勒译：問曰：依何等義，為何等人，諸佛如來說此三寶？答曰偈言：

**शास्तृशासनशिष्यार्थैरधिकृत्य त्रियानिकान्।
कारत्रयाधिमुक्तांश्च प्रज्ञप्तं शरणत्रयम्॥ १९ ॥**

今译：依据法师、教法和弟子，为三乘信众，
为虔信三供养者，世尊宣说三皈依。（19）

勒译：依能調所證，弟子①為三乘，
信三供養等，是故說三寶。

बुद्धः शरणमग्र्यत्वाद्द्विपदानामिति शास्तृगुणोद्भावनार्थेन बुद्धभावायोपगतान्बोधिसत्त्वान्पुद्गलान्बुद्धे च परमकारक्रियाधिमुक्तानधिकृत्य देशितं प्रज्ञप्तम्।

今译：佛是两足者中至上者，而成为皈依，用以说明法师功德，为趋向佛性的菩萨乘人和虔信至高供养佛者宣说皈依佛宝。

勒译：此偈明何義？略說依三種義、為六種人故說三寶。何等為三？一者調御師，二者調御師法，三者調御師弟子。偈言依能調、所證、弟子故。六種人者。何等為六？一者大乘，二者中乘，三者小乘，四者信佛，五者信法，六者信僧。偈言為三乘、信三供養等故。初釋第一義。第一、第四人歸依兩足中最勝第一尊佛，示現調御師、大丈

---

① 按勒译释文，这颂中的"能调"、"所证"和"弟子"为调御师、调御师法和调御师弟子，即佛、法和僧。

夫[1]義故，偈言依能調故。為取佛菩提諸菩薩人故，偈言為大乘故。為信供養諸佛如來福田人故，偈言信佛供養故。以是義故，說立佛寶，偈言是故說佛寶故。已釋第一義第一、第四人。

धर्मः शरणमग्र्यत्वाद्विरागाणामिति शास्तृः शासन गुणोद्भावनार्थेन स्वयं प्रतीत्य गम्भीरधर्मानुबोधायोपगतान्प्रत्येकबुद्धयानिकान्पुद्गलान्धर्मे च परमकार-क्रियाधिमुक्तानधिकृत्य देशितं प्रज्ञप्तम्।

今译：法是离欲中至上者，而成为皈依，用以说明法师的教法功德，为依靠自己趋向觉知深邃法的缘觉乘人和虔信至高供养法者宣说皈依法宝。

勒译：次釋第二義。第二、第五人歸依離煩惱中最勝第一法，示現調御師所證功德法故，偈言依所證故。為自然知不依他知深因緣法辟支佛人故，偈言為中乘故。為信供養第一妙法福田人故，偈言信法供養故。以是義故，說立法寶，偈言是故說法寶故。已釋第二義第二、第五人。

संघः शरणमग्र्यत्वाद्गणानामिति शास्तुः शासने सुप्रतिपन्नशिष्यगुणो-द्भावनार्थेन परतः श्रवघोषस्यानुगमायोपगतान्श्रावकयानिकान्पुद्गलान्संघे च परम-काराक्रियाधिमुक्तानधिकृत्य देशितं प्रज्ञप्तम्।

今译：僧是信众中至上者，而成为皈依，用以说明履行法师教法的弟子功德，为趋向依随他人闻听言说声音的声闻乘和虔信至高供养僧者宣说皈依僧宝。

勒译：次釋第三義。第三、第六人歸依諸眾中最勝第一諸菩薩僧，示現調御師弟子於諸佛如來所說法中如實修行不相違義故，偈言依弟子故。為從他聞聲聞人故，偈言為小乘故。為信供養第一聖眾福田人故，偈言信僧供養故。以是義故，說立僧寶，偈言是故說僧寶故。是

① “调御师”和“大丈夫”均为佛的称号。

名略說依三種義、為六種人故，諸佛如來說此三寶。

इत्यनेन समासतस्त्रिविधेनार्थेन षट्पुद्गलानधिकृत्य प्रभेदशो भगवता संवृतिपदस्थानेन सत्त्वानामनुपूर्वनयावतारार्थमिमानि त्रीणि शरणानि देशितानि प्रज्ञप्तानि।

今译：总之，依据这三宝，分别为这六种人，世尊依据世俗谛宣说这三皈依，为了让众生依次进入法门。

勒译：偈言依能調、所證、弟子，為三乘、信三供養等，是故說三寶故。又為可化眾生令次第入。以是義故，依於世諦示現明說立三歸依。此明何義？偈言：

त्याज्यत्वान्मोषधर्मत्वादभावात्सभयत्वतः।
धर्मो द्विधार्यसंघश्च नात्यन्तं शरणं परम्॥ २० ॥

今译：由于可舍弃，虚妄性，非有，有恐惧，
两种法和圣僧众终究不是最高皈依。（20）

勒译：可捨及虛妄，無物及怖畏，
二種法及僧，非究竟歸依。

द्विविधो धर्मः। देशनाधर्मो ऽधिगमधर्मश्च। तत्र देशनाधर्मः सूत्रादिदेशनाया नामपदव्यञ्जनकायसंगृहीतः। स च मार्गाभिसमयपर्यवसानत्वात्कोलोपम इत्युक्तः। अधिगमधर्मो हेतुफलभेदेन द्विविधः। यदुत मार्गसत्यं निरोधसत्यं च। येन यदधिगम्यत इति कृत्वा। तत्र मार्गः संस्कृतलक्षणपर्यापन्नः। यत्संस्कृतलक्षणपर्यापन्नं तन्मृषामोषधर्मि। यन्मृषामोषधर्मि तदसत्यम्। यदसत्यं तदनित्यम्। यदनित्यं तदरणम्। यश्च तेन मार्गेण निरोधो ऽधिगतः सो ऽपि श्रावकनयेन प्रदीपोच्छेदवत्क्लेशदुःखाभावमात्रप्रभावितः। न चाभावः शरणमशरणं वा भवितुमर्हति।

今译：所谓两种法，指所说法和所证法。其中，所说法依据经等中所说名称、词句和字母掌握。由于以证道为最终目的，故而说如同

船筏[①]。所证法分为因和果两种，即道谛和灭谛，意谓所由认知者和所认知者。道有有为相。有有为相，则有虚妄性。有虚妄性，则非真谛。非真谛，则无常。无常，则非皈依。依据声闻法门，由道谛证得灭谛，也只是表现为无有烦恼和痛苦，犹如灯灭。无有，则不能成为皈依或非皈依。

勒译：此偈明何義？法有二種。何等為二？一所說法，二所證法。所說法者，謂如來說修多羅等名字、章句身[②]所攝故。彼所說法證道時滅，如捨船栰。偈言可捨故。所證法者，復有二種，謂依因果二種差別，以依何法證何法故。此明何義？所謂有道，有為相攝。若為有為相所攝者，彼法虛妄。偈言及虛妄故。若虛妄者，彼法非實。若非實者，彼非真諦。非真諦者，即是無常。若無常者，非可歸依。又復若依彼聲聞道所得滅諦，彼亦無物，猶如燈滅，唯斷少分諸煩惱苦。若如是者，則是無物。若無物者，云何為他之所歸依？偈言無物故。

संघ इति त्रैयानिकस्य गणस्यैतदधिवचनम्। स च नित्यं सभयस्तथागतशरणगतो निःसरणपर्यैषी शैक्षः सकरणीयः प्रतिपन्नकश्चानुत्तरायां सम्यक्संबोधाविति। कथं सभयः। यस्मादर्हतामपि क्षीणपुनर्भवानामप्रहीणत्वाद्वासनायाः सततसमितं सर्वसंस्कारेषु तीव्रा भयसंज्ञा प्रत्युपस्थिता भवति स्याद्यथापि नामोत्क्षिप्तासिके वधकपुरुषे तस्मात्ते ऽपि नात्यन्तसुखनिःसरणमधिगताः। न हि शरणं शरणं पर्यैषते। यथैवाशरणाः सत्त्वा येन तेन भयेन भीतास्ततस्ततो निःसरणं पर्यैषन्ते तद्वदर्हतामप्यस्ति तद्भयं यतस्ते भयाद्भीतास्तथागतमेव शरणमुपगच्छन्ति। यश्चैवं सभयत्वाच्छरणमुपगच्छत्यवश्यं भयान्निःसरणं स पर्यैष्यते। निःसरणपर्यैषित्वाच्च भयनिदानप्रहाणमधिकृत्य शैक्षो भवति सकरणीयः। शैक्षत्वात् प्रतिपन्नको भवत्यभयमार्षभस्थानमनुप्राप्तुं यदुतानुत्तरां सम्यक्संबोधिम्। तस्मात्सो ऽपि तदङ्गशरणत्वान्नात्यन्तं शरणम्। एवमिमे द्वे शरणे पर्यन्तकाले शरणे इत्युच्येते।

① “如同船筏”意谓登岸舍筏，比喻证道后所说法可舍弃。

② “章句身”的原词是 padavyañjanakāya，词义为词句和字母之类。其中的 kāya（“身”）一词表示某种群体或某类。

今译：所谓僧，指三乘僧众。他们作为有学①，始终有恐惧，而皈依如来，寻求出离，有应做之事，修行求取无上正等菩提。为何有恐惧？因为即使阿罗汉灭寂再生，但没有断除烦恼习气，始终对一切有为产生强烈的恐惧感。犹如站在举刀的行刑者面前，故而他们没有获得永恒幸福的出离。因为皈依不寻求皈依②。正如众生无皈依，怀有种种恐惧，而寻求出离。同样，阿罗汉怀有恐惧。怀有恐惧，而皈依如来。有恐惧而寻求皈依，必定寻求出离恐惧。寻求出离，为断除恐惧之根，有学有应做之事。作为有学，修行求取无畏安稳处，即无上正等菩提。因此，僧虽然具有部分皈依性，但不是最终皈依。这样，这两种皈依③称为暂时④皈依。

勒译：僧者凡有三乘之人。三乘人中依聲聞僧常有怖畏，常求歸依諸佛如來，求離世間。此是學人所應作者，未究竟故，猶進趣向阿耨多羅三藐三菩提故。所言怖畏者，云何怖畏？以阿羅漢雖盡有漏，而不斷一切煩惱習氣。彼於一切有為行相，極怖畏心常現在前。是故，《聖者勝鬘經》言："阿羅漢有恐怖。何以故？阿羅漢於一切無行怖畏想⑤住，如人執劍欲來害己。是故，阿羅漢無究竟樂。何以故？世尊！依不求依。如眾生無依，彼彼恐怖。以恐怖故，則求歸依。如是阿羅漢有怖畏。以恐怖故，歸依如來。"故彼若如是有怖畏者，彼人畢竟為欲遠離彼怖畏處求無畏處。以是義故，依遠離彼怖畏之處，名為學者，當有所作，欲得阿耨多羅三藐三菩提無畏之處。是故，聲聞

---

① "有学"（śaikṣa，或译"学人"）指修习尚未达到灭尽烦恼者。
② "皈依不寻求皈依"意谓本身是皈依，则不会寻求皈依。此句勒译"依不求依"。
③ "这两种皈依"指法和僧。
④ "暂时"的原词是 paryantakāla，词义为有边际的或有限的时间，即暂时的。
⑤ 此处"想"字，据《中华大藏经》校勘记，诸本作"相"。"无行怖畏相"意谓阿罗汉虽然已经摆脱有为和生死轮回，但仍有恐惧的想法（或形相）。其中的"无行"一词，指摆脱有为法。此处原文的用词是 kṣīṇapunarbhava，词义为灭寂再生，即摆脱轮回转生。

法僧二寶是少分歸依，非究竟歸依。偈言二種法及僧非究竟歸依故。此明何義？偈言：

जगच्छरणमेकत्र बुद्धत्वं पारमार्थिकम्।
मुनेर्धर्मशरीरत्वात्तन्निष्ठत्वाद्गणस्य च ॥ २१ ॥

今译：众生皈依一处，第一义佛性，因为
牟尼具有法身，是僧众的终极目的。（21）

勒译：眾生歸一處，佛法身彼岸[①]，
依佛身有法，依法究竟僧。

अनेन तु पूर्वोक्तेन विधिनानुत्पादानिरोधप्रभावितस्य मुनेर्व्यवदानसत्यद्वयविरागधर्मकायत्वाद्धर्मकायविशुद्धिनिष्ठाधिगमपर्यवसानत्वाच्च त्रैयानिकस्य गणस्य पारमार्थिकमेवात्राणे ऽशरणे लोके ऽपरान्तकोटिसममक्षयशरणं नित्यशरणं ध्रुवशरणं यदुत तथागता अर्हन्तः सम्यक्संबुद्धाः। एव च नित्यध्रुवशिवशाश्वतैकशरणनिर्देशो विस्तरेणार्यश्रीमालासूत्रानुसारेणानुगन्तव्यः।

今译：如前面所说，牟尼呈现不生不灭，具有清净二谛[②]离欲法身，以证得法身终极清净为目的，在无救护、无庇护的世界中，成为三乘僧众第一义的、无边无际的无尽皈依、永恒皈依和坚固皈依，即如来、阿罗汉、正等觉。应该依据《圣胜鬘夫人经》理解经中广说的这种永恒、坚固、清凉和持久的唯一皈依。

勒译：此偈明何義？如向所說，諸佛如來不生不滅、寂靜不二、離垢法身故，以唯一法身究竟清淨處故。又三乘之人無有救者，無歸依者，以唯有彼岸無始本際畢竟無盡是可歸依、恒可歸依。所謂唯是

① 这句中，“佛法身”的原词是 buddhatva（“佛性”）。“彼岸”的原词是 pāramārthika（“第一义的”）。这两个词组合，即第一义的佛性。同时，勒译释文中的“彼岸”一词，原词也是 pāramārthika（“第一义的”）。

② 此处“二谛”（satyadvaya）指灭谛和道谛，参阅 1.10、1.11。

諸佛如來故，如是常恒、清涼、不變，故可歸依。《聖者勝鬘經》中廣說應知。問曰：以何義故，佛法眾僧說名為寶？答曰偈言：

रत्नानि दुर्लभोत्पादान् निर्मलत्वात्प्रभावतः।
लोकालंकारभूतत्वादग्र्यत्वान्निर्विकारतः ॥ २२ ॥

今译：由于出世难得，清净无垢，具有威力，
装饰世间，至上，不变，而称为三宝。（22）

勒译：真寶世希有，明淨及勢力，
能莊嚴世間，最上不變等。

समासतः षड्विधेन रत्नसाधर्म्येणैतानि बुद्धधर्मसंघाख्यानि त्रीणि रत्नान्युच्यन्ते। यदुत दुर्लभोत्पादभावसाधर्म्येण बहुभिरपि कल्पपरिवर्तैरनवाप्त-कुशलमूलानां तत्समवधानाप्रतिलम्भात्। वैमल्यसाधर्म्येण सर्वाचारमल-विगतत्वात्। प्रभावसाधर्म्येण षडभिज्ञाद्यचिन्त्यप्रभावगुणयोगात्। लोकालंकार-साधर्म्येण सर्वजगदाशयशोभानिमित्तत्वात्। रत्नप्रतिवर्णिकाग्र्यसाधर्म्येण लोकोत्तरत्वात्। स्तुतिनिन्दाद्यविकारसाधर्म्येणासंस्कृतस्वभावत्वादिति।

今译：简而言之，与珍宝有六种相似性，因此，佛、法和僧称为三宝。由于不种植善根者即使经历许多劫也不能获得它，与出世难得相似。由于远离一切行为污垢，与清净无垢相似。由于具有六神通等不可思议威力功德，与有威力相似。由于是一切世间心意优美的原因，与装饰世间相似。由于出世间，与珍宝美妙至上相似。由于自性无为，与面对毁和誉等不变①相似。

勒译：此偈明何義？所言寶者有六種相似，依彼六種相似相對法故，佛法眾僧說名為寶。何等為六？一者世間難得相似相對法，以無善根諸眾生等百千萬劫不能得故。偈言真寶世希有故。二者無垢相似

① “毁和誉等”指世间八法，即利、衰、毁、誉、称、讥、苦和乐。“面对毁和誉等不变”意谓不为世间八法所动。

相對法，以離一切有漏法故。偈言明淨故。三者威德相似相對法，以具足六通不可思議威德自在故。偈言勢力故。四者莊嚴世間相似相對法，以能莊嚴出世間①故。偈言能莊嚴世間故。五者勝妙相似相對法，以出世間法故。偈言最上故。六者不可改異相似相對法。以得無漏法世間八法不能動故。偈言不變故。

रत्नत्रयनिर्देशानन्तरं यस्मिन्सत्येव लौकिकलोकोत्तरविशुद्धियोनिरत्नत्रमुत्प-द्यते तदधिकृत्य श्लोकः।

今译：在宣示三宝后，有这首偈颂，说明世间和出世间清净之源三宝出现的依据。

勒译：問曰：依何等法有此三寶，而依此法得有世間及出世間清淨生起三寶？答曰：為彼義故，說兩行偈：

**समला तथताथ निर्मला विमलाः बुद्धगुणा जिनक्रिया।
विषयः परमार्थदर्शिनां शुभरत्नत्रयसर्गको यतः ॥ २३ ॥**

今译：真如有污垢，远离污垢，佛的清净功德和作为，
洞悉第一义者②的境界，从中产生美妙的三宝。（23）

勒译：真如有雜垢，　及遠離諸垢，
　　　　佛無量功德，及佛所作業，
　　　　如是妙境界，是諸佛所知，
　　　　依此妙法身，出生於三寶。

अनेन किं परिदीपितम्।

今译：这首偈颂说明什么意义？

勒译：此偈示現何義？偈言：

---

① 此处"庄严出世间"的原词是 sarvajagadāśayaśobhā，词义为一切世间心意优美，勒译可能将此词引申理解为"庄严出世间"。
② 此处"洞悉第一义者"指佛。

गोत्रं रत्नत्रयस्यास्य विषयः सर्वदर्शिनाम्।
चतुर्विधः स चाचिन्त्यश्चतुर्भिः कारणैः क्रमात्॥ २४ ॥

今译：这三宝种性[1]，一切见者[2]的境界，
四种不可思议依次有四种原因。（24）

勒译：如是三寶性，唯諸佛境界，
以四法次第，不可思議故。

तत्र समला तथता यो धातुरविनिर्मुक्तक्लेशकोशस्तथागतगर्भ इत्युच्यते। निर्मला तथता स एव बुद्धभूमावाश्रयपरिवृत्तिलक्षणो यस्तथागतधर्मकाये इत्युच्यते। विमलबुद्धगुणा ये तस्मिन्नेवाश्रयपरिवृत्तिलक्षणे तथागतधर्मकाये लोकोत्तरा दशबलादयो बुद्धधर्माः। जिनक्रिया तेषामेव दशबलादीनां बुद्धधर्माणां प्रतिस्वमनुत्तरं कर्म यदनिष्ठितमविरतमप्रतिप्रश्रब्धं बोधिसत्त्वव्याकरणकथां नोपच्छिनत्ति। तानि पुनरिमानि चत्वारि स्थानानि यथासंख्यमेव चतुर्भिः कारणैरचिन्त्यत्वात्सर्वज्ञविषया इत्युच्यन्ते। कतमैश्चतुर्भिः।

今译：这里，真如有污垢，意谓界[3]未与烦恼库藏分离，称为如来藏。真如远离污垢，意谓具有转依[4]佛地相，称为如来法身。佛的清净功德，意谓具有转依相的如来法身中出世间十力等佛法。佛的作为，意谓十力等佛法自然的无上行为，无终结，不停止，不休息，不断授记[5]菩萨。这四个方面有四种原因，因不可思议而称为一切知者境界。哪四种原因？

勒译：此偈明何義？真如有雜垢者，謂真如佛性未離諸煩惱所纏，

① “种性”的原词是 gotra，词义为家族、种族、族姓和种类等。这里的含义主要指本性或本质。此处勒译“性”。

② “一切见者”也指佛。

③ 此处“界”（dhātu），勒译“真如佛性”。

④ “转依”（āśrayaparivṛtti）指转变所依。此词勒译“转身”。

⑤ 此处“授记”的原词是 vyākaraṇakathā，词义为说明或解释，尤指预言菩萨未来成佛。

如來藏故。及遠離諸垢者，即彼如來藏轉身到佛地，得證法身，名如來法身故。佛無量功德者，即彼轉身如來法身相中，所有出世間十力、無畏等，一切諸功德無量無邊故。及佛所作業者，即彼十力等一切諸佛法自然常作無上佛業，常不休息，常不捨離，常授諸菩薩記。彼處次第有四種法不可思議。是故，名為如來境界。何等四處？偈言：

शुद्ध्युपक्लिष्टतायोगान्निःसंक्लेशविशुद्धितः।
अविनिर्भागधर्मत्वादनाभोगाविकल्पतः ॥ २५ ॥

今译：具有清净污染性，无污染而清净，
具有不分离法性，自然，无分别。（25）

勒译：染淨相應處，不染而清淨，
不相捨離法，自然無分別。

तत्र समला तथता युगपदेककालं विशुद्धा च संक्लिष्टा चेत्यचिन्त्यमेतत्स्थानं गम्भीरधर्मनयाधिमुक्तानामपि प्रत्येकबुद्धानामगोचरविषत्वात्। यत आह। द्वाविमौ देवि धर्मौ दुष्प्रतिवेध्यौ। प्रकृतिपरिशुद्धचित्तं दुष्प्रतिवेध्यम्। तस्यैव चित्तस्योपक्लिष्टता दुष्प्रतिवेध्या। अनयोर्देवि धर्मयोः श्रोता त्वं वा भवेरथवा महाधर्मसमन्वागता बोधिसत्त्वाः। शेषाणां देवि सर्वश्रावकप्रत्येकबुद्धानां तथागतश्रद्धागमनीयावेवैतो धर्माविति।

今译：这里，真如有污垢，意谓同时清净和受污染，这方面不可思议。由此，即使缘觉虔信深邃法门，这也不是他们的所行境界。由此，经中说："天女啊，这两种法难以理解，即本性清净心难以理解和心受污染难以理解。而你或者具有大法的菩萨可以闻听这两种法。天女啊，其他一切声闻和缘觉只能依靠信仰如来理解这两种法。"

勒译：此偈明何義？真如有雜垢者，同一時中有淨有染，此處不可思議。不可思議者，信深因緣法聲聞、辟支佛於彼非境界故。是故，《聖者勝鬘經》中，佛告勝鬘言："天女！自性清淨心而有染污難可了知。有二法難可了知，謂自性清淨心難可了知，彼心為煩惱所染亦難了知。天女！如此二法，汝及成就大法菩薩摩訶薩乃能聽受。諸餘聲聞、辟支佛等唯依佛語信此二法故。”

तत्र निर्मला तथता पूर्वमलासंक्लिष्टा पश्चाद्विशुद्धेत्यचिन्त्यमेतत्स्थानम्। यत आह। प्रकृतिप्रभास्वरं चित्तम्। तत्तथैव ज्ञानम्। तत उच्यते। एकक्षणलक्षण-समायुक्तया प्रज्ञया सम्यक्संबोधिरभिसंबुद्धेति।

今译：这里，真如远离污垢，意谓原先不受污垢污染，此后也清净。这方面不可思议。由此，经中说：“心本性光明，智慧也同样，因此说凭具有一刹那相的智慧[1]觉知正等菩提。”

勒译：偈言染淨相應處故，及遠離諸垢者，真如非本有染後時言清淨。此處不可思議。是故經言：“心自性清淨。自性清淨心本來清淨，如彼心本體。”如來如是知，是故經言：“如來一念心相應慧，得阿耨多羅三藐三菩提故。”

तत्र विमला बुद्धगुणाः पौर्वापर्येणैकान्तसंक्लिष्टायामपि पृथग्जनभूमाव-विनिर्भागधर्मतया निर्विशिष्टा विद्यन्त इत्यचिन्त्यमेतत्स्थानम्। यत आह।

今译：这里，佛的清净功德，意谓即使在前后始终受污染的凡夫地中，由于不分离法性，而无差异，这方面不可思议。由此，经中说：

勒译：偈言不染而清淨故，佛無量功德者，謂前際後際於一向染凡夫地中，常不捨離真如法身，一切諸佛法無異無差別。此處不可思議。是故經言：

न स कश्चित्सत्त्वः सत्त्वनिकाये संविद्यते यत्र तथागतज्ञानं न सकल-मनुप्रविष्टम्। अपि तु संज्ञाग्राहतस्तथागतज्ञानं न प्रज्ञायते। संज्ञाग्राहविगमात्पुनः

① “具有一刹那相的智慧”（勒译“一念心相应慧”）意谓只要自性清净的智慧生起，一刹那间就能证得正等菩提。

86　梵汉对勘究竟一乘宝性论

सर्वज्ञज्ञानं स्वयंभूज्ञानमसङ्गतः प्रभवति। तद्यथापि नाम भो जिनपुत्र त्रिसाहस्रमहासहस्रलोकधातुप्रमाणं महापुस्तं भवेत्। तस्मिन्खलु पुनर्महापुस्ते त्रिसाहस्रमहासाहस्रलोकधातुः सकलसमाप्त आलिखितो भवेत्। महापृथिवीप्रमाणेन महापृथिवी। द्विसाहस्रलोकधातुप्रमाणेन द्विसाहस्रलोकधातुः। साहस्रलोकधातुप्रमाणेन साहस्रलोकधातुः। चातुर्द्वीपिकप्रमाणेन चातुर्द्वीपिकाः। महासमुद्रप्रमाणेन महासमुद्राः। जम्बूद्वीपप्रमाणेन जम्बूद्वीपाः। पूर्वविदेहद्वीपप्रमाणेन पूर्वविदेहद्वीपाः। गोदावरीद्वीपप्रमाणेन गोदावरीद्वीपाः। उत्तरकुरुद्वीपप्रमाणेनोत्तरकुरुद्वीपाः। सूमेरुप्रमाणेन सुमेरवः।भूम्यवचरदेवविमानप्रमाणेन भूम्यवचरदेवविमानानि। कामावचरदेवविमानप्रमाणेन कामावचरदेवविमानानि। रूपावचरदेवविमानप्रमाणेन रूपावचरदेवविमानानि। तच्च महापुस्तं त्रिसाहस्रमहासाहस्रलोकधात्वायामविस्तरप्रमाणं भवेत्। तत्खालु पुनर्महापुस्तमेकस्मिन्परमाणुरजसि प्रक्षिप्तं भवेत्। यथा चैकपरमाणुरजसि तन्महापुस्तं प्रक्षिप्तं भवेत्तथान्येषु सर्वपरमाणुरजःसु तत्प्रमाणान्येव महापुस्तान्यभ्यन्तरप्रविष्टानि भवेयुः।

今译：“在众生中，没有哪个众生不具足如来智。然而，由于执取名想[①]，不知如来智。而不执取名想，无执著，则生起一切知者智，无师智。佛子啊，譬如有规模如同三千大千世界的大经卷。而且，在这大经卷中，记录三千大千世界所有一切。规模如同大地者，记录大地一切。规模如同二千世界者，记录二千世界一切。规模如同一千世界者，记录一千世界一切。规模如同四大洲者，记录四大洲一切。规模如同大海者，记录大海一切。规模如同瞻部洲者，记录瞻部洲一切。规模如同东胜身洲者，记录东胜身洲一切。规模如同牛货洲[②]者，记录牛货洲一切。规模如同北俱卢洲者，记录北俱卢洲一切。规模如同须弥山者，记录须弥山一切。规模如同地天宫者，记录地天宫一切。

① “执取名想”的原词是 sañjñāgrāha。其中的 sañjñā（“名想”或译“想”）指感知事物表相而形成概念。“执取名想”一词在汉译佛经中也译“颠倒想”或“颠倒”。此词勒译“颠倒”。

② 此处“牛货洲”的原词是 godāvarīdvīpa，通常的写法是 godanīyadvīpa。

规模如同欲天宫者，记录欲天宫一切。规模如同色天宫者，记录色天宫一切。这大经卷长宽规模如同三千大千世界。而且，这大经卷安置在一微尘中。正像这大经卷安置在一微尘中，其他同样规模的大经卷也都安置在其他一切微尘中。

勒译："復次，佛子！如來智慧無處不至。何以故？以於一切眾生界中終無有一眾生身中而不具足如來功德及智慧者。但眾生顛倒，不知如來智。遠離顛倒，起一切智、無師智、無礙智。佛子！譬如有一極大經卷，如一三千大千世界，大千世界一切所有無不記錄。若與二千世界等者，悉記二千世界中事。若與小千世界等者，悉記小千世界中事。四天下等者，悉記一切四天下事。須彌山王等者，悉記須彌山王等事。地天宮等者，悉記地天宮殿中事。欲天宮等者，悉記欲天宮殿中事。色天宮等者，悉記色天宮殿中事。若與無色天宮等者，悉記一切無色界天宮殿中事。彼等三千大千世界極大經卷，在一極細小微塵內，一切微塵皆亦如是。

अथ कश्चिदेव पुरुष उत्पद्यते पण्डितो निपुणो व्यक्तो मेधावी तत्रोपगमिकया मीमांसया समन्वागतः। दिव्यं चास्य चक्षुः समन्तपरिशुद्धं प्रभास्वरं भवेत्। स दिव्येन चक्षुषा व्यवलोकयति। इदं महापुस्तमेवंभूतमिहैव परीत्ते परमाणु-रजस्यनितिष्ठतं। न कस्यचिदपि सत्त्वस्योपकारिभूतं भवति। तस्यैवं स्यात्। यन्न्वहं महावीर्यबलस्थाम्ना एतत्परमाणुरजो भित्त्वा एतन्महापुस्तं सर्वजगदुपजीव्यं कुर्याम्। स महावीर्यबलस्थाम संजनयित्वा सूक्ष्मेण वज्रेण तत्परमाणुरजो भित्त्वा यथाभिप्रायं तन्महापुस्तं सर्वजगदुपजीव्यं कुर्यात्। यथा चैकस्मात्तथाशेषेभ्यः परमाणुभ्यस्तथैव कुर्यात्। एवमेव भो जिनपुत्र तथागतज्ञानमप्रमाणज्ञानं सर्वसत्त्वोपजीव्यज्ञानं सर्वसत्त्वचित्तसंतानेषु सकलमनुप्रविष्टम्। सर्वाणि च तानि सत्त्वचित्तसंतानान्यपि तथागतज्ञानप्रमाणानि।

今译："后来，有某人出世，聪明睿智，走近那里观察。他具有清净光明天眼。他用天眼观察，心想：'如此规模的大经卷安置在微小的微尘中，而不饶益任何众生。既然这样，现在，我要勇猛努力，剖开微尘，让这大经卷饶益一切众生。’这样，他勇猛努力，用细微的金刚剖开微尘，按照自己心愿，让这大经卷饶益一切众生。他剖开一微尘，同样也剖开其他微尘。这样，佛子啊，一切众生心中具足如来智、无量智和饶益一切众生智。而且，一切众生心中具有等量的如来智。

勒译：“時有一人出興於世，智慧聰達，具足成就清淨天眼。見此經卷在微塵內，作如是念：‘云何如此廣大經卷在微塵內而不饒益諸眾生耶？我今應當勤作方便，破彼微塵，出此經卷，饒益眾生。’作是念已，爾時彼人即作方便，破壞微塵，出此經卷，饒益眾生。佛子！如來智慧、無相智慧、無閡智慧具足在於眾生身中。

अथ च पुनः संज्ञाग्राहविनिवद्धा बाला न जानन्ति न प्रजानन्ति नानुभवन्ति न साक्षात्कुर्वन्ति तथागतज्ञानम्। ततस्तथागतो ऽसङ्गेण तथागतज्ञानेन सर्वधर्मधातुसत्त्वभवनानि व्यवलोक्याचार्यसंज्ञी भवति। अहो बत इमे सत्त्वा यथावत्तथागतज्ञानं न प्रजानन्ति। तथागतज्ञानानुप्रविष्टाश्च। यन्वहमेषां सत्त्वानामार्येण मार्गोपदेशेन सर्वसंज्ञाकृतबन्धनापनयनं कुर्यां यथा स्वयमेवार्यमार्गबलाधानेन महतीं संज्ञाग्रन्थिं विनिवर्त्य तथागतज्ञानं प्रत्यभिजानीरन्। तथागतसमतां चानुप्राप्नुयः। ते तथागतमार्गोपदेशेन सर्वसंज्ञाकृतबन्धनानि व्यपनयन्ति। अपनीतेषु च सर्वसंज्ञाकृतबन्धनेषु तत्तथागतज्ञानमप्रमाणं भवति सर्वजगदुपजीव्यमिति।

今译：“然而，愚痴凡夫执取名想，不认知、不理解、不领会、不亲证如来智。后来，如来以无碍如来智观察一切法界众生状况，产生担任导师的想法：‘哎呀，这些众生具有如来智，却不如实认知如来智。现在，我要宣说圣道，让这些众生摆脱名想束缚。这样，他们自己依靠圣道的力量，摆脱牢固的名想束缚，认知如来智，而与如来平等无异。’他们依据所说的如来道，摆脱一切名想束缚。他们摆脱一切名想束缚后，出现无量如来智，饶益一切众生。”

勒译：“但愚癡眾生顛倒想覆，不知不見，不生信心。爾時如來以無障閡清淨天眼，觀察一切諸眾生身。既觀察已，作如是言：‘奇哉！奇哉！云何如來具足智慧在於身中而不知見？我當方便教彼眾生覺悟聖道，悉令永離一切妄想顛倒垢縛，令具足見如來智慧在其身內，與佛無異。’如來即時教彼眾生修八聖道，捨離一切虛妄顛倒。離顛倒已，見如來智，與如來等饒益眾生故。”

तत्र जिनक्रिया युगपत्सर्वत्र सर्वकालमनाभोगेनाविकल्पतो यथाशयेषु यथावैनयिकेषु सत्त्वेष्वक्षूणमनुगुणं प्रवर्तत इत्यचिन्त्यमेतत्स्थानम्। यत आह। संक्षेपमात्रकेणावतारणार्थं सत्त्वानामप्रमाणमपि तथागतकर्म प्रमाणतो निर्दिष्टम्। अपि तु कुलपुत्र यत्तथागतस्य भूतं तथागतकर्म तदप्रमाणमचिन्त्यमविज्ञेयं सर्वलोकेन। अनुदाहरणमक्षरैः। दुःसंपादं परेभ्यः। अधिष्ठितं सर्वबुद्धक्षेत्रेषु। समतानुगतं सर्वबुद्धैः। समतिक्रान्तं सर्वाभोगक्रियाभ्यः। निर्विकल्पमाकाश-समतया। निर्नानाकारणं धर्मधातुक्रियया। इति विस्तरेण यावद्विशुद्धवैडूर्य-मणिदृष्टान्तं कृत्वा निर्दिशति। तदनेन कुलपुत्र पर्यायेणैवं वेदितव्यमचिन्त्यं तथागतकर्म समतानुगतं च सर्वतो ऽनवद्यं च त्रिरत्नवंशानुपच्छेत्तृ च। यत्राचिन्त्ये तथागतकर्मणि प्रतिष्ठितस्तथागत आकाशस्वभावतां च कायस्य न विजहाति सर्वबुद्धक्षेत्रेषु च दर्शनं ददाति। अनभिलाप्यधर्मतां च वाचो न विजहाति यथारुतविज्ञप्त्या च सत्त्वेभ्यो धर्मं देशयति। सर्वचित्तारम्बणविगतश्च सर्वसत्त्व-चित्तचरिताशयांश्च प्रजानातीति।

今译：这里，佛的作为，意谓同时，一切地点，一切时间，自然而行，无分别，依照心愿，依照可教化众生，没有错误，依随功德。这方面不可思议。由此，经中说：“为让众生进入，即使如来业无量，也如同有量，简要宣示。善男子啊，如来的真实如来业无量，一切世间不可思议，不可知，不可用文字言说，难以从他人获得。在一切佛土中确立，与一切佛一起依随平等，超越一切努力作为，平等如同虚空而无分别，具有法界作为而无差别。”然后，以清净琉璃摩尼宝珠为例证，详细宣示：“善男子啊，依据这种方法，应知如来业不可思议，无论何处都依随平等，无可指责，不断绝三宝世系。安住不可思议如来业，如来不舍弃身体的虚空自性，而在一切佛土中显现。不舍弃语言的不可言说法性，而依照言语施设，为众生说法。远离一切心所缘，而了解一切众生心意。”

勒译：偈言不相捨離法故，及佛所作業者，同一時，一切處，一切時，自然，無分別，隨順眾生心，隨順可化眾生根性，不錯不謬，隨順作佛業。此處不可思議。是故經言：“善男子！如來為令一切眾生入佛法中故，無量如來業作有量說。善男子！如來所有實作業者，於彼一切世間眾生不可量不可數，不可思議不可知，不可以名字說。何以故？以難可得與前眾生故[①]，以於一切諸佛國土不休息[②]故，以一切諸佛悉平等故，以過一切諸世間心所作事故，以無分別猶如虛空悉平等故，以無異無差別法性體故。”如是等廣說已，又說不淨大毗琉璃摩尼寶珠譬喻言：“善男子！汝依此譬喻，應知如來業不可思議故，平等遍至故，一切處不可呵故，三世平等故，不斷絕三寶種故。諸佛如來雖如是住不可思議業中，而不捨離虛空法身。雖不捨離虛空法身，而於眾生隨所應聞名字、章句為之說法。雖為眾生如是說法，而常遠離一切眾生心所念觀。何以故？以如實知一切眾生諸心行故。偈言自然無分別故。”依此妙法身出生於三寶者，偈言：

बोध्यं बोधिस्तदङ्गानि बोधनेति यथाक्रमम्।
हेतुरेकं पदं त्रीणि प्रत्ययस्तद्विशुद्धये ॥ २६ ॥

今译：依次为所觉知，菩提，菩提分，觉知，
第一个词是原因，后三个词是清净缘起。（26）

勒译：所覺菩提法，依菩提分知，

① 这句意谓难以让眼前的众生获得。此句原文是 duḥsaṃpādam parebhyaḥ，也可读为“难以从他人获得”。

② 此处“不休息”的原词是 adhiṣṭhita，词义为确立或护持。勒译“不休息”是引申的理解。

菩提分教化，眾生覺菩提，
初句為正因，餘三為淨緣，
前二自利益，後二利益他。

एषां खल्वपि चतुर्णामर्थपदानां सर्वज्ञेयसंग्रहमुपादाय प्रथमं बोद्धव्यपदं द्रष्टव्यम्। तदनुबोधो बोधिरिति द्वितीयं बोधिपदम्। बोधेरङ्गभूता बुद्धगुणा इति त्रितीयं बोध्यङ्गपदम्। बोध्यङ्गैरेव बोधनं परेषामिति चतुर्थं बोधनापदम्। इतीमानि चत्वारि पदान्यधिकृत्य हेतुप्रत्ययभावेन रत्नत्रयगोत्रव्यवस्थानं वेदितव्यम्।

今译：这四个主题词总摄一切所知。应知第一个词所觉知。第二个词菩提是所觉知菩提。第三个词菩提分[1]是成为菩提分的佛功德。第四个词觉知是其他人依靠菩提分觉知。应知这四个词，依据因缘性，确立三宝种性。

勒译：此偈明何義？此四種句總攝一切所知境界。此明何義？初一句者，謂所證法應知，以彼證法名為菩提，偈言所覺菩提法故。第二句菩提，依菩提分知者，以諸佛菩提功德能作佛菩提因故，偈言依菩提分知故。第三句菩提分教化者，以菩提分令他覺故。第四句眾生覺菩提者，所化眾生覺菩提故。此四種句次第不取相依此行[2]故。清淨菩提出生三寶應知。

तत्रैषां चतुर्णां पदानां प्रथमं लोकोत्तरधर्मबीजत्वात्प्रत्यात्मयोनिशोमनसिकारसंनिश्रयेण तद्विशुद्धिमुपादाय त्रिरत्नोत्पत्तिहेतुरनुगन्तव्यः। इत्येवमेकं पदं हेतुः। कथं त्रीणि प्रत्ययः। तथागतो ऽनुत्तरां सम्यक्संबोधिमभिसंबुध्य दशबलादिभिर्बुद्धधर्मैर्द्वात्रिंशदाकारं तथागतकर्म कुर्वन्परतो घोषसंनिश्रयेण तद्विशुद्धिमुपादाय त्रिरत्नोत्पत्तिप्रत्ययो ऽनुगन्तव्यः। इत्येवं त्रीणि प्रत्ययः। अतः

① “菩提分”（bodhyaṅga，或译“觉支”）指达到觉悟的种种修行方法。
② 此处“次第不取相依此行”，词义不明。与此对应的原文是 hetupratyayabhāvena，即“依据因缘性”。

परमेषामेव चतुर्णां पदानामनुपूर्वमवशिष्टेन ग्रन्थेन विस्तरविभागनिर्देशो वेदितव्यः।

今译：在这四个词中，第一个词应该理解为三宝产生的原因，具有出世间种子性，依靠自己内心如理思惟而获得种子清净。这样，这个词表示原因。为何其他三个词表示缘起？如来觉知无上正等菩提后，具有十力等佛法，履行三十二种如来业。依靠他者宣说[①]而获得种子清净。应该理解这是三宝产生的缘起。这样，这三个词表示缘起。然后，应知其他经文依次分别详细说明这四个词。

勒译：偈言所覺菩提法，依菩提分知，菩提分教化，眾生覺菩提故，以一句因、三句缘故。如來得阿耨多羅三藐三菩提，以得菩提者，十力等諸佛如來法，三十二種諸佛如來作業。依如來業，眾生聞聲依彼法故，得清淨因缘出生三寶應知。是故偈言初句為正因，餘三為淨缘故。

勒译：究竟一乘寶性論卷第二

勒译：究竟一乘寶性論一切衆生有如來藏品第五

तत्र समलां तथतामधिकृत्य यदुक्तं सर्वसत्त्वास्तथागतगर्भा इति तत्केनार्थेन।

今译：这里，所说真如有污垢，即是说一切众生具有如来藏。这表示什么意义？

勒译：論曰：自此已後餘殘論偈，次第依彼四句廣差別說應知。此以何義？向前偈言：

① “依靠他者宣说”（勒译“众生闻声依彼法”），故而是缘起。前面所说“依靠自己内心”，则是原因。两者合为因缘。

बुद्धज्ञानान्तर्गमात्सत्त्वराशे-
स्तन्नैर्मल्यस्याद्वयत्वात्प्रकृत्या।
बौद्धे गोत्रे तत्फलस्योपचारा-
दुक्ताः सर्वे देहिनो बुद्धगर्भाः ॥ २७ ॥

今译：众生体内蕴含有佛智，
清净无垢，本性不二，
果实体现在佛种性中，
因此说一切众生有佛藏。（27）

勒译：真如有雜垢，及遠離諸垢，
佛無量功德，及佛所作業，
如是妙境界，是諸佛所知，
依此妙法身，出生於三寶。①

संबुद्धकायस्फरणात्तथताव्यतिभेदतः।
गोत्रतश्च सदा सर्वे बुद्धगर्भाः शरीरिणः ॥ २८ ॥

今译：佛身遍及一切，真如无有差别，
依据种性，一切众生永远有佛藏。（28）

勒译：此偈示現何義？如向所說，一切眾生有如來藏。彼依何義故如是說？偈言：

佛法身遍滿，真如無差別，
皆實有佛性，是故說常有。②

समासतस्त्रिविधेनार्थेन सदा सर्वसत्त्वास्तथागतगर्भा इत्युक्तं भगवता। यदुत सर्वसत्त्वेषु तथागतधर्मकायपरिस्फरणार्थेन तथागततथताव्यतिभेदार्थेन तथागत-

---

① 这首偈颂与原文前面的第23颂对应。
② 这首偈颂，据《中华大藏经》校勘记，诸本作"法身偏无差，皆实有佛性，是故说众生，常有如来藏"。

गोत्रसंभवार्थेन च। एषां पुनस्त्रयाणामर्थपदानामुत्तरत्र तथागतगर्भसूत्रानुसारेण निर्देशो भविष्यति। पूर्वतरं तु येनार्थेन सर्वत्राविशेषेण प्रवचने सर्वाकारं तदर्थसूचनं भवति तदप्याधिकृत्य निर्देक्ष्यामि।

今译：简而言之，依据三种意义，世尊说一切众生始终有如来藏。一是如来法身遍及一切众生，二是如来真如无有差别，三是有如来种性。这三个主题词在后面会依据《如来藏经》①宣示。在这之前，我要宣示本经中普遍使用和充分说明这种意义的那些意义。

勒译：此偈明何義？有三種義。是故，如來說一切時一切眾生有如來藏。何等為三？一者如來法身遍在一切諸眾生身。偈言佛法身遍滿故。二者如來真如無差別。偈言真如無差別故。三者一切眾生皆悉實有真如佛性。偈言皆實有佛性故。此三句義，自此下論依如來藏修多羅，我後時說應知。

उद्दानम्।

今译：摄颂：

勒译：如偈本言：

स्वभावहेत्वो फलकर्मयोग-
  वृत्तिष्ववस्थास्वथ सर्वगत्वे।
सदाविकारित्वगुणेष्वभेदे
  ज्ञेयो ऽर्थसंधिः परमार्थधातोः ॥ २९ ॥

今译：自性、因、果、业、行、
　　　相应、状况、遍及一切、
　　　不变异和无差别，应知
　　　第一义界依据这些意义。（29）

---

① 此经有佛陀跋陀罗译《大方等如来藏经》和不空译《大方广如来藏经》。

勒译：一切眾生界，不離諸佛智，
　　　　以彼淨無垢，性體不二故，
　　　　依一切諸佛，平等法性身，
　　　　知一切眾生，皆有如來藏。①
　　　　體及因果業，相應及以行，
　　　　時差別遍處，不變無差別，
　　　　彼妙義次第，第一真法性。
　　　　我如是略說，汝今應善知。

समासतो दशविधमर्थमभिसंधाय परमतत्त्वज्ञानविषयस्य तथागतधातो-
र्व्यवस्थानमनुगन्तव्यम्। दशविधो ऽर्थः कतमः। तद्यथा स्वभावार्थो हेत्वर्थः
फलार्थः कर्मार्थो योगार्थो वृत्त्यर्थो ऽवस्थाप्रभेदार्थः सर्वत्रगार्थो ऽविकारार्थो
ऽभेदार्थश्च। तत्र स्वभावार्थं हेत्वर्थं चारभ्य श्लोकः।

今译：简而言之，应该理解依据十种意义，确定至高真实智境界如来界。哪十种意义？自性义、因义、果义、业义、相应义、行义、状况差别义、遍及一切义、不变异义和无差别义。其中，关于自性义和因义，有这首偈颂：

勒译：此偈示現何義？略說此偈有十種義。依此十種說第一義實智境界佛性差別應知。何等為十？一者體，二者因，三者果，四者業，五者相應，六者行，七者時差別②，八者遍一切處，九者不變，十者無差別。初依體因故，說一偈：

सदा प्रकृत्यसंक्लिष्टः शुद्धरत्नाम्बराम्बुवत्।
धर्माधिमुक्त्यधिप्रज्ञासमाधिकरुणान्वयः॥ ३०॥

---

① 这首偈颂与原文前面的第 27 颂对应。
② "时差别"的原词是 avasthāprabheda，其中的前一词是 avasthā，词义为状况、状态或地位，汉译佛经中也译"分位"。后一词 prabheda，词义为差别。

今译：本性永不污染，清净似宝珠、天空和水，
虔信法，以及具有智慧、三昧和慈悲。（30）

勒译：自性常不染，如寶空淨水，
信法及般若，三昧大悲等。

तत्र पूर्वेणं श्लोकार्धेन किं दर्शयति।

今译：其中前半偈宣示什么意义？

勒译：此初半偈示現何義？偈言：

प्रभावानन्यथाभावस्निग्धभावस्वभावतः।
चिन्तामणिनभोवारिगुणसाधर्म्यमेषु हि ॥ ३१ ॥

今译：威力、无差异性和柔软性自性，
与如意宝珠、天空和水性相似。（31）

勒译：自在力不變，思實體柔軟，
寶空水功德，相似相對法。

य एते त्रयो ऽत्र पूर्वमुद्दिष्टा एषु त्रिषु यथासंख्यमेव स्वलक्षणं सामान्यलक्षणं चारभ्य तथागतधातोश्चिन्तामणिनभोवारिविशुद्धिगुणसाधर्म्यं वेदितव्यम्। तत्र तथागतधर्मकाये तावच्चिन्तितार्थसमृद्ध्यादिप्रभावस्वभावतां स्वलक्षणमारभ्य चिन्तामणिरत्नसाधर्म्यं वेदितव्यम्। तथतायामनन्यथाभावस्वभावतां स्वलक्षण-मारभ्याकाश साधर्म्यं वेदितव्यम्। तथागतगोत्रे सत्त्वकरुणास्निग्धस्वभावतां स्वलक्षणमारभ्य वारिसाधर्म्यं वेदितव्यम्। सर्वेषां चात्र सदात्यन्तप्रकृत्यनुपक्लिष्टतां प्रकृतिपरिशुद्धिं सामान्यलक्षणामारभ्य तदेव चिन्तामणिनभोवारिविशुद्धिगुण-साधर्म्यं वेदितव्यम्।

今译：在前面宣示的三种意义中，应知如来界的自相和共相依次与如意摩尼宝珠、天空和水的清净性相似。其中，应知如来法身中实现愿望的目的等威力自性，这种自相与如意摩尼宝珠相似。应知真如

中无差异性，这种自相与天空相似。应知如来种性中对众生怀有慈悲的柔软性，这种自相与水相似。而这三者本性永不受污染，应知本性清净这种共相与如意摩尼宝珠、天空和水的清净性相似。

勒译：此偈明何義？向說三種義。彼三種義，次第依於自相同相，如來法身三種清淨功德，如如意寶珠虛空淨水，相似相對法應知。此明何義？思者依如來法身，所思所修皆悉成就故。

तत्र परेण श्लोकार्धेन किं दर्शितम्।

今译：其中后半偈宣示什么意义？

勒译：後半偈者示現何義？偈言：

चतुर्धावरणं धर्मप्रतिघो ऽप्यात्मदर्शनम्।
संसारदुःखभीरूत्वं सत्त्वार्थं निरपेक्षता ॥ ३२ ॥

今译：四种障碍是谤法、我见、惧怕
世间[1]痛苦和不关心众生利益。（32）

勒译：有四種障礙，謗法及著我，
怖畏世間苦，捨離諸眾生。

इच्छन्तिकानां तीर्थ्यानां श्रावकाणां स्वयंभुवाम्।
अधिमुक्त्यादयो धर्माश्चत्वारः शुद्धिहेतवः ॥ ३३ ॥

今译：分属一阐提[2]、外道、声闻和缘觉，
虔信等四种法，是清净的原因。（33）

勒译：此偈明何義？偈言：
闡提及外道，聲聞及自覺，
信等四種法，清淨因應知。

① 此处“世间”的原词是 saṃsāra，也可译为“轮回”或“生死轮回”。
② “一阐提”（icchantika）指充满欲望而缺乏善根的人。勒译“阐提”或“一阐提”。

समासत इमे त्रिविधाः सत्त्वाः सत्त्वराशौ संविद्यन्ते। भवाभिलाषिणो विभवाभिलाषिणस्तदुभयानभिलाषिणश्च। तत्र भवाभिलाषिणो द्विविधा वेदितव्याः। मोक्षमार्गप्रतिहताशा अपरिनिर्वाणगोत्रकाः सत्त्वा ये संसारमेवेच्छन्ति न निर्वाणं तन्नियतिपतिताश्चेहधार्मिका एव। तदेकत्या महायानधर्मविद्विषो यानधिकृत्यैतदुक्तं भगवता। नाहं तेषां शास्ता न ते मम श्रावकाः। तानहं शारिपुत्र तमसस्तमो ऽन्तरमन्धकारान्महान्धकारगामिनस्तमोभूयिष्ठा इति वदामि।

今译：简而言之，有这样三类众生：企求有、企求无有和不企求这两者。其中，应知企求有的众生有两类：一是一心毁谤解脱道，无般涅槃种性，这些众生追求世间，不追求涅槃。二是即使信奉佛法，也必定沦为前者。对这些仇视大乘法的人，世尊说：“我不是他们的导师，他们不是我的声闻弟子。舍利弗啊，我说他们充满愚痴，从一种愚痴走向另一种愚痴，从黑暗走向大黑暗。”

勒译：此偈明何義？略說一切眾生界中有三種眾生。何等為三？一者求有，二者遠離求有，三者不求彼二。求有有二種。何等為二？一者謗解脫道，無涅槃性，常求住世間，不求證涅槃。二者於佛法中闡提同位，以謗大乘故。是故，《不增不減經》言：“舍利弗！若有比丘、比丘尼、優婆塞、優婆夷[①]，若起一見，若起二見，諸佛如來非彼世尊，如是等人非我弟子。舍利弗！是人以起二見因緣，從闇入闇，從冥入冥。我說是等名一闡提故。”偈言謗法故，闡提故。

तत्र विभवाभिलाषिणो द्विविधाः। अनुपायपतिता उपायपतिताश्च। तत्रानुपायपतिताः अपि त्रिविधाः। इतोबाह्या बहुनानाप्रकाराश्चरकपरिव्राजक-निग्रन्थिपुत्रप्रभृतयो ऽन्यतीर्थ्याः। इहधार्मिकाश्च तत्सभागचरिता एव श्राद्धा अपि दुर्गृहीतग्राहिणः। ते च पुनः कतमे। यदुत पुद्गलदृष्टयश्च परमार्थानधिमुक्ता यान्प्रति भगवता शून्यतानधिमुक्तो निर्विशिष्टो भवति तीर्थिकैरित्युक्तम्। शून्यता-दृष्टयश्चाभिमानिका येषामिह तद्विमोक्षमुखे ऽपि शून्यतायां माद्यमानानां शून्यतैव

① “优婆塞”（upāsaka）和“优婆夷”（upāsikā）指在家的男女居士。

दृष्टिर्भवति यानधिकृत्याह। वरं खलु काश्यप सुमेरुमात्रा पुद्गलदृष्टिर्न त्वेवाभिमानिकस्य शून्यतादृष्टिरिति। तत्रोपायपतिता अपि द्विविधाः। श्रावकयानीयाश्च सम्यक्त्वनियाममवक्रान्ताः प्रत्येकबुद्धयानीयाश्च।

今译：其中，企求无有的众生有两类：无方便和有方便。其中，无方便又有三类：各种各样外道，游荡者、出家者和尼犍陀若提子①等外道。即使信奉佛法，而执取邪见，实则与外道同行。他们是哪些人？一些人执持补特伽罗见②，不虔信第一义。对于这些人，世尊说："他们不虔信空性，与外道无异。"另一些人执持空性见，狂妄自大，即使处在空性解脱门，却迷醉空性，执持空性见。对于这些人，世尊说："迦叶啊，宁可持有须弥山般补特伽罗见，也不可持有狂妄自大者的空性见。"其中，有方便也有两类：进入正性定的声闻乘人和缘觉乘人。

勒译：遠離求有者，亦有二種。何等為二？一者無求道方便，二者有求道方便。無求道方便者，亦有二種。何等為二？一者多種外道種種邪計，謂僧佉、衛世師③、尼揵陀若提子等，無求道方便。二者於佛法中同外道行，雖信佛法而顛倒取。彼何者是？謂犢子④等，見身中有我等，不信第一義諦，不信真如法空。佛說彼人無異外道。復有計空為有，以我相憍慢故。何以故？以如來為說空解脫門令得覺知，而彼人計唯空無實。為彼人故，《寶積經》中佛告迦葉："寧見計我如須彌山，而不用見憍慢眾生計空為有。迦葉！一切邪見解空得離。若見空為有，彼不可化令離世間故。"偈言及著我故，及外道故。有方便求道者，亦有二種。何等為二？一者聲聞。偈言怖畏世間苦故，聲聞故。二者辟支佛。偈言捨離諸眾生故，及自覺故。

---

① "尼犍陀若提子"（nigranthiputra）指耆那教徒。
② "补特伽罗见"（pudgaladṛṣṭi）即"我见"。"补特伽罗"是 pudgala 一词的音译，词义为"人"（相当于 puruṣa）或"我"（相当于 ātman）。
③ "僧佉、卫世师"指数论（sāṃkhya）和胜论（vaiśeṣika）两种哲学派别。
④ "犊子"指部派佛教中的犊子部（vātsīputrīya），他们持有补特伽罗见。

तदुभयानाभिलाषिणः पुनर्महायानसंप्रस्थिताः परमतीक्ष्णेन्द्रियाः सत्त्वा ये नापि संसारमिच्छन्ति यथेच्छन्तिका नानुपायपतितास्तीर्थिकादिवन्नाप्युपायपतिताः श्रावकप्रत्येकबुद्धवत्। अपि तु संसारनिर्वाणसमतापत्तिमार्गप्रतिपन्नास्ते भवन्त्यप्रतिष्ठितनिर्वाणाशया निरुपक्लिष्टसंसारगतप्रयोगा दृढकरुणाध्याशयप्रतिष्ठितमूलपरिशुद्धा इति।

今译：不企求这两者的众生安住大乘，具有至上利根，不像一阐提那样追求世间，也不像无方便的外道等，也不像有方便的声闻和缘觉。他们修道达到世间和涅槃平等性，没有住于涅槃之心，住于世间修行而不受污染，安住坚固的慈悲和诚心而善根清净。

勒译：不求彼二者，所謂第一利根眾生諸菩薩摩訶薩。何以故？以諸菩薩不求彼有如一闡提故，又亦不同無方便求道種種外道等故，又亦不同有方便求道聲聞、辟支佛等故。何以故？以諸菩薩見世間涅槃道平等故，以不住涅槃心故，以世間法不能染故，而修行世間行堅固慈悲涅槃心故，以善住根本清淨法中故。

तत्र ये सत्त्वा भवाभिलाषिण इच्छन्तिकास्तन्नियतिपतिता इहधार्मिका एवोच्यन्ते मिथ्यात्वनियतः सत्त्वराशिरिति। ये विभवाभिलाषिणो ऽप्यनुपायपतिता उच्यन्ते ऽनियतः सत्त्वराशिरिति। ये विभवाभिलाषिण उपायपतितास्तदुभयानभिलाषिणश्च समताप्तिमार्गप्रतिपन्नास्त उच्यन्ते सम्यक्त्वनियतः सत्त्वराशिरिति। तत्र महायानसंप्रस्थितान्सत्त्वाननावरणगामिनः स्थापयित्वा य इतो ऽन्ये सत्त्वास्तद्यथा। इच्छन्तिकास्तीर्थ्याः श्रावकाः प्रत्येकबुद्धाश्च। तेषामिमानि चत्वार्यावरणानि तथागतधातोरनधिगमायासाक्षात्क्रियायै संवर्तन्ते। कतमानि च चत्वारि। तद्यथा महायानधर्मप्रतिघ इच्छन्तिकानामावरणं यस्य प्रतिपक्षो महायानधर्माधिमुक्तिभावना बोधिसत्त्वानाम्। धर्मेष्वात्मदर्शनमन्यतीर्थानामावरणं यस्य प्रतिपक्षः प्रज्ञापारमिताभावना बोधिसत्त्वानाम्। संसारे दुःखसंज्ञा दुःखभीरुत्वं श्रावकयानिकानामवरणं यस्य प्रतिपक्षो गगनगञ्जादिसमाधिभावना बोधिसत्त्वानाम्। सत्त्वार्थविमुखता सत्त्वार्थनिरपेक्षता प्रत्येकबुद्धयानिकानामावरणं

यस्य प्रतिपक्षो महाकरुणाभावना बोधिसत्त्वानामिति।

今译：这里，那些企求有的众生，即一阐提和必定沦为一阐提的信奉佛法者，称为邪定聚众生。那些企求无有而无方便的众生，称为不定聚众生。那些企求无有而有方便的众生以及不企求这两者而修道达到平等性的众生，称为正定聚众生。这里，除了安住大乘的众生无障碍外，其他众生即一阐提、外道、声闻和缘觉，有四种障碍而不认知和亲证如来界。哪四种？譬如，毁谤大乘法是一阐提的障碍，对治的方法是修习菩萨的虔信大乘法。诸法有我见是其他外道的障碍，对治的方法是修习菩萨的般若波罗蜜。有世间痛苦想法而惧怕痛苦是声闻乘人的障碍，对治的方法是修习菩萨的虚空藏等三昧。无视众生利益、不关心众生利益是缘觉乘人的障碍，对治的方法是修习菩萨的大慈悲。

勒译：又彼求有衆生，一闡提人及佛法中同闡提位，名為邪定聚衆生。又遠離求有衆生中，墮無方便求道衆生，名為不定聚衆生。又遠離求有衆生中，求離世間方便求道聲聞、辟支佛，及不求彼二、平等道智菩薩摩訶薩，名為正定聚衆生。又除求於無障礙道大乘衆生，餘有四種衆生。何等為四？一者闡提，二者外道，三者聲聞，四者辟支佛。彼四衆生有四種障故，不能證故，不能會故，不能見如來之性。何等為四？一者謗大乘法，一闡提障。此障對治，謂諸菩薩摩訶薩信大乘故。偈言信法故。二者橫計身中有我，諸外道障。此障對治，謂諸菩薩摩訶薩修行般若波羅蜜故。偈言及般若故。三者怖畏世間諸苦，聲聞人障。此障對治，謂諸菩薩摩訶薩修行虛空藏、首楞嚴[①]等諸三昧故。偈言三昧故。四者背捨利益一切衆生、捨大悲心，辟支佛障。此障對治，謂諸菩薩摩訶薩修行大悲，為利益衆生故。偈言大悲故。

एतच्चतुर्विधमावरणमेषां चतुर्विधानां सत्त्वानां यस्य प्रतिपक्षानिमांश्चतुरो

---

① “虛空藏”（gaganagañja）和“首楞严”（śūraṅgama）均为“三昧”（samādhi）的名称。

ऽधिमुक्त्यादीन्भावयित्वा बोधिसत्त्वा निरुत्तरार्थधर्मकायविशुद्धिपरमतामधिगच्छन्त्येभिश्च विशुद्धिसमुदागमकारणैश्चतुर्भिरनुगता धर्मराजपुत्रा भवन्ति तथागतकुले। कथमिति।

今译：这四种众生有四种障碍，菩萨修习虔信等四种对治方法，获得无上义法身至高清净。伴随这四种产生清净的原因，他们成为如来家族的法王子。怎么样？

勒译：是名四種障，障四種眾生。為對治彼四種障故，諸菩薩摩訶薩信修行大乘等四種對治法，得無上清淨法身，到第一彼岸[①]。何以故？依此四種清淨法界修習善法，此是諸佛隨順法子於佛家生。是故偈言：

बीजं येषामग्रयानाधिमुक्ति-
　　र्माता प्रज्ञा बुद्धधर्मप्रसूत्यै।
गर्भस्थानं ध्यानसौख्यं कृपोक्ता
　　धात्री पुत्रास्ते ऽनुजाता मुनीनाम्॥ ३४ ॥

今译：虔信至上大乘是种子，
产生佛法的般若是母亲，
禅定之乐胎藏，慈悲乳母，
他们由此生为牟尼之子。（34）

勒译：大乘信為子，般若以為母，
禪胎大悲乳，諸佛如實子。

तत्र फलार्थं कर्मार्थं चारभ्य श्लोकः।

今译：这里，关于果义和业义，有这首偈颂：

勒译：偈言信等四種法清淨因應知故。又依果業故，說一偈：

① 此处“到第一彼岸”的原文是 paramatām adhigacchanti，句义为“达到至高性”。与前面的“清净”相连，即“达到至高清净”。

शुभात्मसुखनित्यत्वगुणपारमिता फलम्।
दुःखनिर्विच्छमप्राप्तिच्छन्दप्रणिधिकर्मकः ॥ ३५ ॥

今译：净、我、乐、常功德圆满是果，
厌离痛苦、渴求达到寂静是业。（35）

勒译：淨我樂常等，彼岸功德[①]果，
厭苦求涅槃，欲願等諸業。

तत्र पूर्वेण श्लोकार्थेन किं दर्शितम्।

今译：其中前半偈宣示什么意义？

勒译：此初半偈示現何義？偈言：

फलमेषां समासेन धर्मकाये विपर्ययात्।
चतुर्विधविपर्यासप्रतिपक्षप्रभावितम्॥ ३६ ॥

今译：简而言之，依靠法身中的倒转[②]，
修习对治四种颠倒是它们的果。（36）

勒译：略說四句義，四種顛倒法，
於法身中倒，修行對治法。

य एते ऽधिमुक्त्यादयश्चत्वारो धर्मास्तथागतधातोर्विशुद्धिहेतव एषां यथासंख्यमेव समासतश्चतुर्विधविपर्यासविपर्ययप्रतिपक्षेण चतुराकारा तथागतधर्मकायगुणपारमिता फलं द्रष्टव्यम्। तत्र या रूपादिके वस्तुन्यनित्ये नित्यमिति संज्ञा। दुःखे सुखमिति। अनात्मन्यात्मेति। अशुभे शुभमिति संज्ञा। अयमुच्यते चतुर्विधो विपर्यासः। एतद्विपर्ययेण चतुर्विध एवाविपर्यासो वेदितव्यः। कतमश्चतुर्विधः। या तस्मिन्नेव रूपादिके वस्तुन्यनित्यसंज्ञा। दुःखसंज्ञा। अनात्मसंज्ञा। अशुभसंज्ञा। अयमुच्यते चतुर्विधविपर्यासविपर्ययः। स खल्वेष नित्यादिलक्षणं तथागतधर्म-

① 此处“彼岸功德”的原词是 guṇapāramitā，词义为功德圆满。此词在释文中，勒译也译为“功德波罗蜜”。这里，pāramitā 的音译为“波罗蜜”。此词有两义：一是到彼岸，二是圆满或完美，可以按照语境理解。

② 此处“倒转”指扭转颠倒。

कायमधिकृत्येह विपर्यासो ऽभिप्रेतो यस्य प्रतिपक्षेण चतुराकारा तथागतधर्म-कायगुणपारमिता व्यवस्थापिता। तद्यथा नित्यपारमिता सुखपारमितात्मपारमिता शुभपारमितेति।

今译：虔信等四种法是如来界清净的原因，应知它们的果，简而言之是四种如来法身功德圆满，依次倒转对治四种颠倒。其中，于色等事物无常中起常想，于苦中起乐想，于无我中起我想，于不净中起净想。这称为四种颠倒。应知倒转这些颠倒，则是四种不颠倒。哪四种？于色等事物中起无常想、苦想、无我想和不净想。这称为倒转四种颠倒。对于具有常等相的如来法身，这些意谓颠倒，依靠对治它们，确立四种法身功德圆满，即常波罗蜜、乐波罗蜜、我波罗蜜和净波罗蜜。

勒译：此偈明何義？彼信等四法，如來法身因此能清淨。彼向說四種法，彼次第略說對治四顛倒，如來法身四種功德波羅蜜果應知。偈言略說四句義故。此明何義？謂於色等無常事中起於常想，於苦法中起於樂想，於無我中起於我想，於不淨中起於淨想，是等名為四種顛倒應知。偈言四種顛倒法故。為對治此四種顛倒故，有四種非顛倒法應知。何等為四？謂於色等無常事中生無常想、苦想、無我想、不淨想等，是名四種不顛倒對治應知。偈言修行對治法故。如是四種顛倒對治，依如來法身，復是顛倒應知。偈言於法身中倒故。對治此倒，說有四種如來法身功德波羅蜜果。何等為四？所謂常波羅蜜、樂波羅蜜、我波羅蜜、淨波羅蜜應知。

एष च ग्रन्थो विस्तरेण यथासूत्रमनुगन्तव्यः। विपर्यस्ता भगवन्सत्त्वा उपात्तेषु पञ्चसूपादानस्कन्धेषु। ते भवन्त्यनित्ये नित्यसंज्ञिनः। दुःखे सुखसंज्ञिनः। अनात्मन्यात्मसंज्ञिनः। अशुभे शुभसंज्ञिनः। सर्वश्रावकप्रत्येकबुद्धा अपि भगवन् शून्यताज्ञानेनादृष्टपूर्वे सर्वज्ञज्ञानविषये तथागतधर्मकाये विपर्यस्ताः। ये भगवन्

सत्त्वाः स्युर्भगवतः पुत्रा औरसा नित्यसंज्ञिन आत्मसंज्ञिनः सुखसंज्ञिनः शुभसंज्ञिनस्ते भगवन्सत्त्वाः स्युरविपर्यस्ताः। स्युस्ते भगवन्सम्यग्दर्शिनः। तत्कस्माद्धेतोः। तथागतधर्मकाय एव भगवन्नित्यपारमिता सुखपारमिता आत्म-पारमिता शुभपारमिता। ये भगवन्सत्त्वास्तथागतधर्मकायमेवं पश्यन्ति ते सम्यक्पश्यन्ति। ये सम्यक् पश्यन्ति ते भगवतः पुत्रा औरसा इति विस्तरः।

今译：此处经文应该依据经中广说理解："世尊啊，众生于五取蕴①中起颠倒想。他们于无常中起常想，于苦中起乐想，于无我中起我想，于不净中起净想。世尊啊，甚至一切声闻和缘觉凭借空性智，而于前所未见的一切知者智如来法身境界中起颠倒想。世尊啊，若有众生是世尊亲生子，他们起常想、我想、乐想和净想。世尊啊，他们不颠倒，持有正见。原因是什么？世尊啊，如来法身即常波罗蜜、乐波罗蜜、我波罗蜜和净波罗蜜。世尊啊，这些众生这样看待如来法身，他们持有正见。他们持有正见，是世尊的亲生子。"如此等等广说。

勒译：偈言修行對治法故。是故《聖者勝鬘經》言："世尊！凡夫眾生於五陰法起顛倒想，謂無常常想，苦有樂想，無我我想，不淨淨想。世尊！一切阿羅漢、辟支佛空智者，於一切智境界及如來法身本所不見。若有眾生，信佛語故，於如來法身起常想、樂想、我想、淨想，世尊！彼諸眾生非顛倒見，是名正見。何以故？唯如來法身，是常波羅蜜、樂波羅蜜、我波羅蜜、淨波羅蜜。世尊！若有眾生於佛法身作是見者，是名正見。世尊！正見者是佛真子，從佛口生，從正法生，從法化生，得法餘財。"如是等故。

आसां पुनश्चतसृणां तथागतधर्मकायगुणपारमितानां हेत्वानुपूर्व्या प्रति-लोमक्रमो वेदितव्यः। तत्र महायानधर्मप्रतिहतानामिच्छन्तिकानामशुचिसंसाराभि-रतिविपर्ययेण बोधिसत्त्वानां महायानधर्माधिमुक्तिभावनायाः शुभपारमिताधिगमः फलं द्रष्टव्यम्।

---

① "五取蕴"即色、受、想、行和识五蕴。称为"取蕴"（upādānaskandha），意谓由取生蕴，由蕴生取。此词勒译"五阴法"。

今译：这四种如来法身功德圆满的原因，应知它们的次序逆向。其中，应知为倒转毁谤大乘法的一阐提乐于不净世间，诸菩萨修习虔信大乘法而获得净波罗蜜是果。

勒译：又此四種如來法身功德波羅蜜從因向果，次第而說淨我樂常應知。云何次第從因向果？謂誹謗大乘一闡提障，實無有淨，而心樂著取世間淨。此障對治，謂諸菩薩摩訶薩信大乘修行證得第一淨波羅蜜果應知。

पञ्चसूपादानस्कन्धेष्वात्मदर्शिनामन्यतीर्थ्यानामसदात्मग्रहाभिरति विपर्ययेण प्रज्ञापारमिताभावनायाः परमात्मपारमिताधिगमः फलं द्रष्टव्यम्। सर्वे ह्यन्यतीर्थ्या रूपादिकमतत्स्वभावं वस्त्वात्मेत्युपगताः। तच्चैषां वस्तु यथाग्रहमात्मलक्षणेन विसंवादित्वात्सर्वकालमनात्मा। तथागतः पुनर्यथाभूतज्ञानेन सर्वधर्मनैरात्म्यपर-पारमिप्राप्तः। तच्चास्य नैरात्म्यमनात्मलक्षणेन यथादर्शनमविसंवादित्वात्सर्वकाल-मात्माभिप्रेतो नैरात्म्यमेवात्मनि कृत्वा। यथोक्तं स्थितो ऽस्थानयोगेनेति।

今译：应知为倒转于五取蕴中生起我见的外道乐于执取不实我，修习般若波罗蜜而获得至上我波罗蜜是果。一切外道于色等无自性事物中生起我想。由于虚妄颠倒，他们执取事物有我相，而无论何时都无我。如来凭如实智通晓一切法无我。由于无论何时都不妄想颠倒，他凭无我想如实见无我。所谓我，则是以无我为我。如经中说：“无所住而住。”

勒译：於五陰中見有神我[①]諸外道障，實無神我而樂著取我。此障對治，謂諸菩薩摩訶薩修行般若波羅蜜，證得第一我波羅蜜果應知。此明何義？一切外道執著色等非真實事，以為有我，而彼外道取著我相。無如是我相虛妄顛倒，一切時無我。以是義故，說言如來如實智知一切法無我到第一彼岸[②]，而如來無彼我，無我相。何以故？以一切時如實見知不虛妄故，非顛倒故。此以何義？以即無我名為有我。

① “神我”的原词是 ātman。此词勒译“我”或“神我”。

② “到第一彼岸”的原词是 parapāramiprāpta，词义为通晓。这里是说通晓一切法无我。

即無我者，無彼外道虛妄神我。名有我者，如來有彼得自在我。是故，偈言：

如清淨真空，得第一無我，
諸佛得淨體，是名得大身。①

此偈明何義？得大身者，謂如來得第一清淨真如法身。彼是諸佛如來實我，以得自在體，以得第一清淨身。偈言諸佛得淨體故。以是義故，諸佛名得清淨自在。偈言是名得大身故。以是義故，依於此義諸佛如來於無漏界中得為第一最自在我。又復即依如是義故，如來法身不名為有，以無我相、無法相故。以是義故，不得言有，以如彼相如是無故。又復即依如是義故，如來法身不名為無，以唯有彼真如我體，是故不得言無法身，以如彼相如是有故。依此義故，諸外道問：如來死後為有身耶，為無身耶？有如是等。是故，如來不記不答。②

संसारदुःखभीरूणां श्रावकयानिकानां संसारदुःखोपशममात्राभिरतिविपर्ययेण गगनगञ्जादिसमाधिभवनायाः सर्वलौकिकलोकोत्तरसुखपारमिताधिगमः फलं द्रष्टव्यम्।

今译：应知为倒转惧怕世间痛苦的声闻乘人唯独乐于平息世间痛苦，修习虚空藏等三昧而获得一切世间和出世间乐波罗蜜是果。

勒译：諸聲聞人畏世間苦。為對治彼畏世間苦，諸菩薩摩訶薩修行一切世間出世間諸三昧故，證得第一樂波羅蜜果應知。

---

① 波罗颇迦罗蜜多罗译《大乘庄严经论》卷三中有一首偈颂："清净空无我，佛说第一我，诸佛我净故，故佛名大我。"在《藏要》（第二辑）此经的校注中指出《宝性论》中这首偈颂"文意同此"。《大乘庄严经论》存有梵本。据莱维（S. Levi）校刊本，这首偈颂的梵语原文是：

śūnyatāyāṃ viśuddhāyāṃ nairātmyānmārgalābhataḥ
buddhāḥ śuddhātmalābhitvāt gatā ātmamahātmatām

可以直译为："清净空性中，无我，得道，得清净我，由此，诸佛达到我的大我性。"

② 以上勒译的偈颂和对这首偈颂的解释不见于原文。而不仅这首偈颂，这些释文也与《大乘庄严经论》的释文内容一致。

सत्त्वार्थनिरपेक्षाणां प्रत्येकबुद्धयानीयानायमसंसर्गविहाराभिरतिविषपर्ययेण महाकरुणाभावनायाः सततसमितमा संसारात्सत्त्वार्थफलिगोधपरिशुद्धत्वान् नित्यपारमिताधिगमः फलं द्रष्टव्यम्।

今译：应知为倒转不关心众生利益的缘觉乘人乐于离群独居，修习大慈悲，与世间恒常共存，一心利益众生而清净，获得常波罗蜜是果。

勒译：辟支佛人棄捨利益一切眾生，樂住寂靜。為對治彼棄捨眾生，諸菩薩摩訶薩修行大悲，住無限齊世間，常利益眾生，證得第一常波羅蜜果應知。

इत्येतासां चतसृणामधिमुक्तिप्रज्ञासम्आधिकरुणाभावनानां यथासंख्यमेव चतुराकारं तथागतधर्मकाये शुभात्मसुखनित्यत्वगुणापारमिताख्यं फलं निर्वर्त्यते बोधिसत्त्वानाम्। आभिश्च तथागतो धर्मधातुपरम आकाशधातुपर्यवसानो ऽपरान्तधर्मधातुपरमताधिगमाद्धर्मधातुपरमः संवृत्तः। प्रज्ञापारमिताभावनयाकाशोपमसत्त्वभाजनलोकनैरात्म्यनिष्ठागमनाद्गगनगञ्जादिसमाधिभावनया च सर्वत्र परमधर्मैश्वर्यविभुत्वसंदर्शनादाकाशधातुपर्यवसानः। महाकरुणाभावनया सर्वसत्त्वेष्वपर्यन्तकालकारुणिकतामुपादायापरान्तकोटिनिष्ठ इति।

今译：以上虔信、般若、三昧和慈悲依次这四种菩萨修习产生如来法身中净、我、乐和常四种功德圆满果。凭借这些，如来称为至上法界，虚空界终极，穷尽未来际。因为修习虔信大乘至上法，如来获得永恒清净法界至上性，成为至上法界。修习般若波罗蜜，通晓众生和器世间无我似虚空，修习虚空藏等三昧，在一切处展现至高法自在，成为虚空界终极。修习大慈悲，永远对一切众生怀有慈悲，成为穷尽未来际。

勒译：是名諸菩薩摩訶薩信及般若、三昧、大悲四種修行。如是次第得如來身淨、我、樂、常四種功德波羅蜜果應知。又復有義，依此四種如來法身名為廣大如法界，究竟如虛空，盡未來際。此明何義？

信修行大乘，是故諸佛如來常得清淨法界到第一彼岸[1]，是故說言廣大如法界。修行般若波羅蜜，是故諸佛如來成就虛空法身。以器世間究竟無我，以修行虛空藏等無量三昧，以是義故，於一切處一切法中皆得自在，是故說言究竟如虛空。以修行大悲，於一切眾生無限齊時得慈悲心平等，是故說言盡未來際。

आसां पुनश्चतसृणां तथागतधर्मकायगुणपारमितानामधिगमायानास्रवधातु-स्थितानामप्यर्हतां प्रत्येकबुद्धानां वशिताप्राप्तानां च बोधिसत्त्वानामिमे चत्वारः परिपन्था भवन्ति। तद्यथा प्रत्ययलक्षणं हेतुलक्षणं संभवलक्षणं विभवलक्षणमिति। तत्र प्रत्ययलक्षणमविद्यावासभूमिरविद्येव संस्काराणाम्। हेतुलक्षणमविद्यावास-भूमिप्रत्ययमेव संस्कारवदनास्रवं कर्म। संभवलक्षणमविद्यावासभूमिप्रत्ययानास्रव-कर्महेतुकी च त्रिविधा मनोमयात्मभावनिर्वृत्तिश्चतुरुपादानप्रत्यया सास्रवकर्म-हेतुकीव त्रिभवाभिनिर्वृत्तिः। विभवलक्षणं त्रिविधमनोमयात्मभावनिर्वृत्तिप्रत्यया जातिप्रत्ययमिव जरामरणमचिन्त्या पारिणामिकी च्युतिरिति।

今译：还有，阿罗汉、缘觉和获得自在力的菩萨即使住于无漏界，要获得这四种如来法身功德圆满，也有四种障碍，即缘相、因相、有相和无有相。其中，缘相是无明住地[2]，如同无明是行所缘。因相是无漏业[3]，如同行，缘于无明住地。有相是因为无漏业缘于无明住地，三种意成身[4]产生，正如因为有漏业缘于四取[5]，三有产生。无有相是不可思议变易死[6]缘于三种意成身产生，正如老死缘于生。

---

[1] 此处"到第一彼岸"的原词是 paramatā，词义为至上性或第一性。由此可见，勒译使用的"到第一彼岸"一词，其含义通常是通晓、圆满或至高。
[2] "住地"指烦恼所依处，分为五种：见一处住地、欲爱住地、色爱住地、有爱住地和无明住地。其中，无明住地（avidyāvāsabhūmi）是烦恼中根本无明所依处。
[3] "无漏业"（anāsravakarman）是菩萨的慈悲愿力一类的业。无漏业相对有漏业而说。有漏业是生死轮回的原因，而无漏业是产生意成身的原因。
[4] "意成身"（manomayātmabhāva，或译"意生身"）指阿罗汉、缘觉和获得自在力的菩萨处在不可思议变易生死中的微妙身，不受时空限制，随意而生。
[5] "四取"（caturupādāna）指欲取、见取、戒禁取和我语取。这里是说有漏业（烦恼业）缘于这四种执取，而产生三有。
[6] "不可思议变易死"（acintyā pāriṇāmikī cyuti）指阿罗汉、缘觉和获得自在力的菩萨超越三界的生死，不同于通常凡人肉体的生死，没有色形和寿命等的限制。

勒译：又此四種波羅蜜等住無漏界中，聲聞、辟支佛、得大力自在菩薩為證如來功德法身第一彼岸，有四種障。何等為四？一者緣相，二者因相，三者生相，四者壞相。緣相者，謂無明住地，即此無明住地與行作緣，如無明緣行，無明住地緣亦如是故。因相者，謂無明住地緣行，即此無明住地緣行為因，如行緣識，無漏業緣亦如是故。生相者，謂無明住地緣依無漏業因，生三種意生身，如四種取，緣依有漏業因而生三界，三種意生身生亦如是故。壞相者，謂三種意生身緣不可思議變易死，如依生緣，故有老死，三種意生身緣不可思議變易死亦如是故。

तत्र सर्वोपक्लेशसंनिश्रयभूताया अविद्यावासभूमेरप्रहीणात्वादर्हन्तः प्रत्येकबुद्धा वशिताप्राप्ताश्च बोधिसत्त्वाः सर्वक्लेशमलदौर्गन्ध्यवासनापकर्षपर्यन्तशुभपारमितां नाधिगच्छन्ति। तामेव चाविद्यावासभूमिं प्रतीत्य सूक्ष्मनिमित्तप्रपञ्चसमुदाचारयोगादत्यन्तमनभिसंस्कारमात्मपारमितां नाधिगच्छन्ति। तां चाविद्यावासभूमिमविद्यावासभूमिप्रत्ययं च सूक्ष्मनिमित्तप्रपञ्चसमुदाचारसमुत्थापितमनास्रवं कर्म प्रतीत्य मनोमयस्कन्धसमुदयात्तन्निरोधमत्यन्तसुखपारमितां नाधिगच्छन्ति। यावच्च निरवशेषक्लेशकर्मजन्मसंक्लेशनिरोधसमुद्भूतं तथागतधातुं न साक्षात्कुर्वन्ति तावदचिन्त्यपारिणामिक्याश्च्युतेरविगमादत्यन्तानन्यथाभावां नित्यपारमितां नाधिगच्छन्ति। तत्र क्लेशसंक्लेशवदविद्यावासभूमिः। कर्मसंक्लेशवदनास्रवकर्माभिसंस्कारः। जन्मसंक्लेशवत्त्रिविधा मनोमयात्मभावनिर्वृत्तिरचिन्त्यपारिणामिकी च च्युतिरिति।

今译：这里，无明住地是一切烦恼所依处。由于阿罗汉、缘觉和获得自在力的菩萨没有脱离无明住地，也就没有获得除尽一切烦恼污垢恶臭习气的净波罗蜜。缘于无明住地，生起细相戏论[①]，他们终究没有获得无为我波罗蜜。缘于无明住地和缘于因无明住地而生起细相

① “细相戏论”（sūkṣmanimittaprapañca）指细微的戏论。“戏论”（prapañca）指错误的见解。

戏论的无漏业，产生意成蕴[①]，而没有获得灭寂意成蕴的永恒乐波罗蜜。这样，他们没有亲证灭除一切烦恼、业和生污染的如来界，因此，他们不脱离不可思议变易死，没有获得永无变异性的常波罗蜜。这里，无明住地如同烦恼污染。无漏业作为如同业污染。三种意成身产生和不可思议变易死如同生污染。

勒译：又一切煩惱染皆依無明住地根本。以不離無明住地，聲聞、辟支佛、大力菩薩未得遠離無明住地垢，是故未得究竟無為淨波羅蜜。又即依彼無明住地緣，以細相戲論習未得永滅，是故未得究竟無為我波羅蜜。又即緣彼無明住地，有細相戲論集因無漏業生，於意陰未得永滅，是故未得究竟無為樂波羅蜜。以諸煩惱染、業染、生染未得永滅，是故未證究竟甘露如來法身。以未遠離不可思議變易生死，常未究竟。是故未得不變異體，是故未得究竟無為常波羅蜜。又如煩惱染，無明住地亦如是。如業染，無漏業行亦如是。如生染，三種意生身及不可思議變易死亦如是。

एष च ग्रन्थो विस्तरेण यथासूत्रमनुगन्तव्यः। स्याद्यथापि नाम भगवन्नुपादानप्रत्ययाः सास्रवकर्महेतुकास्त्रयो भवाः संभवन्ति। एवमेव भगवन्नविद्यावासभूमिप्रत्यया अनास्रवकर्महेतुका अर्हतां प्रत्येकबुद्धानां वशिताप्राप्तानां च बोधिसत्त्वानां मनोमयास्त्रयः कायाः संभवन्ति। आसु भगवन्तिसृषु भूमिष्वेषां त्रयाणां मनोमयानां कायानां संभवायानास्रवस्य च कर्मणो ऽभिनिर्वृत्तये प्रत्ययोभवत्यविद्यावासभूमिरिति विस्तरः। यत एतेषु त्रिषु मनोमयेष्वर्हत्प्रत्येकबुद्धबोधिसत्त्वकायेषु शुभात्मसुखनित्यत्वगुणपारमिता न संविद्यन्ते तस्मात्तथागतधर्मकाय एव नित्यपारमिता सुखपारमितात्मपारमिता शुभपारमितेत्युकतम्।

今译：此处经文应该依据经中广说理解："确实，世尊啊，以四取为缘，以有漏业为因，三有产生。世尊啊，同样，以无明住地为缘，以无漏业为因，阿罗汉、缘觉和获得自在力的菩萨产生三种意成身。

① "意成蕴"（manomayaskandha）即意成身。

世尊啊，无明住地成为三地①中三种意成身产生和无漏业产生的所缘。"如此等等广说。由于在阿罗汉、缘觉和菩萨的这三种意成身中，没有净、我、乐和常功德圆满，因此说："如来法身是常波罗蜜、乐波罗蜜、我波罗蜜和净波罗蜜。"

勒译：如《聖者勝鬘經》言："世尊！譬如取緣有漏業因而生三有。如是，世尊！依無明住地緣無漏業因，生阿羅漢、辟支佛、大力菩薩三種意生身。世尊！此三乘地三種意生身生，及無漏業生，依無明住地有緣非無緣。"如是等《勝鬘經》中廣說應知。復次，以聲聞、辟支佛、大力菩薩三種意生身中，無淨、我、樂、常波羅蜜彼岸功德身，是故，《聖者勝鬘經》言："唯如來法身是常波羅蜜、樂波羅蜜、我波羅蜜、淨波羅蜜。"如是等故。

此明何義？以如來法身自性清淨，離一切煩惱障、智障習氣，故名為淨。是故說言："唯如來法身是淨波羅蜜，以得寂靜第一自在我故，離無我戲論，究竟寂靜，故名為我。"②是故說言："唯如來法身是我波羅蜜，以得遠離意生陰身因，故名為樂。"是故說言："唯如來法身是樂波羅蜜，以世間涅槃平等證故，故名為常。"是故說言："唯如來法身是常波羅蜜。"③

又復略說有二種法。依此二法，如來法身有淨波羅蜜應知。何等為二？一者本來自性清淨，以因相故。二者離垢清淨，以勝相故。有二種法。依此二法，如來法身有我波羅蜜應知。何等為二？一者遠離諸外道邊，以離虛妄我戲論故。二者遠離諸聲聞邊，以離無我戲論故。有二種法。依此二法，如來法身有樂波羅蜜應知。何等為二？一者遠離一切苦。二者遠離一切煩惱習氣。此以何義，云何遠離一切苦？以滅一切種苦故，以滅一切意生身故。云何遠離煩惱習氣？以證一切法故。有二種法。依此二法，如來法身有常波羅蜜應知。何等為二？一

---

① 此处"三地"指三乘，即声闻、缘觉和菩萨三乘。此词勒译"三乘地"。
② 这段引文相当于原文第 37 首偈颂。
③ 这里三段引文相当于原文第 38 首偈颂。

者不滅一切諸有為行，以離斷見邊故。二者不取無為涅槃，以離常見邊故。以是義故，《聖者勝鬘經》中說言："世尊！見諸行無常，是斷見，非正見。見涅槃常，是常見，非正見。"妄想見故，作如是見故，以是義故，依如是向說法界法門第一義諦，說即世間法名為涅槃，以此二法不分別故，以證不住世間涅槃故。是故偈言：[①]

स हि प्रकृतिशुद्धत्वाद्वासनापगमाच्छुचिः
परमात्मात्मनैरात्म्यप्रपञ्चक्षयशान्तितः ॥ ३७ ॥

今译：它本性清净，摆脱习气，因而明净，
灭除我无我戏论而寂静，是至上我。（37）

सुखो मनोमयस्कन्धतद्धेतुविनिवृत्तितः।
नित्यः संसारनिर्वाणसमताप्रतिवेधतः ॥ ३८ ॥

今译：排除意成蕴产生的原因，因而快乐，
洞悉世间和涅槃平等性，因而恒常。（38）

समसतो द्वाभ्यां कारणाभ्यां तथागतधर्मकाये शुभपारमिता वेदितव्या। प्रकृतिपरिशुद्ध्या सामान्यलक्षणेन। वैमल्यपरिशुद्ध्या विशेषलक्षणेन। द्वाभ्यां कारणाभ्यामात्मपारमिता वेदितव्या। तीर्थिकान्तविवर्जनतया चात्मप्रपञ्च-विगमाच्छ्रावकान्तविवर्जनतया च नैरात्म्यप्रपञ्चविगमात्। द्वाभ्यां कारणाभ्यां सुखपारमितां वेदितव्या। सर्वाकारदुःखसमुदयप्रहाणतश्च वासनानुसंधिसमुद्घातात्सर्वाकारदुःखनिरोधसाक्षात्करणतश्च मनोमयस्कन्धनिरोधसाक्षात्कारणात्। द्वाभ्यां कारणाभ्यां नित्यपारमिता वेदितव्या। अनित्यसंसारानपकर्षणात-श्चोच्छेदान्तापतनान्नित्यनिर्वाणसमारोपणतश्च शाश्वतान्तापतनात्। यथोक्तम्। अनीत्याः संस्कारा इति चेद्भगवन्पश्येत सास्य स्यादुच्छेददृष्टिः। सास्य स्यान्न सम्यग्दृष्टिः। नित्यं निर्वाणमिति चेद्भगवन्पश्येत सास्य स्याच्छाश्वतदृष्टिः। सास्य स्यान्न सम्यग्दृष्टिरिति।

① 勒译这段释文，原文在第 38 首偈颂之后。

今译：简而言之，应知如来法身中净波罗蜜有两种原因：以本性清净为共相，以涤除污垢而清净为殊相。应知我波罗蜜有两种原因：摒弃有我戏论而远离外道一边，摒弃无我戏论而远离声闻一边。应知乐波罗蜜有两种原因：断除一切痛苦产生和灭除习气相续，亲证灭寂一切痛苦和亲证灭除意成蕴。应知常波罗蜜有两种原因：不陷入断边而不摒弃无常世间，不陷入常边而不住于恒常涅槃。如经中说："世尊啊，若见诸行无常，这是断见，不是正见。世尊啊，若见涅槃恒常，这是常见，不是正见。"

तदनेन धर्मधातुनयमुखेन परमार्थतः संसार एव निर्वाणमित्युक्तम्। उभयथाविकल्पनाप्रतिष्ठितनिर्वाणसाक्षात्करणतः। अपि खलु द्वाभ्यां कारणाभ्यामविशेषेण सर्वसत्त्वानामासन्नदूरीभावविगमादप्रतिष्ठितपदप्राप्तिमात्रपरिदीपना भवति। कतमाभ्यां द्वाभ्याम्। इह बोधिसत्त्वो ऽविशेषेण सर्वसत्त्वानां नासन्नीभवति प्रज्ञयाशेषतृष्णानुशयप्रहाणात्। न दूरीभवति महाकरुणया तदपरित्यागादिति। अयमुपायो ऽप्रतिष्ठितस्वभावायाः सम्यक्संबोधेरनुप्राप्तये। प्रज्ञया हि बोधिसत्त्वो ऽशेषतृष्णानुशयप्रहाणादात्महिताय निर्वाणगताध्याशयः संसारे न प्रतिष्ठते ऽपरिनिर्वाणगोत्रवत्। महाकरुणया दुःखितसत्त्वापरित्यागात्परहीताय संसारगतप्रयोगो निर्वाणे न प्रतिष्ठते शमैकयानगोत्रवत्। एवमिदं धर्मद्वयमनुत्तराया बोधेर्मूलं प्रतिष्ठानमिति।

今译：依据这个法界法门第一义，经中说世间即涅槃。不分别这两种意义而亲证不住涅槃。有两种原因，既不混同众生，也不远离众生，唯独说明达到不住境界。哪两种？由于凭智慧摒弃一切贪欲，而不一味混同众生。由于凭大慈悲不舍弃众生，而不远离众生。这是获得以不住为自性的正等觉的方法。因为菩萨凭智慧摒弃一切贪欲，为利益自己而渴望涅槃，不像无般涅槃种性者那样住于世间。凭大慈悲不舍弃受苦众生，为利益他人而不离世间，不像有寂静一乘种性者那样住于涅槃。这两种法是无上菩提的根基。[①]

छित्त्वा स्नेहं प्रज्ञयात्मन्यशेषं
सत्त्वस्नेहान्नैति शान्तिं कृपावान्।
निःश्रित्यैवं धीकृपे बोध्युपायौ
नोपैत्यार्यः संवृतिं निर्वृतिं वा ॥ ३९ ॥

今译：凭智慧断绝对自己的温情，凭慈悲
不断绝对众生的温情，达到寂静，
依靠智慧和慈悲这两种菩提方法，
圣者既不趋向世间，也不趋向涅槃。（39）

勒译：無分別之人，不分別世間，
不分別涅槃，涅槃有平等。

तत्र पुर्वाधिकृतं कर्मार्थमारभ्य परेण श्लोकार्धेन किं दर्शितम्।

今译：其中前半偈说明前面所说的业义，后半偈宣示什么意义？

勒译：後半偈者示現何義？偈言：

बुद्धधातुः सचेन्न स्यान्निर्विद्दुःखे ऽपि नो भवेत्।
नेच्छा न प्रार्थना नापि प्राणिधिर्निर्वृतौ भवेत्॥ ४० ॥

今译：如果没有佛界，则不厌离痛苦，
不向往、不追求、不企求涅槃。（40）

勒译：若無佛性者，不得厭諸苦，
不求涅槃樂，亦不欲不願。

तथा चोक्तम्। तथागतगर्भश्चेद्भगवन्न स्यान्न स्याद्दुःखे ऽपि निर्विन्न निर्वाण इच्छा वा प्रार्थना वा प्रणिधिर्वेति। तत्र समासतो बुद्धधातुविशुद्धिगोत्रं मिथ्यात्वनियतानामपि सत्त्वानां द्विविधकार्यप्रत्युपस्थापनं भवति। संसारे च दुःखदोष-

① 这段释文不见于勒译。

दर्शननिःश्रयेण निर्विदमुत्पादयति। निर्वाणे सुखनुशंसदर्शननिःश्रयेण च्छन्दं जनयति। इच्छां प्रार्थनां प्रणिधिमिति। इच्छाभिलषितार्थप्राप्तावसंकोचः। प्रार्थना-भिलषितार्थप्राप्त्युपायपरिमार्गणा। प्रणिधिर्याभिलषितार्थे चेतना चित्ताभिसंस्कारः।

今译：经中说："世尊啊，如果没有如来藏，则不厌离痛苦，不向往、不追求或不企求涅槃。"这里，简而言之，佛界清净种性甚至促成邪定聚众生两种作为：依靠观察世间痛苦弊病，产生厌离。依靠观察涅槃快乐功德，产生欲求，即向往、追求和企求。向往意味渴望，为达到目的不怯弱。追求意味渴望，为达到目的寻求方法。企求意味思考渴望的目的，展现心愿。

勒译：以是義故，《聖者勝鬘經》言："世尊！若無如來藏者，不得厭苦樂求涅槃，亦無欲涅槃，亦不願求。"如是等。此明何義？略說佛性清淨正因，於不定聚眾生能作二種業。何等為二？一者依見世間種種苦惱，厭諸苦故，生心欲離諸世間中一切苦惱。偈言若無佛性者，不得厭諸苦故。二者依見涅槃樂，悕寂樂故，生求心、欲心、願心。偈言若無佛性者，不求涅槃樂，亦不欲不願故。又欲者，求涅槃故。求者，悕涅槃故。悕者，於悕求法中不怯弱故。欲得者，於所求法中方便追求故，及諮問故。願者，所期法中所期法者，心心相行。是故偈言：

भवनिर्वाणतद्दुःखसुखदोषगुणेक्षणम्।
गोत्रे सति भवत्येतदगोत्राणां न विद्यते ॥ ४१ ॥

今译：见世间苦和涅槃乐两者利弊，
有种性则见，无种性则不见。（41）

勒译：見苦果樂果，此依性而有，
若無佛性者，不起如是心。

यदपि तत्संसारे च दुःखदोषदर्शनं भवति निर्वाणे च सुखानुशंसदर्शनमेतदपि शुक्लांशस्य पुद्गलस्य गोत्रे सति भवति नाहेतुकं नाप्रत्ययमिति। यदि हि

तद्गोत्रमन्तरेण स्यादहेतुकमप्रत्ययं पापसमुच्छेदयोगेन तदिच्छन्तिकानामप्य-परिनिर्वाणगोत्राणां स्यात्। न च भवति तावद्यावदागन्तुकमलविशुद्धिगोत्रं त्रयाणा-मन्यतमधर्माधिमुक्तिं न समुदानयति सत्पुरुषसंसर्गादिचतुःशुक्लसमवधानयोगेन।

今译：见世间痛苦弊病，见涅槃快乐功德，这是由于有善根的人有种性，并非无因无缘。如果无种性，无因无缘，即使是无般涅槃性的一阐提，应该修行断除罪恶。若是种性没有清除客尘污垢，不虔信三乘法之一，不实行亲近善人等四善法，便不会产生这种见。

勒译：此偈明何義？凡所有見世間苦果者，凡所有見涅槃樂果者，此二種法，善根眾生有一切依因真如佛性，非離佛性無因緣故起如是心。偈言見苦果樂果，此依性而有故。若無因緣生如是心者，一闡提等無涅槃性，應發菩提心。偈言若無佛性者，不起如是心故。以性未離一切客塵煩惱諸垢，於三乘中未曾修習一乘信心，又未親近善知識等，亦未修習親近善知識因緣，是故《華嚴性起》中[①]言：

यत्र ह्याह। तत्र पश्चादन्तशो मिथ्यात्वनियतसंतानानामपि सत्त्वानां कायेषु तथागतसूर्यमण्डलरश्मयो निपतन्ति * * * अनागतहेतुसंजननतया संवर्धयन्ति च कुशलैर्धर्मैरिति। यत्पुनरिदमुक्तमिच्छन्तिको ऽत्यन्तमपरिनिर्वाणधर्मेति तन्महा-यानधर्मप्रतिघ इच्छन्तिकत्वे हेतुरिति महायानधर्मप्रतिघनिवर्तनार्थमुक्तं कालान्तराभिप्रायेण। न खलु कश्चित्प्रकृतिविशुद्धगोत्रसंभवादत्यन्ताविशुद्धिधर्मा भवितुमर्हति। यस्मादविशेषेण पुनर्भगवता सर्वसत्त्वेषु विशुद्धिभव्यतां संधायोक्तम्।

今译：经中说："乃至邪定聚众生身中，也有如来日轮光芒照耀。……产生未来之因，[②]增长善法。"还有，说一阐提终究无般涅槃性，是说毁谤大乘法是一阐提性的原因。依据暂时性这样说，是为了消除毁谤大乘法。由于有本性清净的种性，任何人都不可能终究无

① 此处"《华严性起》中"，据《中华大藏经》校勘记，诸本作"华严性起品"，即《华严经》中的《宝王如来性起品》。

② 此处原文有残缺，按照勒译，即"作彼众生利益，作未来因善根"。

清净性。由此，世尊依据一切众生无差别，都有清净可能性，而说：

勒译："次有乃至邪見聚等眾生身中，皆有如來日輪光照，作彼眾生利益，作未來因善根，增長諸白法故。"向說一闡提常不入涅槃，無涅槃性者。此義云何？為欲示現謗大乘因故。此明何義？為欲迴轉誹謗大乘心、不求大乘心故。依無量時[①]故，如是說。以彼實有清淨性故，不得說言彼常畢竟無清淨性。

अनादिभूतो ऽपि हि चावसानिकः
स्वभावशुद्धो ध्रुवधर्मसंहितः।
अनादिकोशैर्बहिर्वृतो न दृश्यते
सुवर्णबिम्बं परिच्छादितं यथा॥

今译：即使无始有终，自性
清净有永恒性，外有
无始库藏覆盖而不见，
如同金像完全被覆盖。

तत्र योगार्थमारभ्य श्लोकः।

今译：这里，关于相应义，有这首偈颂：

勒译：又依相應義故，說一偈：

महोदधिरिवामेयगुणरत्नाक्षयाकरः।
प्रदीपवदनिर्भागगुणयुक्तस्वभावतः॥४२॥

今译：无量功德宝无穷无尽似大海，
自性具有无差别功德似明灯。（42）

勒译：大海器寶水，無量不可盡，
如燈明觸色，性功德如是。

① 此处"无量时"的原文是 kālāntara，词义为间隔、另外的时间、一段时间或暂时。

तत्र पूर्वेण श्लोकार्धेन किं दर्शितम्।

今译：其中前半偈宣示什么意义？

勒译：此初半偈示現何義。偈言：

धर्मकायजिनज्ञानकरुणाधातुसंग्रहात्।
पात्ररत्नाम्बुभिः साम्यमुधेरस्य दर्शितम्॥ ४३ ॥

今译：由于总摄法身、胜者智和慈悲这些界，
宣示与大海相似，具有容器、珍宝和水。（43）

勒译：佛法身慧定，悲攝眾生性，
海珍寶水等，相似相對法。

त्रयाणां स्थानानां यथासंख्यमेव त्रिविधेन महासमुद्रसाधर्म्येण तथागतधातोर्हेतुसमन्वागममधिकृत्य योगार्थो वेदितव्यः। कतमानि त्रीणि स्थानानि। तद्यथा धर्मकायविशुद्धिहेतुः। बुद्धज्ञानसमुदागमहेतुः। तथागतमहाकरुणावृत्तिहेतुरिति। तत्र धर्मकायविशुद्धिहेतुर्महायानाधिमुक्तिभावना द्रष्टव्या। बुद्धज्ञानसमुदागमहेतुः प्रज्ञासमाधिमुखभवना। तथागतमहाकरुणाप्रवृत्तिहेतुर्बोधिसत्त्वकरुणाभावनेति। तत्र महायानाधिमुक्तिभावनाया भाजनसाधर्म्यं तस्यामपरिमेयाक्षयप्रज्ञासमाधिरत्नकरुणावारिसमवसरणात्। प्रज्ञासमाधिमुखभावनाया रत्नासाधर्म्यं तस्य निर्विकल्पत्वादचिन्त्यप्रभावगुणयोगाच्च। बोधिसत्त्वकरुणाभावनाया वारिसाधर्म्यं तस्याः सर्वजगति परमस्निग्धभावैकरसलक्षणप्रयोगादिति। एषां त्रयाणां धर्माणामनेन त्रिविधेन हेतुना तत्संबद्धःसमन्वागमो योग इत्युच्यते।

今译：应知相应义是关于如来界具有原因，依次在三方面与大海有三种相似。哪三方面？即法身清净因、佛智生起因和如来大慈悲展现因。其中，应知法身清净因是修习虔信大乘。佛智生起因是修习般若三昧门。如来大慈悲展现因是修习菩萨慈悲。其中，修习虔信大乘，与容器相似，因为其中充满无量无尽般若三昧珍宝和慈悲水。修习般

若三昧门，与珍宝相似，因为它无分别而具有不可思议威力功德。修习菩萨慈悲，与水相似，因为它对一切众生怀有至高温情，具有一味相。这三种法与这三种因结合，称为相应。

勒译：此偈明何義？以有三處故，次第有三種大海相似相對法，於如來性中依因畢竟成就相應義應知。何等三處？一者法身清淨因，二者集佛智因，三者得如來大悲因。法身清淨因者，信修行大乘，器相似相對法，以彼無量不可盡故。偈言佛法身故，海相似相對法故。集佛智因者，般若三昧，珍寶相似相對法。偈言慧定故，珍寶相似相對法故。得如來大悲因者，大慈悲心，水相似相對法。偈言悲攝眾生性故，水相似相對法故。又修行智慧三昧門，寶相似相對法。以彼無分別不可思議有大勢力功德相應故。又修行菩薩大悲，水相似相對法，以於一切眾生柔軟大悲，得一味等味相行故。如是彼三種法，此三種因和合，畢竟不相捨離，故名相應。

तत्रापरेण श्लोकार्धेन किं दर्शयति।

今译：其中后半偈宣示什么意义？

勒译：後半偈者，示現何義？偈言：

अभिज्ञाज्ञानवैमल्यतथताव्यतिरेकतः।
दीपालोकोष्णवर्णस्य साधर्म्यं विमलाश्रये ॥ ४४ ॥

今译：在无垢依处，神通、智慧和无垢性，
不离真如，与灯的光、热和色相似。（44）

勒译：通智及無垢，不離於真如，
如燈明煖色，無垢界相似。

त्रयाणां स्थानानां यथासंख्यमेव त्रिविधेन दीपसाधर्म्येण तथागतधातोः फलसमन्वागममधिकृत्य योगार्थो वेदितव्यः। कतमनि त्रीणि स्थानानि। तद्यथा।

अभिज्ञा आस्रवक्षयज्ञानमास्रवक्षयश्चेति। तत्र पञ्चानामभिज्ञानां ज्वालासाधर्म्यं तासामर्थानुभवज्ञानविपक्षान्धकारविधमनप्रत्युपस्थानलक्षणत्वात्। आस्रवक्षयज्ञानस्योष्णसाधर्म्यं तस्य निरवशेषकर्मक्लेशेन्धनदहनप्रत्युपस्थानलक्षणत्वात्। आश्रयपरिवृत्तेरास्रवक्षयस्य वर्णसाधर्म्यं तस्यात्यन्तविमलविशुद्धप्रभास्वरलक्षणत्वात्। तत्र विमलः क्लेशावरणप्रहाणात्। विशुद्धो ज्ञेयावरणप्रहाणात्। प्रभास्वरस्तदुभयागन्तुकताप्रकृतितः। इत्येषां समासतः सप्तानामभिज्ञाज्ञानप्रहाणसंगृहीतानामशैक्षसान्तानिकानां धर्माणामनास्रवधातावन्योन्यमविनिर्भगत्वमपृथग्भावो धर्मधातुसमन्वागमो योग इत्युच्यते। एष च योगार्थमारभ्य प्रदीपदृष्टान्तो विस्तरेण यथासूत्रमनुगन्तव्यः। तद्यथा शारिपुत्र प्रदीपः। अविनिर्भगधर्मा। अविनिर्मुक्तगुणः। यदुत आलोकोष्णवर्णताभिः। मणिर्वालोकवर्णसंस्थानैः। एवमेव शारिपुत्र तथगतनिर्दिष्टो धर्मकायो ऽविनिर्भागधर्माविनिर्मुक्तज्ञानगुणो यदुत गङ्गानदीवालिकाव्यतिवृत्तैस्तथागतधर्मैरिति।

今译：应知相应义是关于如来界具有果实，依次在三方面与灯有三种相似。哪三方面？即神通、漏尽智和漏尽。其中，五神通与光相似，因为它们具有这种相，即能消除阻碍智慧感知事物的愚暗。漏尽智与热相似，因为它具有这种相，即能彻底焚毁一切业和烦恼的燃料。转依漏尽与色相似，因为它具有这种相，即永远无垢、清净、光明。其中，无垢是断除烦恼障。清净是断除所知障。光明是这二障只是无自性的客尘。简而言之，它们是无学身[①]摄持的五神通、漏尽智和漏尽这七种法，在法界中互相不分离，无差别，而与法界结合，称为相应。关于相应义的这个灯喻，应该依据经中广说理解：“舍利弗啊，譬如灯，具有无分别性，不分离性，即不与光、热和色分离。或者，摩尼珠不与光、色和形分离。同样，舍利弗啊，如来宣示的法身具有无分别性，不分离智性，即不与超过恒河沙数的如来法分离。”

勒译：此偈明何義？有三處，次第三種燈相似相對法，於如來法界中依果相應義應知。何等三處？一者通，二者知漏盡智，三者漏盡。

① “无学身”（aśaikṣasāntānika）指达到阿罗汉果位者或菩萨在第十地所得之身。

此以何義？通者，有五通光明相似相對法，以受用事能散滅彼與智相違所治闇法[①]，能治相似相對法故。偈言通故，明故。知漏盡智者，無漏智，煖相似相對法，以能燒業煩惱無有餘殘，能燒相似相對法故。偈言智故，煖故。漏盡者，轉身漏盡，色相似相對法，以常無垢清淨光明具足，相無垢相似相對法故。偈言無垢故，色故。又無垢者，以離煩惱障故。清淨者，以離智障故。光明者，如自性清淨體，彼二[②]是客塵煩惱。如是略說六種無漏智，離煩惱無學身所攝法，於無漏法界中彼此迭共不相捨離，不差別法界平等畢竟，名相應義應知。

तत्र वृत्त्यर्थमारभ्य श्लोकः।

今译：这里，关于行[③]义，有这首偈颂：

勒译：又依行義故，說一偈：

पृथग्जनार्यसंबुद्धतथताव्यतिरेकतः।
सत्त्वेषु जिनगर्भो ऽयं देशितस्तत्त्वदर्शिभिः ॥ ४५ ॥

今译：由于凡夫、圣人和佛都不离真如，
见真实者宣示众生的这种胜者藏[④]。（45）

勒译：見實者說言，凡夫聖人佛，
眾生如來藏，真如無差別。

अनेन किं दर्शितम्।

今译：这首偈颂宣示什么意义？

勒译：此偈示現何義？偈言：

---

① 这句按照原文的意思是“能消除阻碍智慧感知事物的愚暗”。如果按照勒译的用词，可以理解为“能散灭与受用事智相违的所治暗法”。

② 此处“彼二”指烦恼障和所知障。

③ “行”的原词是 vṛtti，词义为行动、行为或活动。

④ “胜者藏”（jinagarbha）指佛藏，即如来藏。

पृथग्जना विपर्यस्ता दृष्टसत्या विपर्ययात्।
यथावदविपर्यस्ता निष्प्रपञ्चास्तथागताः ॥ ४६ ॥

今译：凡夫颠倒，而见真谛者相反，
如实不颠倒，如来摒弃戏论。（46）

勒译：凡夫心顛倒，見實異於彼，
如實不顛倒，諸佛離戲論。

यदिदं तथागतधातोः सर्वधर्मतथताविशुद्धिसामान्यलक्षणमुपदिष्टं प्रज्ञापारमितादिषु निर्विकल्पज्ञानमुखाववादमारभ्य बोधिसत्त्वानामस्मिन्समासतस्त्रयाणां पुद्गलानां पृथग्जनस्यातत्त्वदर्शिन आर्यस्य तत्त्वदर्शिनो विशुद्धिनिष्ठागतस्य तथागतस्य त्रिधा भिन्ना प्रवृत्तिर्वेदितव्या। यदुत विपर्यस्ताविपर्यस्ता सम्यगविपर्यस्ता निष्प्रपञ्चा च यथाक्रमम्। तत्र विपर्यस्ता संज्ञाचित्तदृष्टिविपर्यासाद्बालानाम्। अविपर्यस्ता विपर्ययेण तत्प्रहाणादार्याणाम्। सम्यगविपर्यस्ता निष्प्रपञ्चा च सवासनक्लेशज्ञेयावरणसमुद्घातात्सम्यक्सम्बुद्धानाम्।

今译：在为菩萨宣示无分别智门的般若波罗蜜中，指出法界的一切法真如清净共相。简而言之，依此有三种人，凡夫不见真实，圣人见真实，如来达到终极清净，应知这三种不同的行为，即依次为颠倒、不颠倒以及完全不颠倒和摒弃戏论。其中，颠倒是愚夫的想、心和见颠倒。不颠倒是圣人与此相反，断除颠倒。完全不颠倒和摒弃戏论是正等觉灭除烦恼障和所知障及其习气。

勒译：此偈明何義？向明如來法界中一切法真如清淨明同相，依般若波羅蜜無分別智法門等，為諸菩薩摩訶薩說。此以何義？略明依三種人。何等為三？一者不實見凡夫，二者實見聖人，三者畢竟成就如來法身，是名三種行應知。應云何知？謂取顛倒，離顛倒，離戲論，如是次第。此以何義？取顛倒者，謂諸凡夫三種虛妄想心見故。偈言凡夫心顛倒故。離顛倒者，以聖人遠離虛妄想心見故。偈言見實異於彼故。離戲論者，正離顛倒及諸戲論，以煩惱障、智障及煩惱習氣諸佛如來根本永盡故。偈言如實不顛倒，諸佛離戲論故。

अतः परमेतमेव वृत्त्यर्थमारभ्य तदन्ये चत्वारो ऽर्थाः प्रभेदनिर्देशादेव वेदितव्याः। तत्रैषां त्रयाणां पुद्गलानामवस्थाप्रभेदार्थमारभ्य श्लोकः।

今译：然后，依据宣示的差别，应知关于行义的另外四种意义。其中，关于这三种人的状况差别义，有这首偈颂：

勒译：自此以下即依此行，餘四種義廣差別說應知。又復即依彼三種人依時差別故，說一偈：

अशुद्धो ऽशुद्धशुद्धो ऽथ सुविशुद्धो यथाक्रमम्।
सत्त्वधातुरिति प्रोक्तो बोधिसत्त्वस्तथागतः ॥ ४७ ॥

今译：不清净、清净不清净和完全清净，
依次是说众生界、菩萨和如来。（47）

勒译：有不淨有淨[1]，及以善淨等，
如是次第說，眾生菩薩佛。

अनेन किं दर्शितम्।

今译：这首偈颂宣示什么意义？

勒译：此偈示現何義？偈言：

स्वभावादिभिरित्येभिः षड्भिरर्थैः समासतः।
धातुस्त्रिसृष्ववस्थासु विदितो नामभिस्त्रिभिः ॥ ४८ ॥

今译：简而言之，依据自性等六种意义，
界按照三种状况，有三种名称。（48）

勒译：體等六句義，略明法性體，
次第三時中，說三種名字。

① 此处“有净”，据《中华大藏经》校勘记，诸本作“杂净”。

इति ये केचिदनास्रवधातुनिर्देशा नानाधर्मपर्यायमुखेषु भगवता विस्तरेण निर्दिष्टाः सर्वे त एभिरेव समासतः षड्भिः स्वभावहेतुफलकर्मयोगवृत्त्यर्थैः संगृहीतास्तिसृष्ववस्थासु यथाक्रमं त्रिनामनिर्देशतो निर्दिष्टा वेदितव्याः। यदुताशुद्धावस्थायां सत्त्वधातुरिति। अशुद्धशुद्धावस्थायां बोधिसत्त्व इति। सुविशुद्धावस्थायां तथागत इति। यथोक्तं भगवता। अयमेव शारिपुत्र धर्मकायो ऽपर्यन्तक्लेशकोशकोटिगूढः। संसारस्रोतसा उह्यमानो ऽनवराग्रसंसारगतिच्युत्युपपत्तिषु संचरन्सत्त्वधातुरित्युच्यते। स एव शारिपुत्र धर्मकायः संसारस्रोतोदुःखनिर्विण्णो विरक्तः सर्वकामविषयेभ्यो दशपारमितान्तर्गतैश्चतुरशीत्या धर्मस्कन्धसहस्रैर्बोधाय चर्यां चरन्बोधिसत्त्व इत्युच्यते। स एव पुनः शारिपुत्र धर्मकायः सर्वक्लेशकोशपरिमुक्तः सर्वदुःखातिक्रान्तः सर्वोपक्लेशमलापगतः शुद्धो विशुद्धः परमपरिशुद्धधर्मतायां स्थितः सर्वसत्त्वालोकनीयां भूमिमारूढः सर्वस्यां ज्ञेयभूमावद्वितीयं पौरुषं स्थाम प्राप्तो ऽनावरणधर्माप्रतिहतसर्वधर्मैश्वर्यबलतामधिगतस्तथागतो ऽर्हन्सम्यक्संबुद्ध इत्युच्यते।

今译：世尊在种种法门中广说无漏界，简而言之，总括为自性、因、果、业、相应和行六种意义，应知依次按照三种状况，以三种名称宣示。按照不清净状况，称为众生界。按照清净不清净状况，称为菩萨。按照完全清净状况，称为如来。如世尊说：“舍利弗啊，这法身覆盖有无边际烦恼库藏，随轮回波涛漂流，在无始轮回中生生死死，称为众生界。舍利弗啊，这法身厌离轮回波涛痛苦，摒弃一切欲望对象，依据包含十波罗蜜[①]的八万四千法门修行，求取菩提，称为菩萨。舍利弗啊，这法身摆脱一切烦恼库藏，超越一切痛苦，消除一切随烦恼[②]污垢，纯洁，清净，住于至上清净法性，登上一切众生仰望之地，获得一切所知领域中独一无二的威力，获得无所障碍一切法自在力，称为如来、阿罗汉、正等觉。”

---

① “十波罗蜜”（daśapāramitā）指通常所说的六波罗蜜，即布施（dāna）、持戒（śīla）、忍辱（kṣānti，或译“安忍”）、精进（vīrya）、禅定（dhyāna，或译“静虑”）和般若（prajñā，或译“智慧”），加上方便（upāya）、愿（praṇidhāna）、力（bala）和智（jñāna），构成十波罗蜜。

② “随烦恼”（upakleśa）指依随根本烦恼的种种烦恼，也泛指一切烦恼。

勒译：此偈明何義？謂向所明無漏法性，如來廣說種種法門。彼諸法門略說依於六種句義，所謂攝聚體、因、果、業、相應及行。偈言體等六句義，略明法性體故。於三時中，次第依彼三種名字畢竟應知。偈言次第三時中，說三種名字故。此以何義？謂不淨時，名為眾生。偈言有不淨故。不淨淨時，名為菩薩。偈言有淨[①]故。於善淨時，名為如來。偈言及以善淨故。以是義故，《不增不減經》言："舍利弗！即此法身過於恒沙、無量煩惱所纏，從無始來隨順世間生死濤波去來生退，名為眾生。舍利弗！即此法身厭離世間生死苦惱，捨一切欲，行十波羅蜜，攝八萬四千法門，修菩提行，名為菩薩。舍利弗！即此法身得離一切煩惱使纏，過一切苦，離一切煩惱垢，得淨得清淨，得住彼岸清淨法中，到一切眾生所觀之地，於一切境界中更無勝者，離一切障，離一切礙，於一切法中得自在力，名為如來、應、正遍知故。偈言如是次第說眾生、菩薩、佛故。

तास्वेव तिसृष्ववस्थासु तथागतधातोः सर्वत्रगार्थमारभ्य श्लोकः।

今译：关于在这三种状况中，如来法界遍及一切义，有这首偈颂：

勒译：自此以下即依彼三時，明如來法性遍一切處故，說一偈：

**सर्वत्रानुगतं यद्वन्निर्विकल्पात्मकं नभः।
चित्तप्रकृतिवैमल्यधातुः सर्वत्रगस्तथा ॥ ४९ ॥**

今译：犹如虚空无分别，遍及一切，
　　　心本性无垢界同样遍及一切。（49）

勒译：如空遍一切，而空無分別，
　　　自性無垢心，亦遍無分別。

अनेन किं दर्शितम्।

---

① 此处"有净"，据《中华大藏经》校勘记，诸本作"杂净"。

今译：这首偈颂宣示什么意义？

勒译：此偈示現何義？偈言：

तद्दोषगुणनिष्ठासु व्यापि सामान्यलक्षणम्।
हीनमध्यविशिष्टेषु व्योम रूपगतेष्विव ॥ ५० ॥

今译：共相遍及弊病、功德和终极，
犹如虚空遍及下、中和上色。（50）

勒译：過功德畢竟，遍至及同相，
下中勝眾生，如虛空中色。

यासौ पृथग्जनार्यसंबुद्धानामविकल्पचित्तप्रकृतिः सा तिसृष्ववस्थासु यथाक्रमं दोषेष्वपि गुणेष्वपि गुणविशुद्धिनिष्ठायामपि सामान्यलक्षणत्वादाकाशमिव मृद्रजतसुवर्णभाजनेष्वनुगतानुप्रविष्टा समा निर्विशिष्टा प्राप्ता सर्वकालम्। अत एवावस्थानिर्देशानन्तरमाह। तस्माच्छारिपुत्र नान्यः सत्त्वधातुर्नान्यो धर्मकायः। सत्त्वधातुरेव धर्मकायः। धर्मकाय एव सत्त्वधातुः। अद्वयमेतदर्थेन। व्यञ्जनमात्रभेद इति।

今译：凡夫、圣人和佛的无分别心本性依次在三种状况中，即弊病、功德和功德清净终极中，由于这种共相，而如同虚空遍及泥制、银制和金制器具，永远平等无分别。因此，在宣示状况后，接着说：“因此，舍利弗啊，众生界和法身互不相异。众生界即法身，法身即众生界。它们的意义不二，只是名称有别。”

勒译：此偈明何義？所有凡夫、聖人、諸佛如來，自性清淨心平等無分別。彼清淨心於三時中，次第於過失時、於功德時、於功德清淨畢竟時，同相無差別，猶如虛空在瓦、銀、金三種器中平等無異無差別，一切時有。以是義故，經中說有三時次第。如《不增不減經》言：“舍利弗！不離眾生界有法身，不離法身有眾生界。眾生界即法身，法身即眾生界。舍利弗！此二法者，義一名異故。”

एतास्वेव तिसृष्ववस्थासु तथागतधातोः सर्वत्रगस्यापि तत्संक्लेश-व्यवदानाभ्यामविकारार्थमारभ्य चतुर्दश श्लोकाः। अयं च तेषां पिण्डार्थो वेदितव्यः।

今译：在这三种状况中，如来界遍及一切，不因污染或清净而变异。关于这种不变异义，有十四首偈颂。应知这首偈颂是它们的总义：

勒译：自此已下，即依此三時，明如來法性遍至一切處，依染淨時不變不異。有十五偈，此等諸偈略說要義應知。偈言：

दोषागन्तुकतायोगाद्गुणप्रकृतियोगतः।
यथा पूर्वं तथा पश्चादविकारित्वधर्मता ॥ ५१ ॥

今译：弊病与客尘相应，功德与本性相应，
然而不变异法性，无论前后都相同。（51）

勒译：諸過客塵來，性功德相應，
真法體不變，如本後亦爾。

द्वादशभिरेकेन च श्लोकेन यथाक्रममशुद्धावस्थायामशुद्धशुद्धावस्थायां च क्लेशोपक्लेशदोषयोरागन्तुकयोगांच्चतुर्दशमेन श्लोकेन सुविशुद्धावस्थायां गङ्गानदी-वालुकाव्यतिवृत्तैरविनिर्भागैरमुक्तज्ञैरचिन्त्यैर्बुद्धगुणैः प्रकृतियोगादाकाशधातोरिव पौर्वापर्येण तथागतधातोरत्यन्ताविकारधर्मता परिदीपिता। तत्राशुद्धावस्थायाम-विकारार्थमारभ्य कतमे द्वादश श्लोकाः

今译：前十二首偈颂和下一首偈颂依次说明不清净状况和清净不清净状况中的烦恼和随烦恼两种弊病与客尘相应。第十四首偈颂依据完全清净状况中超过恒河沙数、无分别和不分离智的不可思议佛功德与本性相应，说明如同虚空界，如来的无论前后永远不变异法性。哪十二首偈颂？

勒译：此偈明何義？偈言：

十一偈及二，次第不淨時，
煩惱客塵過，第十四十五，
於善淨時中，過恒沙佛法，
不離脫思議，佛自性功德，
本際中間際，及以後際等，
如來真如性，體不變不異。

初依不淨時不變不異，十一偈者：

यथा सर्वगतं सौक्ष्म्यादाकाशं नोपलिप्यते।
सर्वत्रावस्थितः सत्त्वे तथायं नोपलिप्यते ॥ ५२ ॥

今译：正如虚空遍及一切，由于细微而不受污染，
同样，它住于众生，遍及一切，不受污染。（51）

勒译：如虛空遍至，體細塵不染，
佛性遍眾生，諸煩惱不染。

यथा सर्वत्र लोकानामाकाश उदयव्ययः।
तथैवासंस्कृते धाताविन्द्रियाणां व्ययोदयः ॥ ५३ ॥

今译：正如一切世间在虚空中生灭，
同样，诸根在无为界中生灭。（53）

勒译：如一切世間，依虛空生滅，
依於無漏界，有諸根生滅。

यथा नाग्निभिराकाशं दग्धपूर्वं कदाचन।
तथा न प्रदहत्येनं मृत्युव्याधिजराग्नयः ॥ ५४ ॥

今译：正如任何时候火都不能焚烧虚空，
同样，老病死之火都不能焚烧它。（54）

勒译：火不燒虛空，若燒無是處，
如是老病死，不能燒佛性。

पृथिव्यम्बौ जलं वायौ वायुर्व्योम्नि प्रतिष्ठितः।
अप्रतिष्ठितमाकाशं वाय्वम्बुक्षितिधातुषु ॥ ५५ ॥

今译：地依水，水依风，风依空，
而空不依风、水和地界。（55）

勒译：地依於水住，水復依於風，
風依於虛空，空不依地等。

स्कन्धधात्विन्द्रियं तद्वत्कर्मक्लेशप्रतिष्ठितम्।
कर्मक्लेशाः सदायोनिमनस्कारप्रतिष्ठिताः ॥ ५६ ॥

今译：同样，蕴界诸根依于业烦恼，
业烦恼永远依于不如理思惟。（56）

勒译：如是陰界根，住煩惱業中，
諸煩惱業等，住不善思惟。

अयोनिशोमनस्कारश्चित्तशुद्धिप्रतिष्ठितः।
सर्वधर्मेषु चित्तस्य प्रकृतिस्त्वप्रतिष्ठिता ॥ ५७ ॥

今译：不如理思惟依于清净心，
而心本性不依于一切法。（57）

勒译：不善思惟行，住清淨心中，
自性清淨心，不住彼諸法。

पृथिवीधातुवज्ज्ञेयाः स्कन्धायतनधातवः।
अब्धातुसदृशा ज्ञेयाः कर्मक्लेशाः शरीरिणाम्॥ ५८ ॥

今译：应知蕴处界如同地界，

众生业烦恼如同水界。（58）

勒译：陰入界如地，煩惱業如水。

अयोनिशोमनस्कारो विज्ञेयो वायुधातुवत्।
तदमूलाप्रतिष्ठाना प्रकृतिर्व्योमधातुवत्॥ ५९ ॥

今译：应知不如理思惟如同风界，

本性无所根基如同虚空界。（59）

勒译：不正念如風，淨心界如空。

चित्तप्रकृतिमालीनायोनिशो मनसः कृतिः।
अयोनिशोमनस्कारप्रभवे क्लेशकर्मणी ॥ ६० ॥

今译：依心本性生起不如理思惟，

依不如理思惟生起烦恼业。（60）

勒译：依性起邪念，念起煩惱業。

कर्मक्लेशाम्बुसंभूताः स्कन्धायतनधातवः।
उत्पद्यन्ते निरुध्यन्ते तत्संवर्तविवर्तवत्॥ ६१ ॥

今译：依业烦恼水生起蕴处界，

有生有灭如同世界成坏。（61）

勒译：依因煩惱業，能起陰入界，

依止於五陰，界入等諸法，

有諸根生滅，如世界成壞。

न हेतुः प्रत्ययो नापि न सामग्री न चोदयः।
न व्ययो न स्थितिश्चित्तप्रकृतेर्व्योमधातुवत्॥ ६२ ॥

今译：无因，无缘，无和合，无生，
无灭，无住，心本性如虚空。（62）

勒译：淨心如虚空，無因復無緣，
及無和合義，亦無生住滅。

चित्तस्य यासौ प्रकृतिः प्रभास्वरा
न जातु सा द्यौरिव याति विक्रियाम्।
आगन्तुकै रागमलादिभिस्त्वसा-
वुपैति संक्लेशमभूतकल्पजैः ॥ ६३ ॥

今译：心的本性光明，确实，
如同虚空永远无变异，
由于不实妄想产生贪欲
污垢等客尘，而受污染。（63）

勒译：如虚空淨心，常明无轉變，
為虚妄分别，客塵煩惱染。

कथमनेनाकाशदृष्टान्तेन तथागतधातोरशुद्धावस्थायामविकारधर्मता परिदीपिता। तदुच्यते।

今译：这个虚空喻怎样说明如来界在不清净状况中无变异法性？回答是：

勒译：此虚空譬喻偈示現何義？明如來性，依不淨時法體不變。偈言：

नाभिनिर्वर्तयत्येनं कर्मक्लेशाम्बुसंचयः
न निर्दहत्युदीर्णो ऽपि मृत्युव्याधिजरानलः ॥ ६४ ॥

今译：业烦恼大水不能产生它，
老病死烈火不能焚烧它。（64）

勒译：不正思惟風，諸業煩惱水，
自性心虛空，不為彼二生；
自性清淨心，其相如虛空，
邪念思惟風，所不能散壞。[①]
諸業煩惱水，所不能濕爛，
老病死熾火，所不能燒燃。

यद्वदयोनिशोमनस्कारवातमण्डलसंभूतं कर्मक्लेशोदकराशिं प्रतीत्य स्कन्धधात्वायतनलोकनिर्वृत्त्या चित्तप्रकृतिव्योमधातोर्विवर्तो न भवति। तद्वदयोनिशोमनस्कारकर्मक्लेशवाय्वप्स्कन्धप्रतिष्ठितस्य स्कन्धधात्वायतनलोकस्यास्तंगमाय मृत्युव्याधिजराग्निस्कन्धसमुदयादपि तदसंवर्तो वेदितव्यः। इत्येवमशुद्धावस्थायां भाजनलोकवदशेषक्लेशकर्मजन्मसंक्लेशसमुदयास्तगमं ऽप्याकाशवदसंस्कृतस्य तथागतधातोरनुत्पादानिरोधादत्यन्तमविकारधर्मता परिदीपिता।

今译：正如不如理思惟风轮产生业烦恼大水，由此生起蕴界处世界，而不生起如同虚空界的心本性。同样，应知依于不如理思惟风和烦恼水的蕴界处世界，由于老病死火蕴燃烧，遭到毁灭，而它不毁灭。这样，在不清净状况中，即使一切烦恼、业和生污染如同器世间有生有灭，而无为如来界如同虚空无生无灭，由此说明永恒不变异法性。

勒译：此偈明何義？如依邪念風轉[②]起業煩惱水聚。依業煩惱水聚，生陰界入世間，而自性心虛空不生不起。偈言不正思惟風，諸業煩惱水，自性心虛空，不為彼二生故。如是依邪念風災，業行煩惱水災，老病死等火災，吹浸燒壞陰入界世間，而自性清淨心虛空常住不壞。如是於不淨時中器世間相似相對法，諸煩惱染、業染、生染有集有滅，諸佛如來無為之性，猶如虛空不生不滅，常不變易，示現法體。

① 这首偈颂（按勒译计数，则是两偈）不见于原文，但与下面释文中的内容一致。
② 此处“转”字，据《中华大藏经》校勘记，诸本作“轮”。

एष च प्रकृतिविशुद्धिमुखं धर्मालोकमुखमारभ्याकाशदृष्टान्तो विस्तरेण यथासूत्रमनुगन्तव्यः। छविर्मार्षाः क्लेशाः। आलोको विशुद्धिः। दुर्बलाः क्लेशाः। बलवती विपश्यना। आगन्तुकाः क्लेशाः। मूलविशुद्धा प्रकृतिः। परिकल्पाः क्लेशाः। अपरिकल्पा प्रकृतिः। तद्यथा मार्षा इयं महापृथिव्यप्सु प्रतिष्ठिता। आपो वायौ प्रतिष्ठिताः। वायुराकाशे प्रतिष्ठितः। अप्रतिष्ठितं चाकाशम्। एवमेषां चतुर्णां धातूनां पृथिवीधातोरब्धातोर्वायुधातोराकाशधातुरेव बली यो दृढो ऽचलो ऽनुपचयो ऽनपचयो ऽनुत्पन्नो ऽनिरुद्धः स्थितः स्वरसयोगेन। तत्र य एते त्रयो धातवस्त उत्पादभङ्गयुक्ता अनवस्थिता अचिरस्थायिनः। दृश्यत एषां विकारो न पुनराकाशधातोः कश्चिद्विकारः। एवमेव स्कन्धधात्वायतनानि कर्मक्लेश-प्रतिष्ठितानि। कर्मक्लेशा अयोनिशोमनस्कारप्रतिष्ठिताः। अयोनिशोमनस्कारः प्रकृतिपरिशुद्धिप्रतिष्ठितः। तत उच्यते प्रकृतिप्रभास्वरं चित्तमागन्तुकैरुपक्लेशैरुपक्लिश्यत इति।

今译：关于这种本性清净门、法光门的虚空喻，应该依据经中广说理解："诸位贤士啊，黑暗①是烦恼，光明是清净。羸弱是烦恼，有力是观想。客尘是烦恼，根本清净是本性。分别是烦恼，不分别是本性。诸位贤士啊，正如大地依于水，水依于风，风依于空，而空无所依。这样，在这四界中，与地界、水界和风界相比，空界有力，坚固，不动，不增，不减，不生，不灭，凭自性②安住。这里，其他三界有生，有灭，不安住，不持久。可以看到它们有变异，而虚空界没有任何变异。这样，蕴界处依于业烦恼。业烦恼依于不如理思惟。不如理思惟依于本性清净。因此说心本性光明，受客尘随烦恼污染。"

勒译：此自性清淨法門虛空譬喻，如《陀羅尼自在王菩薩修多羅》中廣說應知。彼經中言："諸善男子！煩惱本無體，真性本明淨。一切煩惱羸薄，毗婆舍那③有大勢力。一切煩惱客塵，自性清淨心根本。

---

① 此处"黑暗"的原词是 chavi，词义为皮或兽皮，在这里喻指黑暗。
② 此处"自性"的原词 svarasa，词义为自味，引申义为自己的性情或自然而然，故而"凭自性安住"，勒译"自然而住"。
③ "毗婆舍那"是 vipaśyanā（"观"或"观想"）一词的音译。

一切諸煩惱虛妄分別，自性清淨心如實不分別。諸佛子！譬如大地依水而住，水依風住，風依空住，而彼虛空無依住處。諸善男子！如是四大，地大、水大、風大、空大。此四大中，唯虛空大以為最勝，以為大力，以為堅固，以為不動，以為不作，以為不散，不生不滅，自然而住。諸善男子！彼三種大生滅相應，無實體性剎那不住。諸佛子！此三種大變異無常。諸佛子！而虛空界常不變異。諸佛子！如是陰界入依業煩惱住，諸煩惱業依不正思惟住，不正思惟依於佛性自性清淨心住。”

तत्र पश्चाद्यो ऽयोनिशोमनस्कारो ये च कर्मक्लेशा यानि च स्कन्धधात्वायतनानि सर्व एते धर्मा हेतुप्रत्ययसंगृहीता उत्पद्यन्ते हेतुप्रत्ययविसामग्रया निरुध्यन्ते। या पुनः सा प्रकृतिस्तस्या न हेतुर्न प्रत्ययो न सामग्री नोत्पादो न निरोधः। तत्र यथाकाशधातुस्तथा प्रकृतिः। यथा वायुधातुस्तथायोनिशोमनसिकारः। यथाब्धातुस्तथा कर्मक्लेशाः। यथा पृथिवीधातुस्तथा स्कन्धधात्वायतनानि। तत उच्यन्ते मूलपरिच्छिन्नाः सर्वधर्मा असारमूला अप्रतिष्ठानमूलाः शुद्धमूला अमूलमूला इति।

今译：这里，接着又说：“不如理思惟、业烦恼和蕴界处，所有这些法因缘和合而生，因缘瓦解而灭。而本性无因，无缘，无和合，不生不灭。这里，本性如同虚空界。不如理思惟如同风界。业烦恼如同水界。蕴界处如同地界。因此说，一切法断绝根，无坚实根，无所住根，根本清净，根本无根。”

勒译：以是義故，經中說言：“自性清淨心客塵煩惱染。諸善男子！所有邪念，所有煩惱業，所有陰界入，如是諸法從於因緣和合而生，以諸因緣壞散而滅。諸善男子！彼自性清淨心無因無緣故，無和合，不生不滅。諸善男子！如虛空界，自性清淨心亦復如是。如風大界，不正思惟亦復如是。如水大海，諸業煩惱亦復如是。如地大界，陰界入等亦復如是。是故說言一切諸法皆無根本，皆無堅實，無住無住本，根本清淨，無根本故。”

उक्तमशुद्धावस्थायामविकारलक्षणमारभ्य प्रकृतेराकाशधातुसाधर्म्यं तदाश्रितस्यायोनिशोमनसिकारस्य कर्मक्लेशानां च हेतुलक्षणमारभ्य वायुधातुसाधर्म्यमब्धातुसाधर्म्यं च तत्प्रभवस्य स्कन्धधात्वायतनस्य विपाकलक्षणमारभ्य पृथिवीधातुसाधर्म्यम्। तद्विभवकारणस्य तु मृत्युव्याधिजराग्नेरुपसर्गलक्षणमारभ्य तेजोधातुसाधर्म्यं नोक्तमिति तदुच्यते।

今译：已经说明不清净状况中的不变异相，本性与虚空界相似。依于本性的不如理思惟和业烦恼的因相，与风界和水界相似。由它们产生的蕴界处的果相，与地界相似。还没有说明成为它们毁灭的原因的老病死之火的灾祸相，与火界相似。因此说：

勒译：已說不淨時中，依無分別相，自性清淨心虛空界相似相對法。已說依彼起不正念風界相似相對法。已說依不正念諸業煩惱因相水界相似相對法。已說依彼生陰界入果相轉變地相似相對法。未說彼焚燒死病老等諸過患相火相似相對法。是故次說偈言：

त्रयो ऽग्नयो युगान्ते ऽग्निर्नारकः प्राकृतः क्रमात्।
त्रयस्त उपमा ज्ञेया मृत्युव्याधिजराग्नयः ॥ ६५ ॥

今译：三种火依次是劫火、地狱火和日常火，
应知以这三种火比喻老、病和死之火。（65）

勒译：有三火次第，劫燒人地獄，
能作種種苦，能熟諸行相[①]。

त्रिभिः कारणैर्यथाक्रमं मृत्युव्याधिजराणामग्निसाधर्म्यं वेदितव्यम्। षडायतननिर्ममीकरणतो विचित्रकारणानुभवनतः संस्कारपरिपाकोपनयनतः। एभिरपि मृत्युव्याधिजराग्निभिरविकारत्वमारभ्य तथागतधातोरशुद्धावस्थायामिदमुक्तम्। लोकव्यवहार एष भगवन्मृत इति वा जात इति वा। मृत इति

① 此处“相”字，据《中华大藏经》校勘记，诸本作“根”。

भगवन्निन्द्रियोपरोध एषः। जात इति भगवन्नवानामिन्द्रियाणां प्रादुर्भाव एष। न पुनर्भगवंस्तथागतगर्भो जायते वा जीर्यति वा म्रियते वा च्यवते वोत्पद्यते वा। तत्कस्माद्धेतो। संस्कृतलक्षणविषयव्यतिवृत्तो भगवंस्तथागतगर्भो नित्यो ध्रुवः शिवः शाश्वत इति।

今译：应知老病死之火依次与三种原因相似：造成六处毁灭[1]，感受种种痛苦折磨[2]，造成诸行成熟[3]。即使有老病死之火，如来界在不清净状况中不变异。经中说："世尊啊，世间通常说死，或说生。世尊啊，所谓死是诸根灭。世尊啊，所谓生是诸根生。然而，世尊啊，如来藏不生，不老，不死，不坠落，不产生。为什么？世尊啊，如来藏超越有为相境界，恒常，坚固，清凉，永久。"

勒译：此偈明何義？明此三法，老病死火，於不淨時中不能變異彼如來藏。是故，《聖者勝鬘經》言："世尊！生死者，依世諦故說有生死。世尊！死者，諸根壞。世尊！生者，新諸根起。世尊！而如來藏不生，不死，不老，不變。何以故？世尊！如來藏者，離有為相境界。世尊！如來藏者，常恒清涼不變故。"

तत्राशुद्धशुद्धावस्थायामविकारार्थमारभ्य श्लोकः।

今译：这里，关于在清净不清净状况中不变异义，有这首偈颂：

勒译：已說依不淨時不變不異。次說依淨不淨時不變不異故，說二偈：

निर्वृत्तिव्युपरमरुग्जराविमुक्तां
अस्यैव प्रकृतिमनन्यथावगम्य।

① 此处"毁灭"的原词是 nirmamīkaraṇa，词义为造成无我所有。"六处"（即眼、耳、鼻、舌、身和意）无我所有，即诸根毁灭而死亡。

② 此处"痛苦折磨"的原词是 karaṇā，是混合梵语用词，词义为折磨或痛苦。

③ 以上三句是说分别与死、病和老相似。

जन्मादिव्यसनमृते ऽपि तन्निदानं
धीमन्तो जगति कृपोदयाद्भजन्ते ॥ ६६ ॥

今译：已经如实知道它的本性不变异，
无生，无灭，摆脱疾病和衰老，
智者即使没有生等祸患，怜悯
世间，仍然示现它们的原因。（66）

勒译：菩薩摩訶薩，如實知佛性，
不生亦不滅，復無老病等，
菩薩如是知，得離於生死，
憐愍眾生故，示現有生滅。

अनेन किं दर्शयति।

今译：这首偈颂宣示什么意义？

勒译：此偈示現何義？偈言：

मृत्युव्याधिजरादुःखमूलमार्यैरपोद्धृतम्।
कर्मक्लेशवशाज्जातिस्तदभावान्न तेषु तत्॥ ६७ ॥

今译：圣人们拔除老病死的痛苦之根，
生依烦恼业，他们无生而无根。（67）

勒译：老病死諸苦，聖人永滅盡，
依業煩惱生，諸菩薩無彼。

अस्य खलु मृत्युव्याधिजरादुःखवह्नेरशुद्धावस्थायामयोनिशोमनसिकारकर्मक्लेशपूर्विका जातिरिन्धनमिवोपादानं भवति। यस्य मनोमयात्मभावप्रतिलब्धेषु बोधिसत्त्वेषु शुद्धाशुद्धावस्थायामत्यन्तमनाभासगमनादितरस्यात्यन्तमनुज्ज्वलनं प्रज्ञायते।

今译：确实，在不清净状况中，依于不如理思惟和业烦恼的生，成为这种老病死痛苦的原因，如同燃料是火的原因。而在清净不清净状况中，菩萨获得意成身，永不显现这种原因，永无这种燃烧的火。

勒译：此偈明何義？明此老病死等苦火於不淨時，依業煩惱本生，如世間火依薪本生。以諸菩薩得生意生身，於淨不淨時，畢竟永滅盡。以是義故，諸業煩惱等常不能燒燃。而依慈悲力故，示現生老病死，而遠離生等，以見如實故。[①]

जन्ममृत्युजराव्याधीन्दर्शयन्ति कृपात्मकाः।
जात्यादिविनिवृत्ताश्च यथाभूतस्य दर्शनात्॥ ६८ ॥

今译：他们具有如实见，已经灭除生等，
然而，心怀慈悲，示现生老病死。（68）

कुशलमूलसंयोजनाद्धि बोधिसत्त्वाः संचिन्त्योपपत्तिवशितासंनिःश्रयेण करुणया त्रैधातुके संश्लिष्यन्ते। जातिमप्युपदर्शयन्ति जरामपि व्याधिमपि मरणमप्युपदर्शयन्ति। न च तेषामिमे जात्यादयो धर्माः संविद्यन्ते। यथापि तदस्यैव धातोर्यथाभूतमजात्यनुत्पत्तिदर्शनात्। सा पुनरियं बोधिसत्त्ववस्था विस्तरेण यथासूत्रमनुगन्तव्या।

今译：由于菩萨受善根束缚[②]，依据自愿受生自在力，心怀慈悲，住于三界。他们示现生，示现老、病和死。而他们自己并没有生等这些法。因为他们如实见这种界[③]无生无起。应该依据经中广说理解这种菩萨状况。

勒译：以是義故，諸菩薩摩訶薩依善根結使[④]生，非依業煩惱結

① 勒译这段释文中的后面部分相当于原文第 68 首偈颂。
② “菩萨受善根束缚”也就是后面释文中所说“菩萨具有善根的烦恼”。
③ 此处“这种界”指如来界，勒译“真如佛性”。
④ 此处“结使”的原词是 saṃyojana，词义为连接、结合或束缚。

使生。以依心自在力生，依大悲力現於三界，示現生、示現老、示現病、示現死。而彼無有生老病死諸苦等法，以如實見真如佛性不生不滅。是名不淨淨時，如修多羅中依愛[1]無漏業根本煩惱廣說應知。

यदाह। कतमे च ते संसारप्रवर्तकाः कुशलमूलसंप्रयुक्ताः क्लेशाः। यदुत पुण्यसंभारपर्येष्ट्यतृप्तता। संचिन्त्यभवोपपत्तिपरिग्रहः। बुद्धसमवधानप्रार्थना। सत्त्वपरिपाकापरिखेदः। सद्धर्मपरिग्रहोद्योगः। सत्त्वकिंकरणीयोत्सुकता। धर्मरागानुशयानुत्सर्गः। पारमितासंयोजनानामपरित्यागः। इत्येते सागरमते कुशलमूलसंप्रयुक्ताः क्लेशा यैर्बोधिसत्त्वाः संश्लिष्यन्ते। न खलु क्लेशदोषैर्लिप्यन्ते। आह पुनः। यदा भगवन्कुशलमूलानि तत्केन कारणेन क्लेशा इत्युच्यन्ते। आह। तथा हि सागरमते एभिरेवंरूपैः क्लेशैर्बोधिसत्त्वास्त्रैधातुके श्लिष्यन्ते। क्लेशसंभूतं च त्रैधातुकम्। तत्र बोधिसत्त्वा उपायकौशलेन च कुशलमूलबलान्वाधानेन च संचिन्त्य त्रैधातुके श्लिष्यन्ते। तेनोच्यन्ते कुशलमूलसंप्रयुक्ताः क्लेशा इति। यावदेव त्रैधातुके श्लेषतया न पुनश्चित्तोपक्लेशतया।

今译：经中说："哪些是住于世间而具有善根的烦恼？它们是追求功德资粮无厌足，执取自愿受生，渴望见到佛，教化众生不疲倦，努力掌握正法，热心利益众生，不舍弃对诸法的贪爱，不舍弃波罗蜜束缚。大慧海啊，这些是具有善根的烦恼，由此菩萨住于三界，而不受烦恼弊病污染。

勒译：如如來於《大海慧菩薩經》[2]中說言："大海慧！何者能住世間善根相應煩惱？所謂集諸善根無有厭足故，以心願生攝取諸有故，求見一切諸佛如來故，教化一切眾生心不疲惓故，攝取一切諸佛妙法故，於諸眾生常作利益故，常不捨離樂貪諸法結使故，常不捨離諸波羅蜜結使故。大海慧！是名諸菩薩摩訶薩世間善根相應煩惱。依此煩惱，諸菩薩摩訶薩生於三界受種種苦，不為三界煩惱過患之所染

① 此处"爱"字，据《中华大藏经》校勘记，诸本作"受"。

② 此经有昙无谶译《大集经》中的《海慧菩萨品》和惟净等译《海意菩萨所问净印法门经》。

污。”大海慧菩薩白佛言：“世尊！此諸善根以何義故，說名煩惱？”佛告大海慧菩薩言：“大海慧！如是煩惱，諸菩薩摩訶薩能生三界受種種苦。依此煩惱故，有三界，非染煩惱三界中生。大海慧！菩薩以方便智力，依善根力故，心生三界。是故，名為善根相應煩惱而生三界，非染心生。

स्याद्यथापि नाम सागरमते श्रेष्ठिनो गृहपतेरेक पुत्रक इष्टः कान्तः प्रियो मनापो ऽप्रकृतिकूलो दर्शनेन स च दारको बालभावेन नृत्यन्नेव मीढकूपे प्रपतेत। अथ ते तस्य दारकस्य मातृज्ञातयः पश्येयुस्तं दारकं मीढकूपे प्रपतितम्। दृष्ट्वा च गम्भीरं निश्वसेयुः शोचेयुः परिदेवेरन्। न पुनस्तं मीढकूपमवरुह्य तं दारकमध्यालम्बेरन्। अथ तस्य दारकस्य पिता तं प्रदेशमागच्छेत्। स पश्येतैकपुत्रकं मीढकूपे प्रपतितं दृष्ट्वा च शीघ्रशीघ्रं त्वरमाणरूप एकपुत्रकाध्याशयप्रेमानुनीतो ऽजुगुप्समानस्तं मीढकूपमवरुह्यैकपुत्रकमभ्युत्क्षिपेत्।

今译：“大慧海啊，譬如，长者或家主有个独生子，可爱悦人，人见人爱。而这孩子年幼，玩耍时跌落粪坑中。这孩子的母亲和亲友看到这孩子跌落粪坑。看到后，他们深深叹息，悲伤，哀号，而不能进入粪坑，救出这孩子。然后，这孩子的父亲来到这里。看到独生子跌落粪坑。看到后，立即怀着对独生子的挚爱，毫无对粪坑的厌恶感，迅速进入粪坑，救出独生子。

勒译：“大海慧！譬如長者若居士等唯有一子，甚愛甚念，見者歡喜。而彼一子依愚癡心，因戲樂故，墮在極深糞廁井中。時彼父母及諸親屬，見彼一子墮在大廁渠[①]坑糞中。見已，歔欷悲泣啼哭，而不能入彼極深廁糞屎器中而出其子。爾時，彼處眾中更有一長者子，或一居士子，見彼小兒墮在深廁糞屎井中。見已，疾疾生一子想，生愛念心，不起惡心，即入深廁糞屎井中，出彼一子。

① 此处“渠”字，据《中华大藏经》校勘记，诸本作“深”。

इति हि सागरमते उपमैषा कृता यावदेवार्थस्य विज्ञप्तये। कः प्रबन्धो द्रष्टव्यः। मीढकूप इति सागरमते त्रैधातुकस्यैतदधिवचनम्। एकपुत्रक इति सत्त्वानामेतदधिवचनम्। सर्वसत्त्वेषु हि बोधिसत्त्वस्यैकपुत्रसंज्ञा प्रत्युपस्थिता भवति। मातृज्ञातय इति श्रावकप्रत्येकबुद्धयानीयानां पुद्गलानामेतदधिवचनं ये संसारप्रपतितान्सत्त्वान्दृष्ट्वा शोचन्ति परिदेवन्ते न पुनः समर्था भवन्त्यभ्युत्क्षेप्तुम्। श्रेष्ठी गृहपतिरिति बोधिसत्त्वस्यैतदधिवचनं यः शुचिर्विमलो निर्मलचित्तो ऽसंस्कृतधर्मप्रत्यक्षगतः संचिन्त्य त्रैधातुके प्रतिसंदधाति सत्त्वपरिपाकार्थम्। सेयं सागरमते बोधिसत्त्वस्य महाकरुणा यदत्यन्तपरिमुक्तः सर्वबन्धनेभ्यः पुनरेव भवोपपत्तिमुपाददाति। उपायकौशल्यप्रज्ञापरिगृहीतश्च संक्लेशैर्न लिप्यते। सर्वक्लेशबन्धप्रहाणाय च सत्त्वेभ्यो धर्मं देशयतीति।

今译："大慧海啊，这个譬喻用于说明意义。应知其中的联系是什么。大慧海啊，所说粪坑意谓三界。所说独生子意谓众生。因为菩萨对一切众生怀有独子想。所说母亲和亲友意谓声闻乘人和缘觉乘人。看到众生陷入轮回，他们悲伤和哀号，却无力救出众生。所说长者或家主意谓菩萨。他清净无垢，具有无垢心，亲证无为法，为了教化众生，自愿住于三界。大慧海啊，这是菩萨的这种大慈悲。他已完全摆脱一切束缚，而又受生。他掌握方便善巧智慧，而不受污染。他为让众生断除一切烦恼束缚而说法。"

勒译："大海慧！為顯彼義說此譬喻。大海慧！何者彼義？大海慧！言極深井糞屎坑者，名為三界。大海慧！言一子者，一切眾生。諸菩薩等於一切眾生生一子想。大海慧！爾時，父母及諸親者。名為聲聞、辟支佛人。以二乘人見諸眾生墮在世間極大深坑糞屎井中。既見彼已，悲泣啼哭。而不能拔彼諸眾生。大海慧！彼時更有一長者子、一居士子者，名為菩薩摩訶薩。離諸煩惱，清淨無垢，以離垢心現見無為真如法界，以自在心現生三界，為教化彼諸眾生故。大海慧！是名菩薩摩訶薩大悲，畢竟遠離諸有，畢竟遠離諸縛，而迴生於三界有中，以依方便般若力故，諸煩惱火不能焚燒，欲令一切諸眾生等遠離諸縛，而為說法。

तदनेन सूत्रपदनिर्देशेन परहीतक्रियार्थं वशिनो बोधिसत्त्वस्य संचिन्त्य-भवोपपत्तौ कुशलमूलकरुणावलाभ्यामुपश्लेषादुपायप्रज्ञाबलाभ्यां च तदसंक्लेशा-दशुद्धशुद्धावस्था परिदीपिता।

今译：宣说这个经文是说明清净不清净状况，菩萨具有自在力，为了利益他人，运用善根和慈悲力以及方便和智慧力，自愿受生，而不受污染。

勒译："大海慧！我今說此修多羅句，依諸菩薩心，為利益一切眾生，得自在力而生三有，依諸善根慈悲心力，依於方便般若力故。"是名示現淨不淨時。

तत्र यदा बोधिसत्त्वो यथाभूताजात्यनुत्पत्तिदर्शनमागम्य तथागतधतोरिमां बोधिसत्त्वधर्मतामनुप्राप्नोति तथा विस्तरेण यथासूत्रमनुगन्तव्यम्। यदाह। पश्य सागरमते धर्माणामसारतामकारकतां निरात्मतां निःसत्त्वतां निर्जीवतां निःपुद्गलतामस्वामिकताम्। यत्र हि नाम यथेष्यन्ते तथा विठप्यन्ते विठपिताश्च समाना न चेतयन्ति न प्रकल्पयन्ति। इमां सागरमते धर्मविठपनामधिमुच्य बोधिसत्त्वो न कस्मिंश्चिद्धर्मे परिखेदमुत्पादयति। तस्यैव ज्ञानदर्शनं शुचि शुद्धं भवति। नात्र कश्चिदुपकारो वापकारो वा क्रियत इति। एवं च धर्माणां धर्मतां यथाभूतं प्रजानाति। एवं च महाकरुणासंनाहं न त्यजति।

今译：这里，一旦菩萨如实见如来界无生无起，他就获得菩萨法性。这同样应该依据经中广说理解。经中说："大慧海啊，你看，诸法无坚实性，无作者性，无我性，无众生性，无寿命性，无补特伽罗性，无主人性。确实，诸法依照心愿被创造。作为虚妄的造物，无法让人思考和设想。大慧海啊，菩萨深知诸法虚妄，但不对任何法产生厌倦感。他的知见纯洁清净。既不有益，也不有害。这样，他如实知晓诸法法性。这样，他不舍弃大慈悲铠甲。

勒译：又菩薩摩訶薩以如實智知如來法身不生不滅故。得如是菩薩摩訶薩功德法體。此修多羅句向前已說。

स्याद्यथापि नाम सागरमतेऽनर्घं वैडूर्यमणिरत्नं स्ववदापितं सुपरिशुद्धं सुविमलं कर्दमपरिक्षिप्तं वर्षसहस्रमवतिष्ठेत। तद्वर्षसहस्रात्ययेन ततः कर्दमादभ्युत्क्षिप्य लोड्येत पर्यवदायेत। तत्सुधौतं परिशोधितं पर्यवदापितं समानं तमेव शुद्धविमलमणिरत्नस्वभावं न जह्यात्। एवमेव सागरमते बोधिसत्त्वः सत्त्वानां प्रकृतिप्रभास्वरतां चित्तस्य प्रजानाति। तां पुनरागन्तुकोपक्लेशोपक्लिष्टां पश्यति। तत्र बोधिसत्त्वस्यैवं भवति। नैते क्लेशाः सत्त्वानां चित्तप्रकृतिप्रभास्वरतायां प्रविष्टाः। आगन्तुका एते क्लेशा अभूतपरिकल्पसमुत्थिताः। शक्नुयामहं पुनरेषां सत्त्वानामागन्तुक्लेशापनयनाय धर्मं देशयितुमिति। एवमस्य नावलीयनाचित्तमुत्पद्यते। तस्य भूयस्या मात्रया सर्वसत्त्वानामन्तिके प्रमोक्षचित्तोत्पाद उत्पद्यते। एवं चास्य भवति। नैतेषां क्लेशानां किंचिद्बलं स्थाम वा। अबला दुर्बला एते क्लेशाः। नैतेषां किंचिद्भूतप्रतिष्ठानम्। अभूतपरिकल्पित एते क्लेशाः। ते यथाभूतयोनिशोमनसिकारनिरीक्षिता न कुप्यन्ति। ते ऽस्माभिस्तथा प्रत्यवेक्षितव्या यथा न भूयः श्लिष्येयुः। अश्लेषो हि क्लेशानां साधुर्न पुनः श्लेषः। यद्यहं क्लेशानां श्लिष्येय तत्कथं क्लेशबन्धनबद्धानां सत्त्वानां क्लेशबन्धनप्रहाणय धर्मं देशयेयम्। हन्त वयं क्लेशानां च न श्लिष्यामहे क्लेशबन्धनप्रहाणाय च सत्त्वेभ्यो धर्मं देशयिष्यामः। ये पुनस्ते संसारप्रबन्धकाः कुशलमूलसंप्रयुक्ताः क्लेशास्तेष्वस्माभिः सत्त्वपरिपाकाय श्लेष्टव्यमिति।

今译："大慧海啊，譬如，有无价琉璃摩尼宝珠，精致，洁净，无垢，抛弃在淤泥中，已有千年之久。一千年后，从淤泥中复出，经过清洗而洁净。它没有失去洁净无垢的自性，经过清洗而洁净。同样，大慧海啊，菩萨知晓众生心本性光明，而受客尘烦恼污染。对此，菩萨这样想：'这些烦恼并不进入心本性光明性中。这些客尘烦恼产生于不实妄想。我能说法，消除众生的客尘烦恼。'这样，菩萨产生不怯弱[1]心，产生更加强烈的最终解脱一切众生心。菩萨这样想：'这些烦恼没有任何力量和威力。这些烦恼羸弱乏力。这些烦恼没有任何依处。这些烦恼由不实妄想生起。如实如理思惟观察，则不生起。我

① 此处"怯弱"的原词是 avalīyanā，属于混合梵语用词，词义为畏缩或消沉。

们应该这样观察，就不会再受污染。因为不沾染烦恼是好事，沾染烦恼是坏事。如果我自己沾染烦恼，怎么能说法，让受烦恼束缚的众生断除烦恼束缚？啊！我们不沾染烦恼，我们将教导正法，让众生断除烦恼束缚。然而，为了教化众生，我们应该沾染那些受缚于世间而具有善根的烦恼。’”

勒译：自下次說大毗琉璃摩尼寶喻。佛言：“大海慧！譬如無價大毗琉璃摩尼寶珠，善治、善淨、善光明，墮在泥中住一千年。彼摩尼寶經千年後乃出彼泥。出已水洗，洗已極淨。極淨洗已，然後極明，即不失本清淨無垢摩尼寶體。大海慧！菩薩摩訶薩亦復如是，如實知見一切眾生自性清淨光明淨心而為客塵煩惱所染。大海慧！諸菩薩等生如是心。彼諸煩惱不染眾生自性淨心，是諸煩惱客塵虛妄分別心起，而彼諸菩薩復生是心：‘我今畢竟令諸眾生遠離客塵諸煩惱垢，為之說法。’如是菩薩不生怯弱心，轉於一切眾生生增上力：‘我要畢竟令得解脫。’菩薩爾時復生是心：‘此諸煩惱無有少體。’菩薩爾時復生是心：‘諸煩惱無體，諸煩惱羸薄，是諸煩惱無有住處。’如是菩薩如實知諸煩惱虛妄分別而有，依邪見念而有。以正見者，諸煩惱垢不能得起。菩薩爾時復生是心：‘我應如實觀諸煩惱，更不復生。以不生煩惱故，生諸善法。’菩薩爾時復生是心：‘我若自起諸煩惱者，云何而得為諸煩惱所縛眾生說法，令離諸煩惱縛？’菩薩爾時復生是心：‘以我不著諸煩惱故，是故得為諸煩惱縛眾生說法。我應修行諸波羅蜜結使煩惱相應善根，為欲教化諸眾生故。’”

संसारः पुनरिह त्रैधातुकप्रतिबिम्बकमनास्रवधातौ मनोमयं कायत्रयमभिप्रेतम्। तद्ध्यनास्रवकुशलमूलाभिसंस्कृतत्वात्संसारः। सास्रवकर्मक्लेशानभिसंस्कृतत्वान्निर्वाणमपि तत्। यदधिकृत्याह। तस्माद्भगवन्नस्ति संस्कृतोऽप्यसंस्कृतोऽपि संसारः। अस्ति संस्कृतमप्यसंस्कृतमपि निर्वाणमिति। तत्र संस्कृता संस्कृतसंसृष्टचित्तचैतसिकसमुदाचारयोगादियमशुद्धशुद्धावस्थेत्युच्यते। सा पुनरास्रवक्षयाभिज्ञाभिमुख्यसङ्गप्रज्ञापारमिताभावनया महाकरुणाभावनया च

सर्वसत्त्वधातुपरित्राणाय तदसाक्षात्करणादभिमुख्यां बोधिसत्त्वभूमौ प्राधान्येन व्यवस्थाप्यते।

今译：这里，世间意谓无漏界中作为三界影像的三种意成身，因无漏善根的作为而成为世间，因有漏烦恼的不作为而成为涅槃。对此，经中说："因此，世尊啊，有有为世间，也有无为世间。有有为涅槃，也有无为涅槃。"这里，由于生起有为和无为混合的心心所法①，而称为清净不清净状况。这主要说明在菩萨现前地②，修习漏尽通现前无碍般若波罗蜜，修习大慈悲，为了救护众生而不亲证。

勒译：又復云何名為世間？以三界相似鏡像法故。此明何義？依無漏法界中有三種意生身應知。彼因無漏善根所作，名為世間。以離有漏諸業煩惱所作世間法故，亦名涅槃。依此義故，《聖者勝鬘經》言："世尊！有有為世間，有無為世間。世尊！有有為涅槃，有無為涅槃故，又有為無為心心數法相應法故，故說名為淨不淨時。此義於第六菩薩現前地說。彼諸漏盡無障礙般若波羅蜜解脫現前修行大悲，以為救護一切眾生故，不取證。

यथोक्तमाश्रवक्षयज्ञानमारभ्य नगरोदाहरणम्। एवमेव कुलपुत्र बोधिसत्त्वो महता यत्नेन महता वीर्येण दृढयाध्याशयप्रतिपत्त्या पञ्चाभिज्ञा उत्पादयति। तस्य ध्यानाभिज्ञपरिकर्मकृतचित्तस्यास्रवक्षयो ऽभिमुखीभवति। स महाकरुणाचित्तोत्पादेन सर्वसत्त्वपरित्राणायास्रवक्षयज्ञाने परिजयं कृत्वा पुनरपि सुपरिकर्मकृतचेताः षष्ठ्यामसङ्गप्रज्ञोत्पादादास्रवक्षये ऽभिमुखीभवति। एवमस्यामभिमुख्यां बोधिसत्त्वभूमावास्रवक्षयसाक्षात्करणवशित्वलाभिनो बोधिसत्त्वस्य विशुद्धावस्था परिदीपिता। तस्यैवमात्मना सम्यक्प्रतिपन्नस्य परानपि चास्यामेव सम्यक्प्रतिपत्तौ स्थापयिष्यामीति महाकरुणया विप्रतिपन्नसत्त्वपरित्राणाभिप्रायस्य शमसुखानास्वादनतया तदुपायकृतपरिजयस्य संसाराभिमुखसत्त्वापेक्षया निर्वाण-

① "心心所法"（cittacaitasika）指八识和依随八识的种种心理活动。此词勒译"心心数法"。

② "现前地"（abhimukhī）是菩萨修行十地中的第六地。

विमुखस्य बोध्यङ्गपरिपूरणाय ध्यानैर्विहृत्य पुनः कामधातौ संचिन्त्योपपत्तिपरिग्रहणतो यावदाशु सत्त्वानामर्थं कर्तुकामस्य विचित्रतिर्यग्योनिगतजातकप्रभेदेन पृथग्जनात्मभावसंदर्शनविभुत्वलाभिनो ऽविशुद्धावस्था परिदीपिता।

今译：关于所说漏尽智，有城喻："这样，善男子啊，菩萨具有大毅力，大勇力，意志坚固，获得五神通。他修习禅定和神通而心清净，漏尽展现。他生起大慈悲心，为救护一切众生，修习[1]漏尽智。然后，心善于修习，于第六地产生无碍智，漏尽展现。这样，在菩萨现前地，获得亲证漏尽的自在力。这说明菩萨的清净状况。菩萨自己正确修行，同时想要让其他人也正确修行。他心怀大慈悲，为了救护迷途的众生，修习达到寂静快乐的方法，而自己不品尝寂静快乐，关心面向世间的众生，自己不入涅槃，为菩提分圆满而修禅。他自愿受生，返回欲界，希望迅速利益众生，获得示现包括畜生在内各种众生身的自在力。这说明菩萨的不清净状况。"

勒译：如《寶髻經》[2]中依漏盡故說入城喻。彼經中言："善男子！譬如有城，縱廣正等各一由旬，多有諸門路嶮黑闇，甚可怖畏。有人入者，多受安樂。復有一人，唯有一子愛念甚重。遙聞彼城如是快樂，即便捨子，欲往入城。是人方便得過嶮道，到彼城門。一足已入，一足未舉，即念其子，尋作是念：'我唯一子，來時云何竟不與俱？誰能養護，令離眾苦？'即捨樂城，還至子所。善男子！菩薩摩訶薩亦復如是，為憐愍故，修集五通。既修集已，垂得盡漏，而不取證。何以故？愍眾生故，捨漏盡通，乃至行於凡夫地中。善男子！城者，喻於大般涅槃。多諸門者，喻於八萬諸三昧門。路嶮難者，喻諸魔業。到城門者，喻於五通。一足入者，喻於智慧。一足未入者，喻諸菩薩未證解脫。言一子者，喻於五道一切眾生。顧念子者，喻大悲心。還子所者，喻調眾生。能得解脫而不證者，即是方便。善男子！菩薩摩訶薩大慈大悲不可思議。如是，善男子！菩薩摩訶薩大方便力，

---

① 此处"修习"的原词是parijaya，属于混合梵语用词，相当于梵语paricaya。
② 此经有昙无谶译《大集经》中的《宝髻菩萨经》和法护译《宝髻菩萨所问经》。

發大精進，起堅固心，修行禪定，得證五通。如是菩薩依禪通業，善修心淨，無漏滅盡定現前。如是菩薩即得生於大悲之心，為救一切諸眾生故，現前無漏智通，而迴轉不取寂滅涅槃，以為教化諸眾生故，迴取世間，乃至示現凡夫人地。於第四菩薩焰地中，為自利益，善起精進，為利益他，善起堅固心，漏盡現前。於第五菩薩難勝地中，依止五通自利利他，善熟心行，無漏滅盡定現前。是故，於第六菩薩地中，無障礙般若波羅蜜起漏盡現前。是故，於第六菩薩現前地中，得漏盡自在，說名清淨。是菩薩如是自身正修行，教化眾生令置彼處，得大慈悲心。於顛倒眾生生救護心，不著寂滅涅槃，善作彼方便現前世間門，為眾生故現前涅槃門。為菩提分滿足故，修行四禪，迴生欲界，以為利益地獄、畜生、餓凡夫種種眾生，示現諸身，以得自在故。”

अपरः श्लोकार्थः

今译：这首偈颂的其他意义。

धर्मतां प्रतिविध्येमामविकारां जिनात्मजः।
दृश्यते यदविद्यान्धैर्जात्यादिषु तदद्भुतम्॥ ६९ ॥

今译：佛子已通晓法性不变异，仍被无知
愚暗者看到处在生等中，这真奇妙！（69）

अत एव जगद्बन्धोरुपायकरुणे परे।
यदार्यगोचरप्राप्तो दृश्यते बालगोचरे ॥ ७० ॥

今译：达到圣人境界，仍在凡夫境界中被看到，
因此，他是世间同胞的至高方便和慈悲。（70）

सर्वलोकव्यतीतो ऽसौ न च लोकाद्विनिःसृतः।
लोके चरति लोकार्थमलिप्तो लौकिकैर्मलैः ॥ ७१ ॥

今译：他超越一切世间，又不脱离世间，为利益

世间，仍住于世间，而不受世间污垢污染。（71）

यथैव नाम्भसा पद्मं लिप्यते जातमम्भसि।
तथा लोके ऽपि जातो ऽसौ लोकधर्मैर्न लिप्यते ॥ ७२ ॥

今译：犹如莲花生在水中，而不受水污染，
　　　他生在世间，而不受世间法污染。（72）

नित्योज्ज्वलितबुद्धिश्च कृत्यसंपादने ऽग्निवत्।
शान्तध्यानसमापत्तिप्रतिपन्नश्च सर्वदा ॥ ७३ ॥

今译：智慧似火，永远闪耀，发挥作用，
　　　始终坚持修习寂静的禅思和入定。（73）

पूर्वावेधवशात्सर्वविकल्पापगमाच्च सः।
न पुनः कुरुते यत्नं परिपाकाय देहिनाम्॥ ७४ ॥

今译：由于前生的惯性，摒弃一切分别，
　　　他教化一切众生，并不特别费力。（74）

यो यथा येन वैनेयो मन्यते ऽसौ तथैव तत्।
देशन्या रूपकायाभ्यां चर्ययेर्यापथेन वा ॥ ७५ ॥

今译：他知道谁可教化和怎样教化，
　　　运用两种色身，修行或威仪。（75）

अनाभोगेन तस्यैवमव्याहतधियः सदा।
जगत्याकाशपर्यन्ते सत्त्वार्थः संप्रवर्तते ॥ ७६ ॥

今译：他具有无碍智，经常自然而然，
　　　在以虚空为边际的世间利益众生。（76）

एतां गतिमनुप्राप्तो बोधिसत्त्वस्तथागतैः।
समतामेति लोकेषु सत्त्वसंतारणं प्रति ॥ ७७ ॥

今译：菩萨达到这种境界，已与众如来
趋于平等，在一切世间救度众生。（77）

अथ चाणोः पृथिव्याश्च गोस्पदस्योदधेश्च यत्।
अन्तरं बोधिसत्त्वानां बुद्धस्य च तदन्तरम्॥ ७८ ॥

今译：然而，菩萨和佛两者之间的差别，
犹如微尘和大地，牛迹[1]和大海。（78）

एषां दशानां श्लोकानां यथाक्रमं नवभिः श्लोकैः प्रमुदिताया बोधिसत्त्व-भूमेरधश्च संक्लेशपरमतां दशमेन श्लोकेन धर्ममेघाया बोधिसत्त्वभूमेरूर्ध्वं विशुद्धिपरमतामुपनिधाय समासतश्चतुर्णां बोधिसत्त्वानां दशसु बोधिसत्त्वभूमिषु विशुद्धिरविशुद्धिश्च परीदीपिता। चत्वारो बोधिसत्त्वाः प्रथमचित्तोत्पादिकः। चर्याप्रतिपन्नः। अवैवर्तिकः। एकजातिप्रतिबद्ध इति। तत्र प्रथमद्वितीयाभ्यां श्लोकाभ्यामनादिकालिकमदृष्टपूर्वप्रथमलोकोत्तरधर्मताप्रतिवेधात् प्रमुदितायां भूमौ प्रथमचित्तोत्पादिकबोधिसत्त्वगणविशुद्धिलक्षणं परिदीपितम्। त्रितीयचतुर्थाभ्यां श्लोकाभ्यामनुपलिप्तचर्याचरणाद्विमलां भूमिमुपादाय यावददूरंगमायां भूमौ चर्याप्रतिपन्नबोधिसत्त्वगुणविशुद्धिलक्षणं परिदीपितम्। पञ्चमेन श्लोकेन निरन्तरमहाबोधिसमुदागमप्रयोगसमाधिषु व्यवस्थितत्वादचलायां भूमाववैवर्तिक-बोधिसत्त्वगुणविशुद्धिलक्षणं परिदीपितम्। षष्ठेन सप्तमेनाष्टमेन च श्लोकेन सकलस्वपरार्थसंपादनोपायनिष्ठागतस्य बुद्धभूम्येकचरमजन्मप्रतिबद्धत्वादनुत्तर-परमाभिसंबोधिप्राप्तेर्धर्ममेघायां बोधिसत्त्वभूमावेकजातिप्रतिबद्धबोधिसत्त्वगुण-विशुद्धिलक्षणं परिदीपितम्। नवमेन दशमेन च श्लोकेन परार्थमात्मार्थं चारभ्य निष्ठागतबोधिसत्त्वतथागतयोर्गुणविशुद्धेरविशेषो विशेषश्च परिदीपितः।

今译：在这十首偈颂中，依次前九首偈颂与菩萨欢喜地以下至高

① “牛迹”（gospada，规范写法为 goṣpada）指牛的足迹。

污染性对应，第十首偈颂与菩萨法云地以上的至高清净性对应[1]。简而言之，说明四类菩萨在菩萨十地中的清净不清净。四类菩萨是初发心、修行、不退转和一生所系。其中，第一和第二首偈颂说明在菩萨欢喜地，初发心菩萨的功德清净相，首次觉察无始以来前所未见的出世间法性。第三和第四首偈颂说明在从菩萨无垢地至远行地，修行菩萨的清净功德相，修习无污染行。第五首偈颂说明在菩萨不动地中，不退转菩萨的清净功德相，安住不间断生起大菩提的三昧。第六、第七和第八首偈颂说明在菩萨法云地中，一生所系[2]菩萨的功德清净相，具有一切自利和利他的终极方便，获得至高无上正等菩提，于佛地只有最后一生所系。第九和第十首偈颂说明达到自利和利他终极的菩萨和如来两者之间功德清净的平等和差别。[3]

तत्र सुविशुद्धावस्थायामविकारार्थमारभ्य श्लोकः।

今译：这里，关于完全清净状况中的不变异义，有这首偈颂：

勒译：已說依不淨淨時不變不異。次說依善淨時不變不異故，說二偈：

अनन्यथात्माक्षयधर्मयोगतो
जगच्छरण्यो ऽनपरान्तकोटितः।
सदाद्वयो ऽसावविकल्पकत्वतो
ऽविनाशधर्माप्यकृतस्वभावतः॥ ७९॥

今译：具有无尽性而具有不变法性，
具有无边际性而为世间归依，

① 这里所说“至高污染性”（saṃkleśaparamatā）和“至高清净性”（viśuddhiparamatā）是指菩萨的清净不清净状况。因此，所谓“至高污染性”不是一般意义的“至高污染性”。

② “一生所系”（ekacaramajātibaddha 或 ekajātibaddha，也译“一生补处”）指菩萨修行达到圆满，下一生就会成佛。

③ 以上十首偈颂和释文不见于勒译。

具有无分别性而始终不二，
具有不作为性而无毁灭性。（79）

勒译：佛身不變異，以得無盡法，
眾生所歸依，以無邊際故，
常住不二法，以離妄分別，
恒不熱[①]不作，清淨心力故。

अनेन किं दर्शयति।

今译：这首偈颂宣示什么意义？

勒译：此偈示現何義？偈言：

न जायते न म्रियते बाध्यते नो न जीर्यते।
स नित्यत्वाद्ध्रुवत्वाच्च शिवत्वाच्छाश्वतत्वतः ॥ ८० ॥

今译：由于恒常，坚固，清凉，永久，
因而不生，不死，不病，不老。（80）

勒译：不生及不死，不病亦不老，
以常恒清涼，及不變等故。

न जायते स नित्यत्वादात्मभावैर्मनोमयैः।
अचिन्त्यपरिणामेन ध्रुवत्वान्म्रियते न सः ॥ ८१ ॥

今译：正是由于恒常，不具有意成身而生，
由于坚固，不具有不可思议变易而死。（81）

勒译：此偈明何義？偈言：
以常故不生，離意生身故，
以恒故不死，離不思議退。

① 此处“热”字，据《中华大藏经》校勘记，《径》、《清》作“执”。

वासनाव्याधिभिः सूक्ष्मैर्बाध्यते न शिवत्वतः।
अनास्रवाभिसंस्कारैः शाश्वतत्वान्न जीर्यते ॥ ८२ ॥

今译：由于清凉，不受细微烦恼疾病侵害，
由于永久，不具有无漏行为而衰老。（82）

勒译：清涼故不病，無煩惱習故，
不變故不老，無無漏行故。

स खल्वेष तथागतधातुर्बुद्धभूमावत्यन्तविमलविशुद्धप्रभास्वरतायां स्वप्रकृतौ स्थितः पूर्वान्तमुपादाय नित्यत्वान्न पुनर्जायते मनोमयैरात्मभावैः। अपरान्तमुपादाय ध्रुवत्वान्न पुनर्म्रियते ऽचिन्त्यपारिणामिक्या च्युत्या। पूर्वापरान्तमुपादाय शिवत्वान्न पुनर्बाध्यते ऽविद्यावासभूमिपरिग्रहेण। यश्चैवमनर्थापतितः स शाश्वतत्वान्न पुनर्जीर्यत्यनास्रवकर्मफलपरिणामेन।

今译：确实，如来界在佛地，住于恒常、无垢、清净、光明的自性中。由于过去恒常，而不具有意成身而生。由于未来坚固，而不具有不可思议变易死而死。由于过去和未来清凉，不执取无明住地，而不受疾病侵害。这样，他不遭遇不幸。由于永久，而不具有无漏业果变化而衰老。

勒译：此偈明何義？明如來性於佛地時，無垢清淨光明常住，自性清淨。以本際來常故，不生，以離意生身故。以未來際恒故，不死，以離不可思議變易死故。以本後際來清涼故，不病，以離無明住地所攝故。若如是者，不墮三世，彼則不變，是故不老，以離無漏業迴轉故。又復偈言：

तत्र द्वाभ्यामथ द्वाभ्यां द्वाभ्यां द्वाभ्यां यथाक्रमम्।
पदाभ्यां नित्यताद्यर्थौ विज्ञेयो ऽसंस्कृते पदे ॥ ८३ ॥

今译：这里应知四组成对的词，
表示无为境界的恒常性。（83）

勒译：有二復有二，復有二二句，
次第如①常等，無漏境界中。

तदेषामसंस्कृतधातौ चतुर्णां नित्यध्रुवशिवशाश्वपदानां यथाक्रममेकैकस्य पदस्य द्वाभ्यां द्वाभ्यामुद्देशनिर्देशपदाभ्यामर्थप्रविभागो यथासूत्रमनुगन्तव्यः। यदाह। नित्यो ऽयं शारिपुत्र धर्मकायो ऽनन्यत्वधर्माक्षयधर्मतया। ध्रुवो ऽयं शारिपुत्र धर्मकायो ध्रुवशरणो ऽपरान्तकोटीसमतया। शिवो ऽयं शारिपुत्र धर्मकायो ऽद्वयधर्माविकल्पधर्मतया। शाश्वतो ऽयं शारिपुत्र धर्मकायो ऽविनाशधर्माकृत्रिम-धर्मतयेति।

今译：恒常、坚固、清凉和永久这四个词在无为法中依次结对。它们不同的表示义和解释义，应该依据经中所说理解。经中说："舍利弗啊，由于不变异法和无尽法，法身恒常。舍利弗啊，由于未来平等性，法身坚固，成为可靠的归依。舍利弗啊，由于不二法和无分别法性，法身清凉。舍利弗啊，由于不毁灭法和无作为法性，法身永久。"

勒译：此偈明何義？常、恒、清涼及不變等，此四種句於無漏法界中次第一一句二二本二二釋義差別。如《不增不減修多羅》中說言："舍利弗！如來法身常，以不異法故，以不盡法故。舍利弗！如來法身恒，以常可歸依故，以未來際平等故。舍利弗！如來法身清涼，以不二法故，以無分別法故。舍利弗！如來法身不變，以非滅法故，以非作法故。"

अस्यामेव विशुद्धावस्थायामत्यन्तव्यवदाननिष्ठागमनलक्षणस्य तथागत-गर्भस्या संभेदार्थमारभ्य श्लोकः।

今译：关于在这种清净状况中，具有永恒清净终极相的如来藏的无差别义，有这首偈颂：

勒译：已說不變異，次說無差別。無差別者，即依此善淨時，本

---

① 此处"如"字，据《中华大藏经》校勘记，诸本作"知"。

際以來畢竟究竟自體相善淨如來藏無差別故，說一偈：

> स धर्मकायः स तथागतो यत-
> स्तदार्यसत्यं परमार्थनिर्वृतिः।
> अतो न बुद्धत्वमृते ऽर्करश्मिवद्
> गुणाविनिर्भागतयास्ति निर्वृतिः ॥ ८४ ॥

今译：由于这是法身，这是如来，
　　　这是圣谛，这是第一义涅槃，
　　　功德不分离，如太阳和光芒，
　　　因此，涅槃从不脱离佛性。（84）

勒译：法身及如來，聖諦與涅槃，
　　　功德不相離，如光不離日。

> तत्र पूर्वश्लोकार्धेन किं दर्शयति।

今译：其中前半偈宣示什么意义？

勒译：此初半偈示現何義？偈言：

> धर्मकायादिपर्याया वेदितव्याः समासतः।
> चत्वारो ऽनास्रवे धातौ चतुरर्थप्रभेदतः ॥ ८५ ॥

今译：简而言之，应知法身等是四个同义词，
　　　因为在无漏界中有四个不同方面意义。（85）

勒译：略明法身等，義一而名異，
　　　依無漏界中，四種義差別。

> समासतो ऽनास्रवे धातौ तथागतगर्भे चतुरो ऽर्थानधिकृत्य चत्वारो नामपर्याया वेदितव्याः। चत्वारो ऽर्थाः कतमे।

今译：简而言之，应知四个同义词在无漏界如来藏中，有四方面意义。哪四个方面？

勒译：此偈明何義？略說於無漏法界中依如來藏有四種義。依四種義有四種名應知。何等四義？偈言：

बुद्धधर्माविनिर्भागस्तद्गोत्रस्य तथागमः।
अमृषामोषधर्मित्वमादिप्रकृतिशान्तता ॥ ८६ ॥

今译：与佛法不分离，它的种性达到真如，
法性不虚假和不虚妄，本性原本寂静。（86）

勒译：佛法不相離，及彼真如性，
法體不虚妄，自性本來淨。

बुद्धधर्माविनिर्भागार्थः। यमधिकृत्योक्तम्। अशून्यो भगवंस्तथागतगर्भो गङ्गानदीवालुकाव्यतिवृत्तैरविनिर्भागैरमुक्तज्ञैरचिन्त्यैर्बुद्धधर्मैरिति। तद्गोत्रस्य प्रकृतेरचिन्त्यप्रकारसमुदागमार्थः। यमधिकृत्योक्तम्। षडायतनविशेषः स तादृशः परंपरागतो ऽनादिकालिको धर्मताप्रतिलब्ध इति। अमृषामोषार्थः। यमधिकृत्योक्तम्। तत्र परमार्थसत्यं यदिदममोषधर्मि निर्वाणम्। तत्कस्माद्धेतोः। नित्यं तद्गोत्रं समधर्मतयेति। अत्यन्तोपशमार्थः। यमधिकृत्योक्तम्। आदिपरिनिर्वृत एव तथागतो ऽर्हन्सम्यक्संबुद्धो ऽनुत्पन्नो ऽनिरुद्ध इति। एषु चतुर्ष्वर्थेषु यथासंख्यामिमे चत्वारो नामपर्याया भवन्ति। तद्यथा धर्मकायस्तथागतः परमार्थसत्यं निर्वाणमिति। यत एवमाह। तथागतगर्भ इति शारिपुत्र धर्मकायस्यैतदधिवचनमिति। नान्यो भगवंस्तथागतो ऽन्यो धर्मकायः। धर्मकाय एव भगवंस्तथागत इति। दुःखनिरोधनाम्ना भगवन्नेवंगुणसमन्वागतस्तथागतधर्मकायो देशित इति। निर्वाणधातुरिति भगवंस्तथागतधर्मकायस्यैतदधिवचनमिति।

今译：关于佛法不分离的意义，经中说："世尊啊，如来藏不空，具有超过恒河沙数的、不分离的、不脱离智的不可思议佛法。"关于它的种性即本性具有不可思议形态的意义，经中说："这种种性获得法性，无始以来连续不断具有各种六处[1]。"关于不虚假和不虚妄的意义，经中说："这是第一义谛，即不虚妄性涅槃。为什么？它的种性永远具有平等性。"关于原本寂静的意义，经中说："如来、阿罗汉、正等觉原本涅槃，不生不灭。"依据这四种意义，依次有四个同义词，即法身、如来、第一义谛和涅槃。由此，经中说："舍利弗啊，所说如来藏，这意谓法身。""世尊啊，如来和法身互不相异。世尊啊，法身即如来。世尊啊，所谓苦灭，说明如来法身具有这样的功德。世尊啊，所说涅槃界，这意谓如来法身。"

勒译：此偈明何義？佛法不相離者。依此義故，《聖者勝鬘經》言："世尊！不空如來藏，過於恒沙、不離不脫、不思議佛法故。"及彼真如性者。依此義故，《六根聚經》言："世尊！六根如是從無始來畢竟究竟諸法體故。"法體不虛妄者。依此義故，經中說言："世尊！又第一義諦者，謂不虛妄涅槃是也。何以故？世尊！彼性本際來常以法體不變故。"自性本來淨者。依此義故，經中佛告文殊師利："如來、應、正遍知本際以來入涅槃故。"又復依此四義，次第有四種名。何等為四？一者法身，二者如來，三者第一義諦，四者涅槃。以是義故，《不增不減經》言："舍利弗！言如來藏者，即是法身故。"又復《聖者勝鬘經》言："世尊！不離法身，有如來藏。世尊！不離如來藏，有法身。世尊！依一苦滅諦，說名如來藏。世尊！如是說如來法身無量無邊功德。世尊！言涅槃者[2]，即是如來法身故。"

तत्रापरेण श्लोकार्धेन किं दर्शयति।

今译：其中后半偈宣示什么意义？

勒译：後半偈者，示現何義？偈言：

① 此处"六处"（ṣaḍāyata）指眼、耳、鼻、舌、身和意，即六根。
② 此处"者"字，据《中华大藏经》校勘记，诸本作"界者"。

सर्वाकाराभिसंबोधिः सवासनमलोद्धृतिः।
बुद्धत्वमथ निर्वाणमद्वयं परमार्थतः ॥ ८७ ॥

今译：觉知一切形态，根除习气污垢，
依据第一义，佛性和涅槃不二。（87）

勒译：覺一切種智，離一切習氣，
佛及涅槃體，不離第一義。

यत एते चत्वारो ऽनास्रवधातुपर्यायास्तथागतधातावेकस्मिन्नभिन्ने ऽर्थे समवसरन्ति। अत एषामेकार्थत्वाददूयधर्मनयमुखेन यच्च सर्वाकारसर्वधर्माभिसंबोधाद्बुद्धत्वमित्युक्तं यच्च महाभिसंबोधात्सवासनमलप्रहाणान्निर्वाणमित्युक्तमेतदुभयमनास्रवे धातावद्वयमिति द्रष्टव्यमभिन्नमच्छिन्नम्।

今译：这四个无漏界的同义词在如来界中合为无差别的同一义。因此，依据它们的同一义性，通过这个不二法门，觉知一切形态一切法，而称为佛性。依据大觉知，断除一切习气污垢，而称为涅槃。应知这两者在无漏界中不二，不分不离。

勒译：此四種名，於如來法身無漏界中一味一義，不相捨離。是故雖復有四種名，而彼四義不離一法門，不離一法體。此以何義？所證一切法，覺一切智，及離一切智障煩惱障習氣。此二種法於無漏法界中不異，不差別，不斷，不相離。以是義故，《大般涅槃經》①中偈言：

सर्वाकारैरसंख्येयैरचिन्त्यैरमलैर्गुणैः।
अभिन्नलक्षणो मोक्षो यो मोक्षः स तथागत इति ॥

今译：解脱具有与一切无量无数不可思议的
无垢功德不分离相，这种解脱即如来。

勒译：無量種功德，一切不思議，

① 此经有昙无谶译《大般涅槃经》和法显译《大般泥洹经》。

不差別解脫，解脫即如來。

यदुक्तमर्हत्प्रत्येकबुद्धपरिनिर्वाणमधिकृत्य। निर्वाणमिति भगवन्नुपाय एष तथागतानामिति। अनेन दीर्घाध्वपरिश्रान्तानामटवीमध्ये नगरनिर्माणवदविवर्तनोपाय एष धर्मपरमेश्वराणां सम्यक्संबुद्धानामिति परिदीपितम्। निर्वाणाधिगमाद् भगवंस्तथागता भवन्त्यर्हन्तः सम्यक्संबुद्धाः सर्वाप्रमेयाचिन्त्यविशुद्धिनिष्ठागतगुणसमन्वागता इति। अनेन चतुराकारगुणनिष्पत्त्यसंभिन्नलक्षणं निर्वाणमधिगम्य तदात्मकाः सम्यक्संबुद्धा भवन्तीति। बुद्धत्वनिर्वाणयोरविनिर्भागगुणयोगादुद्धत्वमन्तरेण कस्यचिन्निर्वाणाधिगमो नास्तीति परिदीपितम्।

今译：这里说明关于阿罗汉和缘觉的般涅槃："世尊啊，所谓涅槃，这也是众如来的方便。"这说明达到至高法自在的正等觉运用这种方便，如同化城，激励在旷野中长途跋涉而疲倦的行者不退转。"世尊啊，由于证得涅槃，如来、阿罗汉、正等觉具有一切、无量、不可思议、终极清净功德。"这说明证得涅槃于四种功德[1]圆满无差别相，正等觉与涅槃同一。因此，佛性和涅槃两者具有不分离功德，无人能证得异于佛性的涅槃。

勒译：以是義故，《聖者勝鬘經》言："世尊！言聲聞、辟支佛得涅槃者，是佛方便故。"此明何義？言聲聞、辟支佛有涅槃者，此是諸佛如來方便。見諸眾生於長道曠野遠行疲惓，恐有退轉，為止息故，造作化城。如來如是於一切法中得大自在大方便故，故明如是義。"世尊！如來、應、正遍知證平等涅槃，一切功德無量、無邊、不可思議、清淨畢竟究竟。"此明何義？依四種義，畢竟功德諸佛如來無差別。涅槃相無上果中，佛及涅槃一切功德不相捨離。若離佛地果中證智，更無餘人有涅槃法。

तत्र तथागतानामनास्रवे धातौ सर्वाकारवरोपेतशून्यताभिनिर्हारतश्चित्रकरदृष्टान्तेन गुणसर्वता वेदितव्या।

① "四种功德"指一切功德、无量功德、不可思议功德和终极清净功德。

今译：这里，依据画师喻，应知众如来在无漏界中示现具有一切殊胜形态的空性，而具有一切功德性。

勒译：示現如是義，依一切種智，於諸佛如來無漏法界中譬喻示現。此明何義？《寶鬘經》[①]中畫師譬喻，示現具足一切功德應知。偈言：

अन्योन्यकुशला यद्वद्भवेयुश्चित्रलेखकाः।
यो यदङ्गं प्रजानीयात्तदन्यो नावधारयेत्॥ ८८ ॥

今译：如同众多画师技艺各有所长，
某人的特长，他人并不具备。（88）

勒译：如種種畫師，所知各差別，
彼一人知分，第二人不知。

अथ तेभ्यः प्रभू राजा प्रयच्छेद्दुष्यमाज्ञया।
सर्वैरेवात्र युष्माभिः कार्या प्रतिकृतिर्मम ॥ ८९ ॥

今译：这时王上给他们一块画布，吩咐道：
“你们全体画师在上面画我的肖像。”（89）

勒译：有自在國王，勅諸畫師言，
於彼摽[②]畫處，具足作我身，
國中諸畫師，一切皆下手，
若不闕一人，乃成國王像。

ततस्तस्य प्रतिश्रुत्य युञ्जेरंश्चित्रकर्मणि।
तत्रैको व्यभियुक्तानामन्यदेशगतो भवेत्॥ ९० ॥

今译：画师们遵奉国王命令，开始作画，

① 此处《宝鬘经》，据《中华大藏经》校勘记，诸本作《宝髻经》。
② 此处“摽”通“标”。据《中华大藏经》校勘记，诸本作“彩”。

而其中一位画师正远在异国他乡。（90）

勒译：畫師受勑已，畫作國王像，

彼諸畫師中，一人行不在。

देशान्तरगते तस्मिन्प्रतिमा तद्वियोगतः।
न सा सर्वाङ्गसंपूर्णा भवेदित्युपमा कृता ॥ ९१ ॥

今译：缺失这一位在异国他乡的画师，

画作未能圆满完成，成为譬喻。（91）

勒译：由無彼一人，國王像不成，

以其不滿足，一切身分故。

लेखका ये तदाकारा दानशीलक्षमादयः।
सर्वाकारवरोपेता शून्यता प्रतिमोच्यते ॥ ९२ ॥

今译：众画师比喻布施、持戒和忍辱等，

这幅画比喻具有一切殊胜的空性。（92）

勒译：所言畫師者，喻檀[①]戒等行，

言國王像者，示一切種智，

一人不在者，示現少一行，

王像不成者，空智不具足。

तत्रैषामेव दानादीनामेकैकस्य बुद्धविषयापर्यन्तप्रकारभेदभिन्नत्वादपरिमितत्वं वेदितव्यम्। संख्याप्रभावाभ्यामचिन्त्यत्वम्। मात्सर्यादिविपक्षमलवासनापकर्षितत्वाद्विशुद्धिपरमत्वमिति। तत्र सर्वाकारवरोपेतशून्यतासमाधिमुखभावनयानुत्पत्तिकधर्मलाभादचलायां बोधिसत्त्वभूमावविकल्पानिश्छिद्रनिरन्तरस्वरसवाहिमार्गज्ञानसंनिश्रयेण तथागतानामनास्रवे धातौ गुणसर्वता समुदागच्छति।

① 此处“檀”是 dāna（“布施”）一词的音译。

साधुमत्यां बोधिसत्त्वभूमावसंख्येयसमाधिधारणीमुखसमुद्रैरपरिमाणबुद्धधर्मपरिग्रहज्ञानसनिश्रयेण गुणाप्रमेयता समुदागच्छति। धर्ममेघायां बोधिसत्त्वभूमौ सर्वतथागतगुह्यस्थानाविपरोक्षज्ञानसंनिश्रयेण गुणाचिन्त्यता समुदागच्छति। तदनन्तरं बुद्धभूम्यधिगमाय सर्वसवासनक्लेशज्ञेयावरणविमोक्षज्ञानसंनिश्रयेण गुणविशुद्धिपरमता समुदागच्छति। यत एषु चतुर्षु भूमिज्ञानसंनिश्रयेष्वर्हत्प्रत्येकबुद्धा न संदृश्यन्ते तस्मात्ते दूरीभवन्ति चतुराकारगुणपरिनिष्पत्त्यसंभिन्नलक्षणान्निर्वाणधातोरित्युक्तम्।

今译：这里，应知由于布施等在佛境界中各自又分成无限的类别，而具有无量性。由于数量和威力，而具有不可思议性。由于能根除妒忌等敌对的污垢习气，而具有至高清净性。由于修习具有一切殊胜形态的空性三昧门，获得无生法[①]，在菩萨不动地中，依靠无分别、无间隙、无间断、自然而行的道智，而具有如来无漏界的一切功德性。由于在菩萨善慧地中，依据无数三昧陀罗尼海门，依靠摄取无量佛法智，而具有无量功德性。在菩萨法云地中，依靠展现一切如来秘密智，而具有不可思议功德性。随后，为获得佛地，依靠消除一切烦恼障和所知障及其习气的智慧，而具有至高功德性。由于不见阿罗汉和缘觉依靠这四种菩萨地智，因此说他们远离具有四种功德圆满无差别相的涅槃界。

勒译：此偈明何義？以是義故，《寶鬘經》言："善男子！諦聽諦聽！我今為汝說此譬喻。善男子！譬如三千大千世界所有眾生悉善知畫。其中或有善能泥塗，或能磨彩，或曉畫身不曉手足，或曉手足不曉面目。時有國王，以一張疊與是諸人而告之言：'凡能畫者皆悉聚集，於此疊上畫吾身像。'爾時，諸人悉來集聚，隨其所能而共作之。有一畫師以緣事故竟不得來。諸人畫已，持共上王。善男子！可言諸人悉集作不？'不也，世尊！'善男子！我說此喻其義未顯。善男子！一人不來，故不得言一切集作，亦不得言像已成就。佛法行者

① "无生法"（anutpattikadharma）指诸法无生无灭。此词勒译"无生法忍"，即安忍或忍可无生法。

亦復如是。若有一行不成就者，則不[①]具足如來正法。是故，要當具足諸行，名為成就無上菩提故。”又此檀等諸波羅蜜一一差別，唯是如來所知境界。如來知彼種種差別無量無邊應知。以彼算數自在力等，不能思議故。以對治彼慳等諸垢，是故得成清淨檀等諸波羅蜜。又以修行一切種一切空智及種種三昧門，於第八菩薩不動地中，不分別一切菩薩地，無間、無隔、自然依止道智，修行得無生法忍，成就具足如來無漏戒，成就一切功德。於第九菩薩善慧地中，依阿僧祇[②]三昧陀羅尼海門，攝取無量無邊諸佛之法依止，解一切眾生根智，成就無量無邊功德空智，得無生法忍。於第十菩薩法雲地中，依止一切如來現前蜜智[③]智，成就無量無邊功德聚，得無生空法忍。次後得諸三昧，斷一切煩惱障智障，依止諸解脫門智，成就清淨彼岸功德，具足得一切種一切空智。以如是等四種地智中，非聲聞、辟支佛地。以彼聲聞、辟支佛等去之甚遠。以是義故，說彼四種成就不差別涅槃界。是故偈言：

प्रज्ञाज्ञानविमुक्तीनां दीप्तिस्फरणशुद्धितः।
अभेदतश्च साधर्म्यं प्रभारश्म्यर्कमण्डलैः ॥ ९३ ॥

今译：般若、智和解脱明亮，闪耀，纯洁，
由于不分离，而与光芒和日轮相似。（93）

勒译：慧智及解脫，不離法界體，
無差涅槃界，曰[④]相似相對。

यया प्रज्ञया येन ज्ञानेन यया विमुक्त्या स चतुराकारगुणनिष्पत्त्यसंभिन्नलक्षणो निर्वाणधातुः सूच्यते तासां यथाक्रमं त्रिभिरेकेन च कारणेन चतुर्विधमादित्यसाधर्म्यं परिदीपितम्। तत्र बुद्धसान्तानिक्या लोकोत्त-

① 此处“不”字，据《中华大藏经》校勘记，《丽》作“不名”。
② “阿僧祇”是 asaṃkhyeya（“无数”）一词的音译。
③ 此处“蜜智”的原词是 guhyasthāna，词义为秘密处。故而，“蜜智”似应写为“密智”。
④ 此处“曰”字，据《中华大藏经》校勘记，《丽》作“日”。

रनिर्विकल्पायाः परमज्ञेयतत्त्वान्धकारविधमनप्रत्युपस्थानतया प्रज्ञाया दीप्ति-साधर्म्यम्। तत्पृष्ठलब्धस्य सर्वज्ञज्ञानस्य सर्वाकारनिरवशेषज्ञेयवस्तुप्रवृत्ततया रश्मिजालस्फरणसाधर्म्यम्। तदुभयाश्रयस्य चित्तप्रकृतिविमुक्तेरत्यन्तविमल-प्रभास्वरतयार्कमण्डलविशुद्धिसाधर्म्यम्। तिसृणामपि धर्मधात्वसंभेदेस्वभावतया तत्त्रयाविनिर्भागसाधर्म्यमिति।

今译：通过般若、智和解脱说明具有四种功德圆满无差别相的涅槃界依据这三种原因，依次说明它们与太阳的四种相似。其中，依据佛身的出世间无分别般若能驱除遮蔽所知至高真实的黑暗，与明亮相似。依据随后得一切知者智[①]能转出所有一切所知事，与光网闪耀相似。依据这两者的心本性解脱具有永久无垢光明性，与日轮纯洁相似。依据这三者具有与法界无差别自性，与那三者与日轮不分离相似。

勒译：此偈明何義？以何等慧，以何等智，以何等解脱，彼三不離法界實體，明彼四種功德成就無差別涅槃界。偈言無差別涅槃界故。為彼四種義次第故，有四種相似相對法應知。何等為四？一者佛法身中依出世間無分別慧，能破第一無明黑闇，彼光明照相似相對法應知。偈言慧故，日相似相對故。二者依智故，得一切智智，知一切種，照一切事放，光明羅網相似相對法應知。偈言智故，日相似相對故。三者依止彼二自性清淨心解脫，無垢離垢，光明輪清淨相似相對法應知。偈言解脫故。日相似相對法故。四者即此三種不離法界，不離實體，不相捨離相似相對法應知。偈言不離法界體故，日相似相對故。是故偈言：

अतो ऽनागम्य बुद्धत्वं निर्वाणं नाधिगम्यते ॥
न हि शक्यः प्रभारश्मी निर्वृज्य प्रेक्षितुं रविः ॥ ९४ ॥

① “后得一切知者智”（简称“后得智”，pṛṣṭhalabdhajñāna）指在获得根本分别智之后获得的智。根本分别智即这里所说的出世间无分别般若（prajñā），而后得智（jñāna）能分别世间一切事物，用于救度众生。

今译：因此，不证得佛性，便不证得涅槃，

　　　　如同摒弃了光网，也就见不到太阳。（94）

勒译：不證諸佛身，涅槃不可得，

　　　　如棄捨光明，日不可得見。

यत एवमनादिसांनिध्यस्वभावशुभधर्मोपहिते धातौ तथागतानामविनिर्भाग-गुणधर्मत्वमतो न तथागतत्वमसङ्गाप्रतिहतप्रज्ञाज्ञानदर्शनमनागम्य सर्वावरण-विमुक्तिलक्षणस्य निर्वाणधातोरधिगमः साक्षात्करणमुपपद्यते प्रभारश्म्यदर्शिन इव सूर्यमण्डलदर्शनम्। अत एवमाह। न हि भगवन्हीनप्रणीतधर्माणां निर्वाणाधिगमः। समधर्माणां भगवन्निर्वाणाधिगमः। समज्ञानानां समविमुक्तीनां समविमुक्तिज्ञानदर्शनानां भगवन्निर्वाणाधिगमः। तस्माद्भगवन्निर्वाणधातुरेकरसः समरस इत्युच्यते। यदुत विद्याविमुक्तिरसेनेति।

今译：由于在无始以来具有自性清净法的界中，如来的不分离功德法性，因此，不获得如来性即无碍无障的般若知见，便不能亲证具有摆脱一切障相涅槃界，如同不感知光芒，也就看不见日轮。因此，经中说："世尊啊，认为诸法有优劣者，不能证得涅槃。世尊啊，知晓诸法平等者，证得涅槃。世尊啊，持有平等智、平等解脱和平等解脱知见者，证得涅槃。世尊啊，因此说，涅槃界一味，平等味。或者说，具有明解脱[①]味。"

勒译：此偈明何義？以如向說無漏法界中，無始世界來諸佛法身中無漏諸法一切功德不相捨離。以是義故，遠離如來無障無礙法身智慧，離一切障涅槃體相不可得見，不可得證。如離日光明，無日輪可見。以是義故，《聖者勝鬘經》言："法無優劣故得涅槃。知諸法平

[①] "明解脱"（vidyāvimukti）指依靠明（vidyā，"知识"或"智慧"）解脱。《胜鬘经》中对此有说明："若无明住地不断不究竟者，不得一味等味。"也就是说，菩萨唯有摆脱无明住地，才能获得一味等味，即明解脱味。

等智故得涅槃。平等智故得涅槃。平等解脱故得涅槃。平等解脱知見故得涅槃。是故，世尊！說涅槃界一味等味，謂明解脱一味故。”

勒译：究竟一乘寶性論卷第三

勒译：究竟一乘寶性論無量煩惱所纏品第六

जिनगर्भव्यस्थानमित्येवं दशधोदितम्।
तत्क्लेशकोशगर्भत्वं पुनर्ज्ञेयं निदर्शनैः ॥ ९५ ॥

今译：这样，已说十种义，确立如来藏，
应知以下譬喻说明有烦恼库藏。（95）

勒译：論曰偈言：

向說如來藏，十種義示現，
次說煩惱纏，以九種譬喻。

इत्येतदपरान्तकोटिसमध्रुवधर्मतासंविद्यमानतामधिकृत्य दशविधेनार्थेन तथागतगर्भव्यवस्थानमुक्तम्। पुनरनादिसांनिध्यासंबद्धस्वभावक्लेशकोशतामनादिसांनिध्यसंबद्धस्वभावशुभधर्मतां चाधिकृत्य नवभिरुदाहरणैरपर्यन्तक्लेशकोशकोटीगूढस्तथागतगर्भ इति यथासूत्रमनुगन्तव्यम्। नवोदाहरणानि कतमानि।

今译：以上是说关于无始以来存在的永恒法性，已经依据十种义，确立如来藏。而关于无始以来呈现而与自性无关的烦恼库藏性和无始以来呈现与自性相关的清净本性，应该依据经中以九种譬喻说明如来藏隐藏有无限数量烦恼库藏理解。哪九种譬喻？

勒译：此偈明何義？向依如來藏說無始世界來彼法恒常住法體不轉變，明如來藏有十種義。自此以下依無始世界來煩惱藏所纏，說無始世界來自性清淨心具足法身，以九種譬喻明如來藏過於恒沙煩惱藏所纏，如修多羅說應知。九種譬喻者，如偈說言：

बुद्धः कुपद्मे मधु मक्षिकासु
तुषेसु साराण्यशुचौ सुवर्णम्।
निधिः क्षितावल्पफले ऽङ्कुरादि
प्रक्लिन्नवस्त्रेषु जिनात्मभावः ॥ ९६ ॥

今译：凋谢莲花中的佛[1]，蜜蜂中的蜜，
糠壳中的谷粒[2]，垃圾中的金子，
地底下的宝藏，小小果子中的
幼芽等，破衣烂布包裹的佛像。（96）

勒译：萎華中諸佛，眾蜂中美蜜，
皮糩等中實，糞穢中真金，
地中珍寶藏，諸果子中芽，
朽故弊壞衣，纏裹真金像。

जघन्यनारीजठरे नृपत्वं
यथा भवेन्मृत्सु च रत्नबिम्बम्।
आगन्तुकक्लेशमलावृतेषु
सत्त्वेषु तद्वत्स्थित एष धातुः ॥ ९७ ॥

今译：贫女腹中怀有帝王种，
泥土模子中铸有宝像，
同样，覆盖客尘污垢的
众生中，皆有如来界。（97）

① 此处“佛”指在莲花中结跏趺坐的化佛。
② 此处“谷粒”的原词是 sāra，词义为实质、精髓、精华、真实和坚实等。这里具体所指是谷粒。

勒译：貧賤醜陋女，懷轉輪聖王，

焦黑泥摸中，有上妙寶像，

眾生貪瞋癡，妄想煩惱等，

塵勞諸垢中，皆有如來藏。

पद्मप्राणितुषाशुचिक्षितिफलत्वक्पूतिवस्त्रावर-

स्त्रीदुःखज्वलनाभितप्तपृथिवीधातुप्रकाशामलाः।

बुद्धक्षौद्रसुसारकाञ्चननिधिन्यग्रोधरत्नाकृति-

द्वीपाग्राधिपरत्नबिम्बविमलप्रख्यः स धातुः परः ॥ ९८ ॥

今译：污垢如同莲花、蜜蜂、糠壳、垃圾、大地、

果皮、破衣、贫贱女、烈火烘烤的泥土，

这至上的界如同佛、蜜、谷粒、金子、

宝藏、尼俱陀树、佛像、帝王和宝像。（98）

勒译：此偈示現何義？自此以下依此略說四偈句義，餘殘譬喻五十四偈廣說應知。此四行偈總略說彼廣偈中義應知。又依彼義，略說二偈：

華蜂糩糞穢，地果故壞衣，

貧賤女泥模，煩惱垢相似，

佛蜜實真金，寶牙金像王，

上妙寶像等，如來藏相似。

此偈示現何義？偈言：

華蜂等諸喻，明眾生身中，

無始世界來，有諸煩惱垢，

佛蜜等諸喻，明眾生身中，

無始來具足，自性無垢體。

कुत्सितपद्मकोशसदृशाः क्लेशाः। बुद्धवत्तथागतधातुरिति।

今译：烦恼如同凋谢的莲花，如来界如同佛。

यथा विवर्णाम्बुजगर्भवेष्टितं
तथागतं दीप्तसहस्रलक्षणम्।
नरः समीक्ष्यामलदिव्यलोचनो
विमोचयेदम्बुजपत्त्रकोशतः ॥ ९९ ॥

今译：正如如来闪耀千种相，
处在凋谢的莲花胎中，
有清净天眼者看到后，
从莲花叶瓣中释放他。（99）

विलोक्य तद्वत्सुगतः स्वधर्मता-
मवीचिसंस्थेष्वपि बुद्धचक्षुषा।
विमोचयत्यावरणादनावृतो
ऽपरान्तकोटीस्थितकः कृपात्मकः ॥ १०० ॥

今译：同样，如来无障碍，处在无际
永恒中，怀有慈悲，凭借佛眼，
看到甚至在无间地狱众生中有
自己法性，从障碍中释放他们。（100）

यद्वत्स्याद्द्विजुगुप्सितं जलरुहं संमिञ्जितं दिव्यदृक्
तद्गर्भस्थितमभ्युदीक्ष्य सुगतं पत्त्राणि संछेदयेत्।
रागद्वेषमलादिकोशनिवृतं संबुद्धगर्भं जगत्
कारुण्यादवलोक्य तन्निवरणं निर्हन्ति तद्वन्मुनिः ॥ १०१ ॥

今译：正如具有天眼者看到凋谢丑陋的
莲花胎藏中有佛，便拨开那些莲叶，

同样，牟尼心怀慈悲，看到世间的
如来藏覆盖有贪瞋痴，便消除障碍。（101）

क्षुद्रप्राणाकसदृशाः क्लेशाः। क्षौद्रवत्तथागतधातुरिति।

今译：烦恼如同如同蜜蜂，如来界如同蜜。

यथा मधु प्राणिगणोपगूढं
विलोक्य विद्वान्पुरुषस्तदर्थी।
समन्ततः प्राणिगणस्य तस्मा-
दुपायतो ऽपक्रमणं प्रकुर्यात्॥ १०२ ॥

今译：正如聪明的人们看到
成群的蜜蜂遮挡住蜜，
于是，为了获得蜂蜜，
设法驱除周围的蜂群。（102）

सर्वज्ञचक्षुर्विदितं महर्षि-
र्मधूपमं धातुमिमं विलोक्य।
तदावृतीनां भ्रमरोपमाना-
मश्लेषमात्यन्तिकमादधाति ॥ १०३ ॥

今译：具有一切智眼的大仙[①]，
看到这犹如蜂蜜的界，
便设法让界完全脱离
如同成群蜜蜂的障碍。（103）

यद्वत्प्राणिसहस्रकोटीनियुतैर्मध्वावृतं स्यान्नरो
मध्वर्थी विनिहत्य तान्मधुकरान्मध्वा यथाकामतः।

① “大仙”（maharṣi）在本论中也用作佛的称号。

कुर्यात्कार्यमनास्रवं मधुनिभं ज्ञानं तथा देहिषु
क्लेशाः क्षुद्रनिभा जिनः पुरुषवत्तद्धातने कोविदः ॥ १०४ ॥

今译：正如千千万那由多[1]蜜蜂覆盖住蜜，
聪明人求蜜，驱除蜂，如愿获得蜜，
同样，众生中的无漏智似蜜，烦恼
似蜂，佛似聪明人，善于驱除烦恼。（104）

बहिस्तुषसदृशाः क्लेशाः। अन्तःसारवत्तथागतधातुरिति।

今译：烦恼如同外在的糠壳，如来界如同内在的谷粒。

धान्येषु सारं तुषसंप्रयुक्तं
नृणां न य[द्व]त्परिभोगमेति।
भवन्ति ये ऽन्नादिभिरर्थिनस्तु
ते तत्तुषेभ्यः परिमोचयन्ति ॥ १०५ ॥

今译：正如糠壳覆盖住谷粒，
人们不能够直接食用，
为了获得食粮，他们
去除糠壳，取出谷粒。（105）

सत्त्वेष्वपि क्लेशमलोपसृष्ट-
मेवं न तावत्कुरुते जिनत्वम्।
संबुद्धकार्यं त्रिभवे न याव-
द्विमुच्यते क्लेशमलोपसर्गात्॥ १०६ ॥

今译：同样，众生中的佛性
长期受烦恼污垢缠绕，

① “那由多”（niyuta）是一个数目极大的数字。

不能在三界中做佛事，
直至消除烦恼的污垢。（106）

यद्वत्कङ्गुकशालिकोद्रवयवव्रीहिष्वमुक्तं तुषात्
सारं खाड्यसुसंस्कृतं न भवति स्वादूपभोज्यं नृणाम्।
तद्वत्क्लेशतुषादनिःसृतवपुः सत्त्वेषु धर्मेश्वरो
धर्मप्रीतिरसप्रदो न भवति क्लेशक्षुधार्ते जने ॥ १०७ ॥

今译：正如稻麦稷稗各种谷物不去除糠壳和
清除污垢，便不能成为人们可口的食物，
众生中的法王不清除烦恼糠壳，便不能
赐予受烦恼饥渴折磨的人们正法美味。（107）

अशुचिसंकारधानसदृशाः क्लेशाः। सुवर्णवत्तथागतधातुरिति।

今译：烦恼如同垃圾堆，如来界如同金子。

यथा सुवर्णं व्रजतो नरस्य
च्युतं भवेत्संकरपूतिधाने।
बहूनि तद्वर्षशतानि तस्मि-
न्तथैव तिष्ठेदविनाशधर्मि ॥ १०८ ॥

今译：正如行人的金子遗失
在污秽的垃圾堆中，
即使埋在其中数百年，
也没有失去自己本性。（108）

तद्देवता दिव्यविशुद्धचक्षु-
र्विलोक्य तत्र प्रवदेन्नरस्य।
सुवर्णमस्मिन्नवमग्ररत्नं
विशोध्य रत्नेन कुरुष्व कार्यम्॥ १०९ ॥

今译：具有清净天眼的神灵
看到后，告诉一个人：
“这里有崭新珍宝金子，
你清洗之后受用吧！”（109）

दृष्ट्वा मुनिः सत्त्वगुणं तथैव
क्लेशोष्वमेध्यप्रतिमेषु मग्नम्।
तत्क्लेशपङ्कव्यवदानहेतो-
र्धर्माम्बुवर्षं व्यसृजत्प्रजासु ॥ ११० ॥

今译：同样，牟尼看到众生
功德埋在烦恼垃圾中，
便为众生降下妙法雨，
清洗他们的烦恼垃圾。（110）

यद्वत्संकरपूतिधानपतितं चामीकरं देवता
दृष्ट्वा दृश्यतमं नृणामुपदिशेत्संशोधनार्थं मलात्।
तद्वत्क्लेशमहाशुचिप्रपतितं संबुद्धरत्नं जिनः
सत्त्वेषु व्यवलोक्य धर्ममदिश[त्त]च्छुद्धये देहिनाम्॥ १११ ॥

今译：正如神灵看到遗失在垃圾堆中
宝贵的金子，告知人们洗掉污垢，
同样，佛看到众生中的佛宝陷入
烦恼垃圾，说法告知众生清洗佛宝。（111）

पृथिवीतलसदृशाः क्लेशाः। रत्ननिधान वत्तथागतधातुरिति।

今译：烦恼如同地面，如来界如同宝藏。

यथा दरिद्रस्य नरस्य वेश्म-

न्यन्तः पृथिव्यां निधिरक्षयः स्यात्।
विद्यान्न चैनं स नरो न चास्मि-
न्नेषोऽहमस्मीति वदेन्निधिस्तम्॥ ११२॥

今译：正如某个穷人的屋中，
地下埋有无穷的宝藏，
穷人不知，而宝藏不会
自我表白："我是宝藏。"（112）

तद्वन्मनोऽन्तर्गतमप्यचिन्त्य-
मक्षय्यधर्मामलरत्नकोशम्।
अबुध्यमानानुभवत्यजस्रं
दारिद्र्यदुःखं बहुधा प्रजेयम्॥ ११३॥

今译：同样，心中虽有不可
思议无尽法清净宝库，
却不觉知，众生长期
遭受穷人的种种痛苦。（113）

यद्वद्रत्ननिधिर्दरिद्रभवनाभ्यन्तर्गतः स्यान्नरं
न ब्रूयादहमस्मि रत्ननिधिरित्येवं न विद्यान्नरः।
तद्वद्धर्मनिधिर्मनोगृहगतः सत्त्वा दरिद्रोपमास्
तेषां तत्प्रतिलम्भकारणमृषिर्लोके समुत्पद्यते॥ ११४॥

今译：正如穷人屋中地下的宝藏不会表白：
"我是宝藏"，而穷人自己不知道，
同样，心房中有法宝，众生似穷人，
为了让众生获得法宝，于是佛出世。（114）

त्वक्कोशसदृशाः क्लेशाः। बीजाङ्कुरवत्तथागतधातुरिति।

今译：烦恼如同皮壳，如来界如同种子的芽。

यथाम्रतालादिफले द्रुमाणां
        बीजाङ्कुरः सन्नविनाशधर्मी।
उप्तः पृथिव्यां सलिलादियोगा-
        त्क्रमादुपैति द्रुमराजभावम्॥ ११५ ॥

今译：正如芒果和多罗果中，
        树种的幼芽不朽坏，
        播在土地中吸收水等，
        渐渐长成高大的树王。（115）

सत्त्वेष्वविद्यादिफलत्वगन्तः
        कोशावनद्धः शुभधर्मधातुः।
उपैति तत्तत्कुशलं प्रतीत्य
        क्रमेण तद्वन्मुनिराजभावम्॥ ११६ ॥

今译：众生中的清净法界，
        覆盖有无明等果皮壳，
        依靠实施种种善法，
        同样渐渐长成牟尼王。（116）

अम्ब्वादित्यगभस्तिवायुपृथिवीकालाम्बरप्रत्ययैर्
        यद्वत्तालफलाम्रकोशविवरादुत्पद्यते पादपः।
सत्त्वक्लेशफलत्वगन्तरगतः संबुद्धबीजाङ्कुरस्
        तद्वद्वृद्धिमुपैति धर्मविटपस्तैस्तैः शुभप्रत्ययैः॥ ११७ ॥

今译：依靠水、阳光、风、土壤和时空，
        突破多罗果和芒果皮壳，长成大树，
        同样，众生烦恼果皮覆盖的佛种芽，
        依靠各种各样的善法，长成法树。（117）

पूतिवस्त्रसदृशः क्लेशाः। रत्नविग्रहवत्तथागतधातुरिति।

今译：烦恼如同破烂布，如来界如同宝像。

बिम्बं यथा रत्नमयं जिनस्य
दुर्गन्धपूत्यम्बरसंनिरुद्धम्।
दृष्ट्वोज्झितं वर्त्मनि देवतास्य
मुक्त्यै वदेदध्वगमेतमर्थम्॥ ११८ ॥

今译：正如宝石佛像包裹在
破烂布中，丢弃路上，
神灵看到后，为取出它，
告诉路上的行人此事。（118）

नानाविधक्लेशमलोपगूढ-
मसङ्गचक्षुः सुगतात्मभावम्।
विलोक्य तिर्यक्ष्वपि तद्विमुक्तिं
प्रत्यभ्युपायं विदधाति तद्वत्॥ ११९ ॥

今译：同样，佛眼无碍，即使
在畜生中，也看到各种
烦恼污垢覆盖的如来身，
于是运用方便，解救它。（119）

यद्वद्रत्नमयं तथागतवपुर्दुर्गन्धवस्त्रावृतं
वर्त्मन्युज्झितमेक्ष्य दिव्यनयनो मुक्त्यै नृणां दर्शयेत्।
तद्वत्क्लेशविपूतिवस्त्रनिवृतं संसारवर्त्मोज्झितं
तिर्यक्षु व्यवलोक्य धातुमवदद्धर्मं विमुक्त्यै जिनः ॥ १२० ॥

今译：正如宝石如来像包在破烂布中，丢弃路上，

神灵凭天眼看到后，为取出它，告诉行人，
同样，佛看到畜生中的如来界包在烦恼
破烂布中，丢弃轮回中，为解救它而说法。（120）

आपन्नसत्त्वनारिसदृशाः क्लेशाः। कललमहाभूतगतचक्रवर्तिवत्तथागतधातु-रिति।

今译：烦恼如同贫贱的孕妇，如来界如同胎中转轮王。

नारी यथा काचिदनाथभूता
वसेदनाथावसथे विरूपा।
गर्भेण राजश्रियमुद्वहन्ती
न सावबुध्येत नृपं स्वकुक्षौ ॥ १२१ ॥

今译：正如某个孤苦无助的
丑女，住在穷巷陋舍，
胎中闪耀皇家的光辉，
却不自知腹中帝王种。（121）

अनाथशालेव भवोपपत्ति-
रन्तर्वतीस्त्रीवदशुद्धसत्त्वाः।
तद्गर्भवत्तेष्वमलः स धातु-
र्भवन्ति यस्मिन्सति ते सनाथाः ॥ १२२ ॥

今译：生存似陋舍，不清净
众生似孕妇，众生的
清净界如同孕妇的胎，
有此胎而众生有庇护。（122）

यद्वत्स्त्री मलिनाम्बरावृततनुर्बीभत्सरूपान्विता
विन्देद्दुःखमनाथवेश्मनि परं गर्भान्तरस्थे नृपे।
तद्वत्क्लेशवशादशान्तमनसो दुःखालयस्था जनाः
सन्नाथेषु च सत्स्वनाथमतयः स्वात्मान्तरस्थेष्वपि ॥१२३॥

今译：正如一个容貌丑陋的女子身穿污秽衣服，
住在陋舍中，怀胎帝王种，感到痛苦至极，
同样，众生住在痛苦屋中，心中烦恼不安，
以为没有救主，即使真正救主就在自身中。（123）

मृत्पङ्कलेपसदृशाः क्लेशाः। कनकबिम्बवत्तथागतधातुरिति।

今译：烦恼如同泥土模子，如来界如同金像。

हेम्नो यथान्तःक्वथितस्य पूर्णं
बिम्बं बहिर्मृन्मयमेक्ष्य शान्तम्।
अन्तर्विशुद्ध्यै कनकस्य तज्ज्ञः
संचोदयेदावरणं बहिर्धा ॥ १२४ ॥

今译：正如冶金行家看到里面金像
充满熔化的金，外面有泥模，
已经冷却，为了净化里面的
金像，去除外面覆盖的泥模。（124）

प्रभास्वरत्वं प्रकृतेर्मलाना-
मागन्तुकत्वं च सदावलोक्य।
रत्नाकराभं जगदग्रबोधि-
र्विशोधयत्यावरणेभ्य एवम्॥ १२५ ॥

今译：同样，佛①始终看到
本性光明，污垢仅仅
是客尘，而去除障碍，
净化如同宝藏的世间。（125）

यद्वन्निर्मलदीप्तकाञ्चनमयं बिम्बं मृदन्तर्गतं
    स्याच्छान्तं तदवेत्य रत्नकुशलः संचोदयेन्मृत्तिकाम्।
तद्वच्छान्तमवेत्य शुद्धकनकप्रख्यं मनः सर्वविद्
    धर्माख्याननयप्रहारविधितः संचोदयत्यावृतिम्॥ १२६ ॥

今译：正如无垢明亮金像在泥模中，
金匠知道它冷却，去除泥模，
同样，佛②知道心平静似纯金，
用法门之槌敲击，去除障碍。（126）③

उदाहरणानां पिण्डार्थः।

今译：这些譬喻的总义：

अम्बुजभ्रमरप्राणितुषोच्चारक्षितिष्वथ।
फलत्वक्पूतिवस्त्रस्त्रीगर्भमृत्कोशकेष्वपि ॥ १२७ ॥

今译：在莲花、蜜蜂、糠壳、垃圾、地面、
果皮、破烂布、妇女胎藏和泥模中。（127）

बुद्धवन्मधुवत्सारसुवर्णनिधिवृक्षवत्।
रत्नविग्रहवच्चक्रवर्तिवद्धेमबिम्बवत्॥ १२८ ॥

---

① 此处"佛"的原词是 agrabodhi，即获得至上菩提者。
② 此处"佛"的原词是 sarvavid，即知一切者。
③ 以上第 99 首至这一首，见于勒译单列在释论前的本偈中。

今译：如同佛、蜜、谷粒、金子、宝藏、
大树、宝石佛像、转轮王和金像。（128）

सत्त्वधातोरसंबद्धं क्लेशकोशेष्वनादिषु।
चित्तप्रकृतिवैमल्यमनादिमदुदाहृतम्॥ १२९ ॥

今译：说明众生界心本性无始以来清净，
在无始以来烦恼库藏中不受束缚。（129）

समासतो ऽनेन तथागतगर्भसूत्रोदाहरणनिर्देशेन कृत्स्नस्य सत्त्वधातोरनादिचित्तसंक्लेशधर्मागन्तुकत्वमनादिचित्तव्यवदानधर्मसहजाविनिर्भागता च परिदीपिता। तत उच्यते। चित्तसंक्लेशात्सत्त्वाः संक्लिष्यन्ते चित्तव्यवदानाद्विशुध्यन्त इति। तत्र कतमश्चित्तसंक्लेशो यमधिकृत्य नवधा पद्मकोशादिदृष्टान्तदेशना।

今译：简而言之，《如来藏经》中所说的这些譬喻说明所有众生界无始以来的心污染法只是客尘，而无始以来的心清净法具有天生不分离性。因此说："众生心受污染而污染，心自清净而清净。"何为心污染？对此宣示莲花等九种譬喻。

勒译：又復略說此《如來藏修多羅》中明一切眾生界從無始世界來客塵煩惱染心，從無始世界來淨妙法身如來藏不相捨離。是故，經言："依自虛妄染心，眾生染。依自性清淨心，眾生淨。"云何自心染？依自心染有九種喻，謂萎華等應知。偈言：

रागद्विड्मोहतत्तीव्रपर्यवस्थानवासनाः।
दृङ्मार्गभावनाशुद्धशुद्धभूमिगता मलाः ॥ १३० ॥

今译：这些烦恼是贪嗔痴及其强烈状态、习气、
见道和修道以及处于清净和不清净地。（130）

勒译：貪瞋癡相續，及結使熏集，

見修道不淨，及淨地有垢。

पद्मकोशादिदृष्टान्तैर्नवधा संप्रकाशिताः।
अपर्यन्तोपसंक्लेशकोशकोट्यस्तु भेदतः ॥ १३१ ॥

今译：无边的烦恼库藏有千万种，
而用莲花等九种譬喻说明。（131）

勒译：萎華等諸喻，說九種相對，
無邊煩惱纏，故說差別相。

समासत इमे नव क्लेशाः प्रकृतिपरिशुद्धे ऽपि तथागतधातौ पद्मकोशादय इव बुद्धबिम्बादिषु सदागन्तुकतया संविद्यन्ते। कतमे नव। तद्यथा रागानुशयलक्षणः क्लेशः। द्वेषानुशयलक्षणः। मोहानुशयलक्षणः। तीव्ररागद्वेषमोहपर्यवस्थान-लक्षणः। अविद्यावासभूमिसंगृहीतः। दर्शनप्रहातव्यः। भावनाप्रहातव्यः। अशुद्ध-भूमिगतः। शुद्धभूमिगतश्च।

今译：简而言之，即使如来界本性清净，这九种烦恼具有客尘性，经常如同莲花等覆盖佛像等。哪九种？它们是贪随眠相烦恼，瞋随眠相烦恼，痴随眠相烦恼，强烈贪瞋痴状态相烦恼，执著无明住地烦恼，见道所断烦恼，修道所断烦恼，处于不清净地烦恼，处于清净地烦恼。

勒译：此偈明何義？略說有九種煩惱，於自性清淨如來法身界中，如萎華等九種譬喻，於諸佛等常外客相。諸煩惱垢亦復如是，於真如佛性常客塵相。何等以為九種煩惱？一者貪使煩惱，二者瞋使煩惱，三者癡使煩惱，四者增上貪瞋癡結使煩惱，五者無明住地所攝煩惱，六者見道所斷煩惱，七者修道所斷煩惱，八者不淨地所攝煩惱，九者淨地所攝煩惱。此如是等九種煩惱，以彼九種譬喻示現應知。

तत्र ये लौकिकवीतरागसान्तानिकाः क्लेशा आनिञ्ज्यसंस्कारोपचयहेतवो रूपारूप्यधातुनिर्वर्तका लोकोत्तरज्ञानवध्यास्त उच्यन्ते रागद्वेषमोहानुशयलक्षणा

इति। ये रागादिचरितसत्त्वसान्तानिकाः पुण्यापुण्यसंस्कारोपचयहेतवः केवल-कामधातुनिर्वर्तका अशुभादिभावज्ञानवध्यास्त उच्यन्ते तीव्ररागद्वेषमोहपर्यवस्थान लक्षणा इति। ये ऽर्हत्सान्तानिका अनास्रवकर्मप्रवृत्तिहेतवो विमलमनोमयात्मभाव-निर्वर्तकास्तथागतबोधिज्ञानवध्यास्त उच्यन्ते ऽविद्यावासभूमिसंगृहीता इति। द्विविधः शैक्षः पृथग्जन आर्यश्च।

今译：其中，那些世间离欲众生的烦恼，成为积累不动地业的原因，产生色界和无色界，由出世间智灭除，而称为贪瞋痴随眠相烦恼。那些依随贪瞋痴的众生的烦恼成为积累福业和罪业的原因，唯独产生欲界，由修习不净观智灭除，而称为强烈贪嗔痴状态相烦恼。那些阿罗汉众生的烦恼成为无漏业的原因，产生无垢意成身，由如来菩提智灭除，而称为执著无明住地相烦恼。

勒译：此明何義？世間貪等眾生身中所攝煩惱，能作不動地業所緣，成就色界無色界果報，出世間智能斷，名為貪瞋癡使煩惱。偈言貪瞋癡相續故。又增上貪瞋癡眾生身中所攝煩惱，能作福業罪業行緣，但能成就欲界果報，唯有不淨觀智能斷，名為增上貪瞋癡等結使煩惱。偈言及結使故。又阿羅漢身中所攝煩惱，能作無漏諸業行緣，能生無垢意生身果報，唯如來菩提智能斷，名為無明住地所攝煩惱。偈言熏集故。

तत्र ये पृथग्जनशैक्षसांतानिकाः प्रथमलोकोत्तरधर्मदर्शनज्ञानवध्यास्त उच्यन्ते दर्शनप्रहातव्या इति। य आर्यपुद्गलशैक्षसान्तानिका यथादृष्टलोकोत्तर-धर्मभावनाज्ञानवध्यास्त उच्यन्ते भावनाप्रहातव्या इति। ये ऽनिष्ठागतबोधिसत्त्व-सान्तानिकाः सप्तविधज्ञानभूमिविपक्षा अष्टाम्यादिभूमित्रयभावनाज्ञानवध्यास्त उच्यन्ते ऽशुद्धभूमिगता इति। ये निष्ठागतबोधिसत्त्वसान्तानिका अष्टम्यादिभूमि-त्रयभावनाज्ञानविपक्षा वज्रोपमसमाधिज्ञानवध्यास्त उच्यन्ते शुद्धभूमिगता इति। एते

今译：有两类有学：凡夫和圣人。其中，那些凡夫有学众生的烦恼，由初见出世间法智灭除，而称为见道所断烦恼。那些圣人有学众生的烦恼，由已见出世间法修道智灭除，而称为修道所断烦恼。那些未达到终极的菩萨众生的烦恼，经过前七地对治，由第八地以上三地修习智灭除，而称为处于不清净地烦恼。那些达到终极的菩萨的烦恼，经过第八地以上三地修习智对治，由金刚三昧智灭除，称为处于清净的烦恼。所有这些——

勒译：又有二種學人。何等為二？一者凡夫，二者聖人。凡夫身中所攝煩惱，初出世間心見出世間法智能斷，名為見道所斷煩惱。偈言見道故。聖人身中所攝煩惱，如先見出世間法修道智能斷，名為修道所斷煩惱。偈言修道故。又不究竟菩薩，謂從初地乃至七地所攝煩惱，七住地中所對治法、八地已上三住地中修道智能斷，名為不淨地所攝煩惱。偈言不淨故。又畢竟究竟菩薩身中所攝煩惱，八地已上三地修道智所對治法、金剛三昧智能斷，名為淨地所攝煩惱。偈言及淨地有垢故。是名略說九種煩惱次第，萎華等九種譬喻，我已廣說應知。

नव रागादयः क्लेशाः संक्षेपेण यथाक्रमम्।
नवभिः पद्मकोशादिदृष्टान्तैः संप्रकाशिताः ॥ १३२ ॥

今译：贪等九种烦恼依次略说，
由莲花等九种譬喻说明。（132）

विस्तरेण पुनरेत एव चतुरशीतिसहस्रप्रकारभेदेन तथागतज्ञानवदपर्यन्ता भवन्ति यैरपर्यन्तक्लेशकोशकोटिगूढस्तथागतगर्भ उच्यते।

今译：如果细说，这些烦恼有八万四千种类别，如同如来智无边无际。因此说，如来藏覆盖有无限烦恼库藏千万种。

勒译：又復即此九種煩惱，依八萬四千眾生行故，有八萬四千煩惱差別，如如來智無量無邊故，有如是無量無邊煩惱纏如來藏故，言無量煩惱藏所纏如來藏。是故偈言：

बालानामर्हतामेभिः शैक्षाणां धीमतां क्रमात्।
मलैश्चतुर्भिरेकेन द्वाभ्यां द्वाभ्यामशुद्धता ॥ १३३ ॥

今译：凡夫、阿罗汉、有学和菩萨，依次
有四、一、二和二种污垢[1]而不清净。（133）

勒译：愚癡及羅漢，諸學及大智，
次第四種垢，及一二復二，
如是次第說，四凡一聖人，
二學二大智，名為不淨地。

यदुक्तं भगवता। सर्वसत्त्वास्तथागतगर्भा इति। तत्र सर्वसत्त्वाः संक्षेपेणोच्यन्ते चतुर्विधास्तद्यथा पृथग्जना अर्हन्तः शैक्षा बोधिसत्त्वाश्चेति। तत्रैषामनास्रवे धातौ यथाक्रमं चतुर्भिरेकेन द्वाभ्यां द्वाभ्यां च क्लेशमलाभ्यामशुद्धिः परिदीपिता।

今译：世尊说："一切众生有如来藏。"其中，一切众生简而言之有四种：凡夫、阿罗汉、有学和菩萨。这里说明在无漏界中，他们依次有四种、一种、两种和两种烦恼而不清净。

勒译：此偈明何義？此九種譬喻，於無漏界中如是次第四種譬喻，及第五譬喻，後時二二煩惱諸垢。依煩惱垢染故，言不清淨。

कथं पुनरिमे नव रागादयः क्लेशाः पद्मकोशादिसदृशा वेदितव्याः। कथं च तथागतधातोर्बुद्धबिम्बादिसाधर्म्यमनुगन्तव्यमिति।

今译：应知这贪等九种烦恼怎样如同莲花等？应知如来界怎样与佛像等相似。

勒译：又復云何知此九種貪等煩惱，於萎華等九種譬喻相似相對？又云何知如來藏於諸佛等九種譬喻相似相對？偈言：

① 这里所说的九种污垢也就是前面第131首偈颂的释文所说的九种烦恼。

तत्पद्मं मृदि संभूतं पुरा भूत्वा मनोरमम्।
अरम्यमभवत्पश्चाद्यथा रागरतिस्तथा ॥ १३४ ॥

今译：莲花长在泥土中，最初可爱悦人，
后来变得不可爱，贪爱也是同样。（134）

勒译：依佛神力故，有彼眾妙華，
初榮時則愛，後萎變不愛，
如華依榮悴，有愛有不愛，
貪煩惱亦爾，初樂後不樂。

भ्रमराः प्राणीनो यद्वद्दशन्ति कुपिता भृशम्।
दुःख जनयति द्वेषो जायमानस्तथा हृदि ॥ १३५ ॥

今译：如同蜜蜂发怒，拼命叮咬，
心中生起瞋怒，造成痛苦。（135）

勒译：群蜂為成蜜，瞋心嚙諸花，
瞋恚心起時，生種種苦惱。

शाल्यादीनां यथा सारमवच्छन्नं बहिस्तुषैः।
मोहाण्डकोशसंछन्नमेवं सारार्थदर्शनम्॥ १३६ ॥

今译：正如外在的糠壳覆盖稻子等谷粒，
同样，愚痴卵壳阻碍内在真实见。（136）

勒译：稻等內堅實，外為皮糩覆，
如是癡心纏，不見內堅實。

प्रतिकूलं यथामेध्यमेवं कामा विरागिणाम्।
कामसेवानिमित्तत्वात्पर्युत्थानान्यमेध्यवत्॥ १३७ ॥

今译：离欲者的贪爱[1]如同令人厌恶的垃圾，

① 此处“贪爱”（kāma），勒译“智观贪”，表明具体所指是贪爱智观。

伴随执著贪爱相，烦恼生起①似垃圾。（137）

勒译：猶如臭穢糞，智觀貪亦爾，
起欲心諸相，結使如穢糞。

वसुधान्तरितं यद्वदज्ञानान्नाप्नुयुर्निधिम्।
स्वयंभूत्वं तथाविद्यावासभूम्यावृता जनाः ॥ १३८ ॥

今译：正如出于无知，不能获得地下的宝藏，
人们执著无明住地，不能获得自在性。（138）

勒译：譬如彼地中，種種珍寶藏，
眾生無天眼，是故不能見，
如是自在智，為無明地覆，
眾生無智眼，是故不能見。

यथा बीजत्वगुच्छित्तिरङ्कुरादिक्रमोदयात्।
तथा दर्शनहेयानां व्यावृत्तिस्तत्त्वदर्शनात्॥ १३९ ॥

今译：如同芽尖等渐渐成长，突破种子皮壳，
见道产生真实见，借以断除种种烦恼。（139）

勒译：如子離皮糩，次第生芽等，
見道斷煩惱，次第生諸地。

हतसत्कायसाराणामार्यमार्गानुषङ्गतः।
भावनाज्ञानहेयानां पूतिवस्त्रनिदर्शनम्॥ १४० ॥

今译：摧毁有身见者依随圣道，凭借修习智，

---

① "烦恼生起"的原词是 paryutthāna，词义为生起，尤指烦恼生起。对应的巴利语是 pariyuṭṭhāna，词义为缠缚和烦恼。此词勒译"结使"。

修道断除种种烦恼，如同去除破烂布。（140）

勒译：以害身見等，攝取妙聖道，

修道斷煩惱，故說弊壞衣。

गर्भकोशमलप्रख्याः सप्तभूमिगता मला।
विकोशगर्भवज्ज्ञानमविकल्पं विपाकवत्॥ १४१ ॥

今译：处于七地的污垢，如同胎藏的污垢，

无分别智成熟，如同去除污垢的胎藏。（141）

勒译：七地中諸垢，猶如胎所纏，

遠離胎藏[①]智，無分別淳熟。

मृत्पङ्कलेपवज्ज्ञेयास्त्रिभूम्यनुगता मलाः।
वज्रोपमसमाधानज्ञानवध्या महात्मनाम्॥ १४२ ॥

今译：应知处于三地[②]的污垢如同泥土模子，

大智者们凭借金刚三昧智去除它们。（142）

勒译：三地知諸垢，如泥模所泥，

大智諸菩薩，金剛定智斷。

एवं पद्मादिभिस्तुल्या नव रागादयो मलाः।
धातोर्बुद्धादिसाधर्म्यं स्वभावत्रयसंग्रहात्॥ १४३ ॥

今译：这样，贪等九种污垢如同莲花等，

总摄界的三种自性，与佛等相似。（143）

勒译：萎華至泥模，如是九種喻，

示貪瞋癡等，九種煩惱垢，

① 此处“远离胎藏”的原词是 vikośagarbha，词义为无污垢覆盖的胎藏。

② 此处“三地”即前面所说菩萨修行的第八地以上的三地。

垢中如來藏，佛等相對法，

如是九種義，以三種體攝。

त्रिविधं स्वभावमधिकृत्य चित्तव्यवदानहेतोस्तथागतगर्भस्य नवधा बुद्ध-बिम्बादिसाधर्म्यमनुगन्तव्यम्। त्रिविधः स्वभावः कतमः।

今译：关于三种自性，应该依据以心清净为原因的如来藏在九方面与佛像等相似理解。哪三种自性？

勒译：此偈明何義？謂依法身自性清淨心如來藏等三種實體[①]，有諸佛等九種譬喻相似相對法應知。三種實體者，偈言：

स्वभावो धर्मकायो ऽस्य तथता गोत्रमित्यपि।
त्रिभिरेकेन स ज्ञेयः पञ्चभिश्च निदर्शनैः ॥ १४४ ॥

今译：自性是法身、真如和种性，

应知有三、一和五种譬喻。（144）

勒译：法身及真如，如來性實體，

三種及一種，五種喻示現。

त्रिभिर्बुद्धबिम्बमधुसारदृष्टान्तैर्धर्मकायस्वभावः स धातुरवगन्तव्यः। एकेन सुवर्णदृष्टान्तेन तथतास्वभावः। पञ्चभिर्निधितरुरत्नविग्रहचक्रवर्तिकनकबिम्बदृष्टान्तैस्त्रिविधबुद्धकायोत्पत्तिगोत्रस्वभाव इति। तत्र धर्मकायः कतमः।

今译：应知法身自性这种界有佛像、蜜和谷粒三种譬喻。真如自性有金子一种譬喻。产生三种佛身[②]的种性自性有宝藏、大树、宝像、转轮王和金像五种譬喻。其中，法身什么样？

勒译：此偈明何義？初三種喻示現如來法身應知。三種譬喻者，

① 此处“实体”的原词是 svabhāva，即自性。

② “三种佛身”指法身、受用身和化身。

所謂諸佛、美蜜、堅固，示現法身。偈言法身故。一種譬喻者，所謂真金，示現真如。偈言真如故。又何等為五種譬喻？一者地藏，二者樹，三者金像，四者轉輪聖王，五者寶像，能生三種佛身，示現如來性。偈言如來性故。又法身者，偈言：

धर्मकायो द्विधा ज्ञेयो धर्मधातुः सुनिर्मलः।
तन्निष्यन्दश्च गाम्भीर्यवैचित्र्यनयदेशना ॥ १४५ ॥

今译：应知法身有两种：完全清净的法界，
它的所流[1]，所说深邃法和种种法门。（145）

勒译：法身有二種，清淨真法界，
及依彼習氣，以深淺義說。

द्विविधो बुद्धानां धर्मकायो ऽनुगन्तव्यः। सुविशुद्धश्च धर्मधातोरविकल्पज्ञानगोचरविषयः। स च तथागतानां प्रत्यात्ममधिगमधर्ममधिकृत्य वेदितव्यः। तत्प्राप्तिहेतुश्च सुविशुद्धधर्मधातुनिष्यन्दो यथावैनयिकपरसत्त्वेषु विज्ञप्तिप्रभवः। स च देशनाधर्ममधिकृत्य वेदितव्यः। देशना पुनर्द्विविधा सूक्ष्मौदारिकधर्मव्यवस्थाननयभेदात्। यदुत गम्भीरबोधिसत्त्वपिटकधर्मव्यवस्थाननयदेशना च परमार्थसत्यमधिकृत्य विचित्रसूत्रगेयव्याकरणगाथोदाननिदानादिविविधधर्मव्यवस्थाननयदेशना च संवृतिसत्यमधिकृत्य।

今译：应该理解有两种佛的法身。完全清净法界是无分别智所行境界。应知这是关于如来自觉内证法，完全清净法界所流成为获得它的原因，能按照情况向可教化的其他众生宣说。应知这是所说法。所说法又有两种，依据所说法门的粗细。一是关于第一义谛所说的深邃的菩萨经藏法门，二是关于俗谛所说的种种经、应颂、授记、伽他、

① 此处“所流”（niṣyanda，或译“等流”）指由法界流出的或产生的（所说法）。

自说和譬喻①等法门。

勒译：此偈明何義？諸佛如來有二種法身。何等為二？一者寂靜法界身，以無分別智境界故。如是諸佛如來法身，唯自內身法界能證應知。偈言清淨真法界故。二者為得彼因，謂彼寂靜法界說法，依可化眾生說彼說法應知。以依真如法身有彼說法，名為習氣。偈言及依彼習氣故。彼說法者，復有二種：一細二麁。細者，所謂為諸菩薩摩訶薩演說甚深祕密法藏，以依第一義諦說故。麁者，所謂種種修多羅、祇夜、和伽羅那、伽陀、憂陀那、尼陀那等，名字章句種種差別，以依世諦說故。是故偈言：

लोकोत्तरत्वाल्लोके ऽस्य दृष्टान्तानुपलब्धितः ।
धातोस्तथागतेनैव सादृश्यमुपपादितम् ॥ १४६ ॥

今译：由于出世间，它的世间喻证不可得，
　　　只能依据界与如来的相似予以说明。（146）

勒译：以出世間法，世中無譬喻，
　　　是故依彼性，還說性譬喻。

मध्वेकरसवत्सूक्ष्मगम्भीरनयदेशना ।
नानाण्डसारवज्ज्ञेया विचित्रनयदेशना ॥ १४७ ॥

今译：所说精微深邃法门如同蜜一味，
　　　所说种种法门如同各种食品味。（147）

勒译：如美蜜一味，微細法亦爾，
　　　修多羅等說，如種種異味。

---

① 这里指佛经的各种文体。其中，"经"（sūtra，音译"修多罗"）是通常的经文。"应颂"（geya，音译"祇夜"）是总结经文中散文部分意义的偈颂。"授记"（vyākaraṇa，音译"和伽罗那"）是佛预言菩萨或行善积德者未来成佛。"伽他"（gāthā，或音译"伽陀"）即偈颂。"自说"（udāna，音译"忧陀那"）是佛有感而说法。"譬喻"（nidāna，音译"尼陀那"）是佛譬喻说法。

इत्येवमेभिस्त्रिभिर्बुद्धबिम्बमधुसारदृष्टान्तैस्तथागतधर्मकायेन निरवशेषसत्त्व-धातुपरिस्फरणार्थमधिकृत्य तथागतस्येमे गर्भाः सर्वसत्त्वा इतिपरिदीपितम्। न हि स कश्चित्सत्त्वः सत्त्वधातौ संविद्यते यस्तथागतधर्मकायाद्बहिराकाशधातोरिव रूपम्। एवं ह्याह।

今译：这样，所说佛像、蜜和谷粒三种譬喻，意谓如来法身遍及所有一切众生界，说明一切众生有如来藏。因为在众生界中，没有任何众生处在如来法身外，如同没有任何色处在虚空界外。这样，经中说：

勒译：此偈明何義？諸佛、美蜜及堅固等三種譬喻，此明如來真如法身有二種義：一者遍覆一切眾生，二者遍身中有無有餘殘，示現一切眾生有如來藏。此以何義？於眾生界中無有一眾生離如來法身，在於法身外，離於如來智，在如來智外，如種種色像不離虛空中。是故偈言：

यथाम्बरं सर्वगतं सदा मतं
 तथैव तत्सर्वगतं सदा मतम्।
यथाम्बरं रूपगतेषु सर्वगं
 तथैव तत्सत्त्वगणेषु सर्वगमिति ॥

今译：正如虚空被认为永远
遍及一切，它同样如此，
正如虚空遍及一切色，
它同样遍及一切众生。

勒译：譬如諸色像，不離於虛空，
如是眾生身，不離諸佛智，
以如是義故，說一切眾生，
皆有如來藏，如虛空中色。

प्रकृतेरविकारित्वात्कल्याणत्वाद्विशुद्धितः।
हेममण्डलकौपम्यं तथतायामुदाहृतम्॥ १४८ ॥

今译：本性不变异、美妙和纯洁，
因此说真如和金子相似。（148）

勒译：以性不改變，體本來清淨，
如真金不變，故說真如喻。

यच्चित्तमपर्यन्तक्लेशदुःखधर्मानुगतमपि प्रकृतिप्रभास्वरतया विकारानुदाहृतेरतः कल्याणसुवर्णवदनन्यथाभावार्थेन तथतेत्युच्यते। स च सर्वेषामपि मिथ्यात्वनियतसंतानानां सत्त्वानां प्रकृतिनिर्विशिष्टानां सर्वागन्तुकमलविशुद्धिमागतस्तथागत इति संख्यां गच्छति। एवमेकेन सुवर्णदृष्टान्तेन तथताव्यतिभेदार्थमधिकृत्य तथागतस्तथतैषां गर्भः सर्वसत्त्वानामिति परिदीपितम्। चित्तप्रकृतिविशुद्ध्यद्वयधर्मतामुपादाय यथोक्तं भगवता। तत्र मञ्जुश्रीस्तथागत आत्मोपादानमूलपरिज्ञातावी। आत्मविशुद्ध्या सर्वसत्त्वविशुद्धिमनुगतः। या चात्मविशुद्धिर्या च सत्त्वविशुद्धिरद्वयैषाद्वैधीकारो ति। एवं ह्याह।

今译：即使心依随无限烦恼痛苦法，由于本性光明，而不能说成有变异，因而说真如具有不变异性，如同美妙的金子。甚至一切邪定聚众生的本性无差异，它清除他们的一切客尘污垢，而得名如来。这样，所说金子一种譬喻，意谓真如超越变异，说明如来，即真如，是一切众生所藏。关于心本性清净不二法性，如世尊说：“文殊师利啊，如来通晓自身[①]根本。以自身清净而知道一切众生清净。自身清净即众生清净，构成不二。”这样，经中说：

勒译：此偈明何義？明彼真如如來之性，乃至邪聚眾生身中自性清淨心，無異無差別，光明明了，以離客塵諸煩惱故。後時說言，如來法身如是以一真金譬喻，依真如無差別，不離佛法身故，說諸眾生

① 此处“自身”的原词是 ātmopadāna（“自取”）。其中的 upadāna（“取”）指取蕴，即五取蕴，相当于身体，故而此词勒译“自身”。

皆有如來藏，以自性清淨心雖言清淨而本來無二法故。是故，經中佛告文殊師利言："文殊師利！如來如實知見自身根本清淨智。以依自身根本智故，知諸眾生有清淨身。文殊師利！所謂如來自性清淨身，乃至一切眾生自性清淨身，此二法者，無二無差別。"是故偈言：

सर्वेषामविशिष्टापि तथता शुद्धिमागता।
तथागतत्वं तस्माच्च तद्गर्भाः सर्वदेहिन इति ॥

今译：在一切众生中，无有差别，真如全然清净，
成为如来性，因此，一切众生中有如来藏。

勒译：一切諸眾生，平等如來藏，
真如清淨法，名為如來體，
依如是義故，說一切眾生，
皆有如來藏，應當如是知。

गोत्रं तद्द्विविधं ज्ञेयं निधानफलवृक्षवत्।
अनादिप्रकृतिस्थं च समुदानीतमुत्तरम्॥ १४९ ॥

今译：应知种性有两种，如同宝藏和果树，
住于无始本性中，获得至高的成就。（149）

勒译：又復偈言：

佛性有二種，一者如地藏，
二者如樹果，無始世界來，
自性清淨心，修行無上道。

बुद्धकायत्रयावाप्तिरस्माद्गोत्रद्वयान्मता।
प्रथमात्प्रथमः कायो द्वितीयाद्वौ तु पश्चिमौ ॥ १५० ॥

今译：由两种种性，获得三种佛身，第一种

佛身得自第一种，后两种得自第二种。（150）

勒译：依二種佛性，得出三種身，
依初譬喻故，知有初法身，
依第二譬喻，知有二佛身。

रत्नविग्रहवज्ज्ञेयः कायः स्वाभाविकः शुभः।
अकृत्रिमत्वात्प्रकृतेर्गुणरत्नाश्रयत्वतः ॥ १५१ ॥

今译：由于本性天成，功德宝所依，
应知自性身[1]清净，如同宝像。（151）

勒译：真佛法身淨，猶如真金像，
以性不改變，攝功德實體。

महाधर्माधिराजत्वात्साम्भोगश्चक्रवर्तिवत्।
प्रतिबिम्बस्वभावत्वान्निर्माणं हेमबिम्बवत्॥ १५२ ॥

今译：具有大法王性，应身如同转轮王，
具有影像自性，化身如同金像。（152）

勒译：證大法王位，如轉輪聖王，
依止鏡像體，有化佛像現。

इत्येवमेभिरवशिष्टैः पञ्चभिर्निधितरुरत्नविग्रहचक्रवर्तिकनकबिम्बदृष्टान्तैस्त्रिविधबुद्धकायोत्पत्तिगोत्रस्वभावार्थमधिकृत्य तथागतधातुरेषां गर्भः सर्वसत्त्वानामिति परिदीपितम्। त्रिविधबुद्धकायप्रभावितत्वं हि तथागतत्वम्। अतस्तत्प्राप्तये हेतुस्तथागतधातुरिति। हेत्वर्थोऽत्र धात्वर्थः। यत आह। तत्र च सत्त्वे सत्त्वे तथागतधातुरुत्पन्नो गर्भगतः संविद्यते न च ते सत्त्वा बुध्यन्त इति। एवं ह्याह।

① “自性身”即法身。

今译：这样，所说其余宝藏、大树、宝像、转轮王和金像这五种譬喻，意谓种性自性产生三种佛身，说明如来界是一切众生所藏。因为如来性展现为三种佛身。因此，如来界是产生三种佛身的原因。这里，界义是因义。由此，经中说："这里每个众生中，都藏有如来界，而这些众生不觉知。"这样，经中说：

勒译：此偈明何義？餘五種譬喻，所謂藏、樹、金像、轉輪聖王、寶像譬喻，示現生彼三佛法身，以依自體性如來之性諸眾生藏。是故說言一切眾生有如來藏。此示何義？以諸佛如來有三種身得名義故。此五種喻能作三種佛法身因。以是義故，說如來性因。此以何義？此中明性義以為因義。以是義故，經中偈言：

अनादिकालिको धातुः सर्वधर्मसमाश्रयः।
तस्मिन्सति गतिः सर्वा निर्वाणाधिगमो ऽपि च ॥

今译：无始以来的界是一切法所依，
依界而有道[1]，也能证得涅槃。

勒译：無始世來性，作諸法依止，
依性有諸道，及證涅槃果。

तत्र कथमनादिकालिकः। यत्तथागतगर्भमेवाधिकृत्य भगवता पूर्वकोटिर्न प्रज्ञायत इति देशितं प्रज्ञप्तम्। धातुरिति। यदाह। यो ऽयं भगवंस्तथागतगर्भो लोकोत्तरगर्भः प्रकृतिपरिशुद्धगर्भ इति। सर्वधर्मसमाश्रय इति। यदाह। तस्माद्भगवंस्तथागतगर्भो निश्रय आधारः प्रतिष्ठा संबद्धानामविनिर्भागानाममुक्तज्ञानानामसंस्कृतानां धर्माणाम्। असंबद्धानामपि भगवन्विनिर्भागधर्माणां मुक्तज्ञानानां संस्कृतानां धर्माणां निश्रय आधारः प्रतिष्ठा तथागतगर्भ इति। तस्मिन्सति गतिः सर्वेति। यदाह। सति भगवंस्तथागर्भे संसार इति परिकल्पमस्य वचनायेति। निर्वाणाधिगमो ऽपि चेति। यदाह। तथागतगर्भश्चेद्भगवन्न स्यान्न स्याद्दुःखे ऽपि निर्विन्न निर्वाणेच्छा प्रार्थना प्रणिधिर्वेति विस्तरः।

① 此处"道"（gati）指生死轮回之道。

今译：这里，为何是无始？关于如来藏，世尊宣示说：“前际不可知。”关于界，经中说：“世尊啊，如来藏是出世间藏，是本性清净藏。”关于一切法所依，经中说：“因此，世尊啊，如来藏是紧密相连的、不分离的、不脱离智的、无为的诸法所依、支撑和根基。世尊啊，如来藏也是不紧密相连的、分离的、脱离智的、有为的诸法所依、支撑和根基。”关于依界而有道，经中说：“世尊啊，有如来藏，而有生死轮回。”[①]还有，关于证得涅槃，经中说：“世尊啊，如果没有如来藏，也就不会厌弃痛苦，不会向往、渴求和发愿求取涅槃。”如此等等广说。

勒译：此偈明何義？無始世界性者，如經說言：“諸佛如來依如來藏，說諸眾生無始本際不可得知故。”所言性者，如《聖者勝鬘經》言：“世尊！如來說如來藏者是法界藏，出世間法身藏，出世間上上藏，自性清淨法身藏，自性清淨如來藏故。”作諸法依止者，如《聖者勝鬘經》言：“世尊！是故如來藏是依，是持，是住持，是建立。世尊！不離、不離智、不斷、不脫、不異、無為不思議佛法。世尊！亦有斷脫、異外、離、離[②]智有為法，亦依，亦持，亦住持，亦建立，依如來藏故。”依性有諸道者，如《聖者勝鬘經》言：“世尊！生死者依如來藏。世尊！有如來藏故，說生死，是名善說故。”及證涅槃果者，如《聖者勝鬘經》言：“世尊！依如來藏，故有生死。依如來藏，故證涅槃。世尊！若無如來藏者，不得厭苦樂求涅槃，不欲涅槃，不願涅槃故。”

स खल्वेष तथागतगर्भो धर्मकायाविप्रलम्भस्तथतासंभिन्नलक्षणो नियत-गोत्रस्वभावः सर्वदा च सर्वत्र च निरवशेषयोगेन सत्त्वधाताविति द्रष्टव्यं धर्मतां

---

① 此处原文中还有一句是 parikalpamasya vacanāyeti，句义不明。其中，parikalpam 一词的词义为妄想。此句勒译“是名善说”。因而原文这里可能有误。

② 此处“离、离”两个字，据《中华大藏经》校勘记，诸本作“离”。但依据前面提到的“不离、不离智”，此处应为“离、离智”。

प्रमाणीकृत्य। यथोक्तम् - एषा कुलपुत्र धर्माणां धर्मता। उत्पादाद्वा तथागतानामनुत्पादाद्वा सदैवैते सत्त्वास्तथागतगर्भा इति। यैव चासौ धर्मता सैवात्र युक्तिर्योग उपायः पर्यायः। एवमेव तत्स्यात्। अन्यथा नैव तत्स्यादिति। सर्वत्र धर्मतैव प्रतिशरणम्। धर्मतैव युक्तिश्चित्तनिध्यापनाय चित्तसंज्ञापनाय। सा न चिन्तयितव्या न विकल्पयितव्याधिमोक्तव्येति।

今译：确实，应该知道如来藏与法身不分离，具有与真如无差别相，具有确定的种性自性，在任何时间和地点，存在于一切众生界中。这是以法性为准则。如经中说："善男子啊，这是诸法法性。无论众如来出世或不出世，这些众生都始终有如来藏。"这是法性，在这方面，道理、相应和方便是同义词。它是这样，不是别样。无论何处，法性是所依处。法性是道理，为心所沉思，为心所认知。它不可思议，不可妄想分别，而应该虔信。

勒译：此明何義？明如來藏究竟如來法身不差別，真如體相畢竟定佛性體，於一切時一切眾生身中皆無餘盡應知。此云何知依法相知？是故經言："善男子！此法性法體性自性常住，如來出世若不出世，自性清淨本來常住，一切眾生有如來藏。此明何義？依法性，依法體，依法相應，依法方便。此法為如是、為不如是，不可思議。一切處依法依法量，依法信，得心淨，得心定。彼不可分別為實為不實，唯依如來信。是故偈言：

श्रद्धयैवानुगन्तव्यं परमार्थे स्वयंभुवाम्।
न ह्यचक्षुः प्रभादीप्तमीक्षते सूर्यमण्डलम्॥ १५३॥

今译：应该依据虔信自在者理解第一义，
　　　因为无眼者看不见光辉的日轮。（153）

勒译：唯依如來信，信於第一義，
　　　如無眼目者，不能見日輪。

समासत इमे चत्वारः पुद्गलास्तथागतगर्भदर्शनं प्रत्यचक्षुष्मन्तो व्यवस्थिताः। कतमे चत्वारः। यदुत पृथग्जनः श्रावकः प्रत्येकबुद्धो नवयानसंप्रस्थितश्च बोधिसत्त्वः। यथोक्तम्। अगोचरो ऽयं भगवंस्तथागतगर्भः सत्कायदृष्टिपतितानां विपर्यासाभिरतानां शून्यताविक्षिप्तचित्तानामिति।

今译：简而言之，这四种人肯定无眼看见如来藏。哪四种人？他们是凡夫、声闻、缘觉和初入道的菩萨。如经中说："世尊啊，这如来藏不是陷入有身见者、执著四颠倒者和心迷乱于空性者的境界。"

勒译：此偈明何義？略說一切眾生界中有四種眾生，不識如來藏，如生盲人。何等為四？一者凡夫，二者聲聞，三者辟支佛，四者初發菩提心菩薩。如《聖者勝鬘經》中說言："世尊！如來藏者，於身見眾生非其境界。世尊！如來藏者，於取四顛倒眾生非其境界。世尊！如來藏者，於散亂心失空眾生非其境界故。"

तत्र सत्कायदृष्टिपतिता उच्यन्ते बालपृथग्जनाः। तथा हि ते ऽत्यन्तसास्रवस्कन्धादीन्धर्मानात्मत आत्मीयतश्चोपगम्याहकारममकाराभिनिविष्टाः सत्कायनिरोधमनास्रवधातुमधिमोक्तुमपि नालम्। कुतः पुनः सर्वज्ञविषयं तथागतगर्भमवभोत्स्यन्त इति। नेदं स्थानं विद्यते।

今译：这里，陷入有身者，称为愚痴凡夫。因为他们依据我和我所，执取无限的有漏蕴等法，执著我慢和我所，甚至不能虔信断灭有身的无漏界，更何况觉知一切知者境界如来藏。不可能有这样的情况。

勒译：此明何義？身見眾生者，謂諸凡夫，以彼凡夫實無色等五陰諸法[1]而取以為有我我所，虛妄執著我我所，於離身見等滅諦無漏性甘露之法，信亦不能，何況出世間一切智境界如來藏能證能解？無有是處。

---

① 此处"实无色等五阴诸法"的原文是 sāsravaskandhādīn dharmān，直译为"有漏蕴等法"。勒译有强调五蕴性空的意思，即实际并无色等五蕴法。

तत्र विपर्यासाभिरता उच्यन्ते श्रावकप्रत्येकबुद्धाः। तत्कस्मात्। ते ऽपि हि नित्ये तथागतगर्भे सत्युत्तरिभावयितव्ये तन्नित्यसंज्ञाभावनाविपर्ययेणानित्यसंज्ञाभावनाभिरताः। सुखे तथागतगर्भे सत्युत्तरिभावयितव्ये तत्सुखसंज्ञाभावनाविपर्ययेण दुःखसंज्ञाभावनाभिरताः। आत्मनि तथागतगर्भे सत्युत्तरिभावयितव्ये तदात्मसंज्ञाभावनाविपर्ययेणानात्मसंज्ञाभावनाभिरताः। शुभे तथागतगर्भे सत्युत्तरिभावयितव्ये तच्छुभसंज्ञाभावनाविपर्ययेणाशुभसंज्ञाभावनाभिरताः। एवमनेन पर्यायेण सर्वश्रावकप्रत्येकबुद्धानामपि धर्मकायप्राप्तिविधुरमार्गाभिरतत्वादगोचरः स परमनित्यसुखात्मशुभलक्षणो धातुरित्युक्तम्। यथा च स विपर्यासाभिरतानामनित्यदुःखानात्माशुभसंज्ञानामगोचरस्तथा विस्तरेण महापरिनिर्वाणसूत्रे भगवता वापीतोयमणिदृष्टान्तेन प्रसाधितः।

今译：这里，执著四颠倒者，称为声闻和缘觉。为什么？他们本应该首要修习常如来藏，却出现颠倒，不修习常想，而执著修习无常想。本应该首要修习乐如来藏，却出现颠倒，不修习乐想，而执著修习苦想。本应该首要修习我如来藏，却出现颠倒，不修习我想，而执著修习无我想。本应该首要修习净如来藏，却出现颠倒，不修习净想，而执著修习不净想。正是这样，由于执著有碍于获得法身的道路，而说这种具有至高常、乐、我、净相的界不是一切声闻和缘觉的境界。这不是执著四颠倒而持有无常、苦、无我、不净想者的境界，世尊已在《大般涅槃经》中以池水为喻证详细说明：

勒译：又取四顛倒諸眾生者，所謂聲聞、辟支佛人。以彼聲聞、辟支佛等應修行如來藏常，而不修行如來藏以為常，以顛倒取一切法無常，修行如來藏無常。樂無常修行，以不知不覺故。應修行如來藏樂，而不修行如來藏以為樂，以顛倒取一切法皆苦，修行如來藏苦。樂苦修行，以不知不覺故。應修行如來藏我，而不修行如來藏以為我，以顛倒取一切法無我，修行如來藏無我。樂無我修行，以不知不覺故。應修行如來藏淨，而不修行如來藏以為淨。以顛倒取一切法不淨，修行如來藏不淨。樂不淨修行，以不知不覺故。如是聲聞、辟支佛等，一切不能如實隨順法身修行。以是義故，第一彼岸[1]常、樂、我、淨法，非彼聲聞辟支佛等所知境界。如是樂顛倒無常、苦、無我、不淨相等，彼如來藏非其境界。如是之義《大般涅槃修多羅》中池水譬喻廣明此義應知。彼經中言：

तद्यथापि नाम भिक्षवो ग्रीष्मकाले वर्तमाने सलिलबन्धनं बद्ध्वा स्वैः स्वैर्मण्डनकोपभोगैर्जनाः सलिले क्रीडेयुः। अथ तत्रैको जात्यं वैडूर्यमणिमन्तरुदके स्थापयेत्। ततस्तस्य वैडूर्यस्यार्थे सर्वे ते मण्डनकानि त्यक्त्वा निमज्जेयुः। अथ यत्तत्रास्ति शर्करं कठल्यं वा तत्ते मणिरिति मन्यमाना गृहीत्वा मया लब्धो मणिरित्युत्सृज्योत्सृज्य वापीतिरे स्थित्वा नायं मणिरिति संज्ञां प्रवर्तेयुः। तच्च वाप्युदकं मणिप्रभावेन तत्प्रभेव भ्राजेत। एवं तेषां तदुदकं भ्राजमानं दृष्ट्वाहो मणिरिति गुणसंज्ञा प्रवर्तेत। अथ तत्रैक उपायकुशलो मेधावी मणिं तत्त्वतः प्रतिलभेत।

今译：“众比丘啊，譬如，在夏季，人们穿上泳衣，带着各自的装饰品和用具，在水中游戏。这时，有人将一颗真正的琉璃摩尼宝珠抛入水中。所有其他人都将自己的装饰品放在一边，潜入水中，寻找这颗琉璃珠。他们将水中的卵石或瓦砾误认为摩尼宝珠，心想：‘我得到了摩尼宝珠。’一次又一次捞出。而站到岸上，便发觉：‘这不是摩尼宝珠。’而由于摩尼宝珠的威力，池水仿佛自身闪耀光芒。看到池水闪耀光芒，他们会想到这是摩尼宝珠的功德：‘啊，这摩尼宝珠还在！’然后，有个聪明的人，运用善巧方便，真正获得摩尼宝珠。

勒译：“迦葉！譬如，春時，有諸人等在大池浴乘船遊戲，失琉璃寶沒深水中。是時，諸人悉共入水求覓是寶，競捉瓦石、草木、沙礫，各各自謂得琉璃珠，歡喜持出，乃知非真。是時，寶珠猶在水中，以珠力故，水皆澄清。於是，大眾乃見寶珠故在水下，猶如仰觀虛空

① 此处“第一彼岸”的原词是 parama，词义为至高的。

月形。是時，眾中有一智人。以方便力，安徐入水，即便得珠。

एवमेव भिक्षवो युष्माभिः सर्वमनित्यं सर्वं दुःखं सर्वमनात्मकं सर्वमशुभमिति सर्वग्रहणेन भावितभावितं बहुलीकृतबहुलीकृतं धर्मतत्त्वमजानद्भिस्तत्सर्वं घटितं निरर्थकम्। तस्माद्भिक्षवो वापीशर्करकठल्यव्यवस्थिता इव मा भूत उपायकुशला यूयं भवत। यद्यद्भिक्षवो युष्माभिः सर्वमनित्यं सर्वं दुःखं सर्वमनात्मकं सर्व-मशुभमिति सर्वग्रहणेन भावितभावितं बहुलीकृतबहुलीकृतं तत्र तत्रैव नित्यसुख-शभात्मकानि सन्तीति विस्तरेण परमधर्मतत्त्वव्यवस्थानमारभ्य विपर्यास-भूतनिर्देशो यथासूत्रमनुगन्तव्यः।

今译："正是这样，众比丘啊，你们不知道法的真实，执持一切无常、一切苦、一切无我、一切不净的见解，这样反复修习，努力修习。而这一切修习毫无意义。因此，众比丘啊，你们不要像执取池水中卵石和瓦砾者那样，而要运用善巧方便。你们执持一切无常、一切苦、一切无我、一切不净的见解，这样反复修习，努力修习，而正是在这一切中，处处有常、乐、我、净。"关于确立至高法的真实，应该依据经中广说的颠倒真实理解。

勒译："汝等比丘！不應如是修集無常、苦、無我想、不淨想等以為真實，如彼諸人各以瓦石、草木、沙礫而為寶珠。汝等應當善學方便，在在處處常修我想、常、樂、淨想。復應當知先所修集四法相貌悉是顛倒。欲得真實，修諸想者，如彼智人巧出寶珠。所謂我想、常、樂、淨想故。"

तत्र शून्यताविक्षिप्तचित्ता उच्यन्ते नवयानसंप्रस्थिता बोधिसत्त्वस्तथागत-गर्भशून्यतार्थनयविप्रनष्टाः। ये भावविनाशाय शून्यताविमोक्षमुखमिच्छन्ति सत एव धर्मस्योत्तरकालमुच्छेदो विनाशः परिनिर्वाणमिति। ये वा पुनः शून्यतोपलम्भेन शून्यतां प्रतिसरन्ति शून्यता नाम रूपादिव्यतिरेकेण कश्चिद्भावो ऽस्ति यमधिगमिष्यामो भावयिष्याम इति। तत्र कतमः स

तथागतगर्भशून्यतार्थनय उच्यते।

今译：这里，心迷乱于空性者，称为初入道菩萨。他们丧失如来藏空性义。他们为了毁灭事物，企求空性解脱门，认为般涅槃是毁灭，即断绝此后存在的法。或者，他们感受空性，追求空性，认为有某种有别于色等的事物，名为空性，故而说："我们要证得它，修习它。"这里，何为如来藏空性义？

勒译：又散亂心失空眾生者，謂初發心菩薩，離空如來藏義。以失變壞物修行，名為空解脫門。此以何義？初發心菩薩起如是心，實有法斷滅後時得涅槃。如是菩薩失空如來藏修行。又復有人以空為有物，我應得空。又生如是心，離色等法，別更有空，我應修行令得彼空。彼人不知空以何等法是如來藏。偈言：

नापनेयमतः किंचिदुपनेयं न किंचन।
द्रष्टव्यं भूततो भूतं भूतदर्शी विमुच्यते ॥ १५४ ॥

今译：由于既无所损减，也无所增益，
如实见真实，见真实者得解脱。（154）

勒译：不空如來藏，謂無上佛法，
不相捨離相，不增減一法。

शून्य आगन्तुकैर्धातुः सविनिर्भागलक्षणैः।
अशून्यो ऽनुत्तरैर्धर्मैरविनिर्भागलक्षणैः ॥ १५५ ॥

今译：界所空者是有分离相的种种客尘，
所不空者是无分离相的无上诸法。（155）

勒译：如來無為身，自性本來淨，
客塵虛妄染，本來自性空。[①]

---

① 这里勒译两首偈颂与原文意义相通，但表述有明显差异。

किमनेन परिदीपितम्। यतो न किंचिदपनेयमस्त्यतः प्रकृतिपरिशुद्धात्तथागतधातोः संक्लेशनिमित्तमागन्तुकमलशून्यताप्रकृतित्वादस्य। नाप्यत्र किंचिदुपनेयमस्ति व्यवदाननिमित्तमविनिर्भागशुद्धधर्मप्रकृतित्वात्। तत उच्यते। शून्यस्तथागतगर्भो विनिर्भागैर्मुक्तज्ञैः सर्वक्लेशकोशैः। अशून्यो गङ्गानदीवालिकाव्यतिवृत्तैरविनिर्भागैरमुक्तज्ञैरचिन्त्यैर्बुद्धधर्मैरिति। एवं यद्यत्र नास्ति तत्तेन शून्यमिति समनुपश्यति। यत्पुनरत्रावशिष्टं भवति तत्सदिहास्तीति यथाभूतं प्रजानाति। समारोपापवादान्तपरिवर्जनादपर्यन्तं शून्यतालक्षणमनेन श्लोकद्वयेन परिदीपितम्।

今译：这首偈颂说明什么意义？由于如来界本性清净，具有客尘污垢空性本性[①]，而没有任何污染相损减。由于清净相和清净法本性不分离，而没有任何清净相增益。因此，经中说："如来藏所空者是分离的、脱离智的一切烦恼库藏。所不空者是超过恒河沙数的、不分离的、不脱离智的、不可思议的佛法。"这样，凡是那里无有，则感知为空。凡是那里有，则如实感知为有。由于排除增益和损减二边，这两首偈颂说明真正的空性相。

勒译：此偈明何義？不減一法者，不減煩惱。不增一法者，真如性中不增一法。以不捨離清淨體故，偈言不相捨離相[②]，不增減一法故。是故，《聖者勝鬘經》言："世尊！有二種如來藏空智。世尊！空如來藏，若離、若脫、若異一切煩惱藏[③]。世尊！不空如來藏，過於恒沙、不離、不脫、不異不思議佛法故[④]。"如是以何等煩惱以何等處無，如是如實見知，名為空智。又何等諸佛法何處具足有，如是如實見知，名不空智。如是明離有無二邊如實知空相。此二偈中明如是義。

① 这句的意思是外来的客尘污垢原本空性，因而本性本身并无客尘污垢。这句与后面所说的"如来藏所空者是分离的、脱离智的一切烦恼库藏"意思相通。

② "不相舍离相"按照此处勒译释文，可理解为不与清净体相舍离的形相。

③ 这句是说如来藏所空者是烦恼藏。

④ 这句是说如来藏不空者是佛法。

तत्र येषामितः शून्यतार्थनयाद्बहिश्चित्तं विक्षिप्यते विसरति न समाधीयते नैकाग्रीभवति तेन ते शून्यताविक्षिप्तचित्ता उच्यन्ते। न हि परमार्थशून्यताज्ञान-मुखमन्तरेण शक्यते ऽविकल्पो धातुरधिगन्तुं साक्षात्कर्तुम्। इदं च संधायोक्तम्। तथागतगर्भज्ञानमेव तथागतानां शून्यताज्ञानम्। तथागतगर्भश्च सर्वश्रावक-प्रत्येकबुद्धैरदृष्टपूर्वो ऽनधिगतपूर्व इति विस्तरः।

今译：这里，那些人的心偏离这种空性义，迷乱，分散，不入定，不专注，因此，称为心迷乱于空性者。由于偏离第一义空性智门，他们不能亲证无分别的界。由此，经中说："如来藏智即如来空性智。如来藏，一切声闻和缘觉前所未见，前所未得。"如此等等广说。

勒译：又眾生若離如是空智，彼人則是佛境界外，名不相應，不得定，不得一心。以是義故，名散亂心失空眾生。何以故？以離第一義空智門無分別境界，不可得證，不可得見。是故，《聖者勝鬘經》言："世尊！如來藏智名為空智。世尊！如來藏空智者，一切聲聞、辟支佛等本所不見，本所不得，本所不證，本所不會。世尊！一切苦滅唯佛得證，壞一切煩惱藏，修一切滅苦道故。"

स खल्वेष तथागतगर्भो यथा धर्मधातुगर्भस्तथा सत्कायदृष्टिपतितानाम-गोचर इत्युक्तं दृष्टिप्रतिपक्षत्वाद्धर्मधातोः। यथा धर्मकायो लोकोत्तरधर्मगर्भस्तथा विपर्यासाभिरतानामगोचर इत्युक्तमनित्यादिलोकधर्मप्रतिपक्षेण लोकोत्तरधर्मपरि-दीपनात्। यथा प्रकृतिपरिशुद्धधर्मगर्भस्तथा शून्यताविक्षिप्तानामगोचर इत्युक्तमा-गन्तुकमलशून्यताप्रकृतित्वाद्विशुद्धिगुणधर्माणामविनिर्भागलोकोत्तरधर्मकायप्रभा-वितानामिति।

今译：正如法界藏，如来藏不是陷入有身见者的境界，因为已说明法界对治这种见。正如法身或出世间法藏，如来藏不是执著四颠倒者的境界，因为已说明出世间法对治无常等世间法。正如本性清净法藏，如来藏不是迷乱于空性者的境界，因为已说明不分离出世间法身展现的清净功德法具有客尘污染空性本性。

勒译：如是，此如來藏以法界藏故，身見等眾生不能得見，已說以身見相對治真實法界未現前故①。又如是出世間法身如來藏，非顛倒眾生境界，已說以無常等世間法對治出世間法界未現前故。又如是自性清淨法界如來空藏，非散亂心失空眾生境界，已說以煩惱垢客塵染空自性清淨功德法不相捨離出世間法身得名故②。

तत्र यदेकनयधर्मधात्वसंभेदज्ञानमुखमागम्य लोकोत्तरधर्मकायप्रकृति परिशुद्धिव्यवलोकनमिदमत्र यथाभूतज्ञानदर्शनमभिप्रेतं येन दशभूमिस्थिता बोधिसत्त्वास्तथागतगर्भमीषत्पश्यन्तीत्युक्तम्। एवं ह्याह।

今译：这里，进入唯一通道③法界无差别智门，观察出世间法身本性清净，意味如实知见。因此说，菩萨住于十地，稍许感知如来藏。这样，经中说：

勒译：此明何義？又依一味等味法界無差別智門，觀察出世間自性清淨法身，是名如實知見真如。是故經說："十住菩薩唯能少分見如來藏，何況凡夫二乘人等。"是故偈言：

**छिद्राभ्रे नभसीव भास्कर इह त्वं शुद्धबुद्धीक्षणैर्
आर्यैरप्यवलोक्यसे न सकलः प्रादेशिकीबुद्धिभिः।
ज्ञेयानन्तनभस्तलप्रविसृतं ते धर्मकायं तु ते
साकल्येन विलोकयन्ति भगवन्येषामनन्ता मतिरिति॥**

今译：正如从乌云缝隙中见太阳，即使圣人具有
清净觉眼，但智慧狭小，不能完整看见你，
你的法身遍及如无限空间的一切所知领域，

---

① 这句按照原文是说法界对治有身见，而勒译似乎是正话反说。下一句的情况相同。
② 这句的意思参阅今译。勒译这句完全按照原文逐字对译，而不能体现词语之间的语法关系，故而费解。
③ 此处"唯一通道"的原词是 ekanaya。勒译"一味等味"（即同一相等味）。

唯有那些具有无限智的人才能完整看见你。

勒译：譬如薄雲中，見虛空有日，
淨慧諸聖人，見佛亦如是，
聲聞辟支佛，如無眼目者，
不能觀如來，如盲不見日，
所知一切法，有無量無邊，
遍虛空法界，無量智能見，
諸如來法身，充滿一切處，
佛智慧能見，以無量智故。

勒译：究竟一乘寶性論为何義说品第七

यद्येवमसङ्गनिष्ठाभूमिप्रतिष्ठितानामपि परमार्याणामसर्वविषय एष दुर्दृशो धातुः। तत्किमनेन बालपृथग्जनमारभ्य देशितेनेति। देशनाप्रयोजनसंग्रहे श्लोकौ। एकेन प्रश्नो द्वितीयेन व्याकरणम्।

今译：如果这种界如此难见，甚至至高圣人们住于彻底无碍的菩萨地，也不能完全进入境界，那么，为何还要向愚痴凡夫宣示？有两首偈颂总摄宣示的目的。前一首是提问，第二首是解答。

勒译：問曰：真如佛性如來藏義住無障閡究竟菩薩地，菩薩第一聖人亦非境界，以是一切智者境界故。若如是者，何故乃為愚癡顛倒凡夫人說？答曰：以是義故，略說四偈：

शून्यं सर्वं सर्वथा तत्र तत्र
  ज्ञेयं मेघस्वप्नमायाकृताभम्।
इत्युक्त्वैवं बुद्धधातुः पुनः किं
  सत्त्वे सत्त्वेऽस्तीति बुद्धैरिहोक्तम्॥ १५६॥

今译：已说应知一切皆空，
　　　有为如云如梦如幻，
　　　为何诸佛还说世上
　　　一切众生皆有佛界？（156）

勒译：處處經中說，內外一切空，
　　　有為法如雲，及如夢幻等，
　　　此中何故說，一切諸眾生，
　　　皆有如來性，而不說空寂？

लीनं चित्तं हीनसत्त्वेष्ववज्ञा-
　　भूतग्राहो भूतधर्मापवादः।
आत्मस्नेहश्चाधिकः पञ्च दोषा
　　येषां तेषां तत्प्रहाणार्थमुक्तम्॥ १५७॥

今译：有怯弱心，鄙视低劣众生，
　　　执取虚妄性，毁谤真实法，
　　　热衷我见，为断除他们的
　　　这五种过失，诸佛这样说。（157）

勒译：以有怯弱心，輕慢諸眾生，
　　　執著虛妄法，謗真如佛性[①]，
　　　計身有神我，為令如是等，
　　　遠離五種過，故說有佛性。

अस्य खलु श्लोकद्वयस्यार्थः समासेन दशभिः श्लोकैर्वेदितव्यः।

今译：应知以下十首偈颂简要说明这两首偈颂的意义。

---

① 此处"真如佛性"的原词是 bhūtadharma，即"真实法"。

勒译：此四行偈以十一偈略釋應知。偈言：

**विविक्तं संस्कृतं सर्वप्रकारं भूतकोटिषु।
क्लेशकर्मविपाकार्थं मेघादिवदुदाहृतम्॥ १५८ ॥**

今译：一切种类有为法远离实际，
　　　而说烦恼、业和果如云等。（158）

勒译：諸修多羅中，說有為諸法，
　　　謂煩惱業等，如雲等虛妄。

**क्लेशा मेघोपमाः कृत्यक्रिया स्वप्नोपभोगवत्।
मायानिर्मितवत्स्कन्धा विपाकाः क्लेशकर्मणाम्॥ १५९ ॥**

今译：烦恼如云，所作所为如梦所得，
　　　烦恼和业的果实诸蕴如幻如化。（159）

勒译：煩惱猶如雲，所作業如夢，
　　　如幻陰亦爾，煩惱業生故。

**पूर्वमेवं व्यवस्थाप्य तन्त्रे पुनरिहोत्तरे।
पञ्चदोषप्रहाणाय धात्वस्तित्वं प्रकाशितम्॥ १६० ॥**

今译：以前已这样确立，而在这里至上论[①]中，
　　　为了断除五种过失，而说明界的有性[②]。（160）

勒译：先已如是說，此究竟論中，
　　　為離五種過，說有真如性。

[①] 此处"至上"的原词是 uttara，"论"的原词是 tantra。这两个词勒译"究竟论"。
[②] "界的有性"（dhātvastitva）也可译为"界的存在性"，意谓存在如来界、佛性或真如性。这里是说既要看到有为法的"空性"，也要看到"界的有性"。

तथा ह्यश्रवणादस्य बोधौ चित्तं न जायते।
केषांचिन्नीचचित्तानामात्मावज्ञानदोषतः ॥ १६१ ॥

今译：因为不闻听这些，那些有怯弱心者，
　　　自我轻视，由此过失而不发菩提心。（161）

勒译：以眾生不聞，不發菩提心，
　　　或有怯弱心，欺自身諸過。

बोधिचित्तोदये ऽप्यस्य श्रेयानस्मीति मन्यतः
बोध्यनुत्पन्नचित्तेषु हीनसंज्ञा प्रवर्तते ॥ १६२ ॥

今译：即使发菩提心，却又骄傲自大，
　　　而对未发菩提心者产生轻慢想。（162）

勒译：未發菩提心，生起欺慢意，
　　　見發菩提心，我勝彼菩薩。

तस्यैवंमतिनः सम्यग्ज्ञानं नोत्पद्यते ततः।
अभूतं परिगृह्णाति भूतमर्थं न विन्दते ॥ १६३ ॥

今译：怀有这种想法，不会产生正智，
　　　他执取虚妄法，不知晓真实义。（163）

勒译：如是憍慢人，不起正智心，
　　　是故虛妄取，不知如實法。

अभूतं सत्त्वदोषास्ते कृत्रिमागन्तुकत्वतः।
भूतं तद्दोषनैरात्म्यं शुद्धिप्रकृतयो गुणाः ॥ १६४ ॥

今译：众生的过失非真实，因为作为只是客尘，
　　　其实他们的过失无我，清净本性是功德。（164）

勒译：妄取眾生過，不知客染心，

實無彼諸過，自性淨功德。

गृह्णन्दोषानसद्भूतान्भूतानपवदन् गुणान्।
मैत्रीं न लभते धीमान्सत्त्वात्मसमदर्शिकाम्॥ १६५ ॥

今译：菩萨[1]执取不实过失，毁谤真实功德，
不能获得众生与自己平等的慈悲心。（165）

勒译：以取虛妄過，不知實功德，
是故不得生，自他平等慈。

तच्छ्रुवाज्जायते त्वस्य प्रोत्साहः शास्तृगौरवम्।
प्रज्ञा ज्ञानं महामैत्री पञ्चधर्मोदयात्ततः ॥ १६६ ॥

今译：而闻听这些，他产生勇力、尊师、
般若、智慧和大慈悲，这五法增长。（166）

勒译：聞彼真如性，起大勇猛力，
及恭敬世尊，智慧及大悲。

निरवज्ञः समप्रेक्षी निर्दोषो गुणवानसौ।
आत्मसत्त्वसमस्नेहः क्षिप्रमाप्नोति बुद्धताम्॥ १६७ ॥

今译：摒弃轻视，所见平等，无过失，有功德，
怀有自己与众生平等心，迅速获得佛性。（167）

勒译：生增長五法，不退轉平等，
無一切諸過，唯有諸功德，
取一切眾生，如我身無異，
速疾得成就，無上佛菩提。

① 此处“菩萨”指初入道的菩萨。

इति रत्नगोत्रविभागे महायानोत्तरतन्त्रशास्त्रे तथागतगर्भाधिकारः प्रथमपरिच्छेदः श्लोकार्थसंग्रहव्याख्यानतः समाप्तः ॥ १ ॥

今译：以上是《究竟一乘宝性论》中名为《如来藏》的第一品。说明偈颂总义释终。

今译：第二　菩提品

勒译：究竟一乘寶性論身轉清净成菩提品第八

उक्ता समला तथता। निर्मला तथतेदानीं वक्तव्या। तत्र कतमा निर्मला तथता यासौ बुद्धानां भगवतामनास्रवधातौ सर्वाकारमलविगमादाश्रयपरिवृत्तिर्व्यवस्थाप्यते। सा पुनरष्टौ पदार्थानधिकृत्य समासतो वेदितव्या। अष्टौ पदार्थाः कतमे।

今译：已说真如有污垢。现在应说真如无污垢。何为真如无污垢？诸佛世尊在无漏界远离一切形态污垢，实现转依。对此，应知简而言之有八个词义。哪八个词义？

勒译：論曰：已說有垢如，自此以下說無垢如[①]應知。無垢如者，謂諸佛如來於無漏法界中遠離一切種種諸垢，轉雜穢身得淨妙身。依八句義，略差別說彼真如性無漏法身應知。何等為八？偈言：

शुद्धिः प्राप्तिर्विसंयोगः स्वपरार्थस्तदाश्रयः।
गम्भीर्यौदार्यमाहात्म्यं यावत्कालं यथा च तत्॥ १ ॥

今译：清净，获得，脱离，自利利他，所依，
深邃、崇高和伟大，与时共存[②]，如此[③]。（1）

勒译：淨得及遠離，自他利相應，
依止深快[④]大，時數如彼法。

---

① 这里所说“有垢如”和“无垢如”指有垢真如和无垢真如。

② “与时共存”的原词是 yāvatkāla，对应后面所说的“常义”，即与生死道恒常共存。此词勒译“时数”。

③ “如此”的原词是 yathā tat，意谓如此方式，对应后面所说的“不可思议义”，即不可思议的方式。

④ 此处“快”的原词是 audārya，词义为高尚或崇高。

इत्येते ऽष्टौ पदार्था यथासंख्यमनेन श्लोकेन परिदीपिताः। तद्यथा स्वभावार्थो हेत्वर्थः फलार्थः कर्मार्थो योगार्थो वृत्त्यर्थो नित्यार्थो ऽचिन्त्यार्थः। तत्र यो ऽसौ धातुरविनिर्मुक्तक्लेशकोशस्तथागतगर्भ इत्युक्तो भगवता। तद्विशुद्धिराश्रयपरिवृत्तेः स्वभावो वेदितव्यः। यत आह। यो भगवन्सर्वक्लेशकोशकोटिगूढे तथागतगर्भे निष्काङ्क्षः सर्वक्लेशकोशविनिर्मुक्तेस्तथागतधर्मकाये ऽपि स निष्काङ्क्ष इति। द्विविधं ज्ञानं लोकोत्तरमविकल्पं तत्पृष्ठलब्धं च। लौकिकलोकोत्तरज्ञानमाश्रयपरिवृत्तिहेतुः प्राप्तिशब्देन परिदीपितः। प्राप्यते ऽनेनेति प्राप्तिः। तत्फलं द्विविधम्। द्विविधो विसंयोगः क्लेशावरणविसंयोगो ज्ञेयावरणविसंयोगश्च। यथाक्रमं स्वपरार्थसंपादनं कर्म। तदधिष्ठानसमन्वागमो योगः। त्रिभिर्गाम्भीर्यौदार्यमाहात्म्यप्रभवितैर्बुद्धकायै-र्नित्यमा भवगतेरचिन्त्येन प्रकारेण वर्तनं वृत्तिरिति। उद्दानम्।

今译：这一首偈颂依次说明以上八个词义，即自性义、因义、果义、业义、相应义、行义、常义和不可思议义。这里，世尊说："此界不离烦恼库藏，这是如来藏。"应知由于转依而清净，这是自性。由此，经中说："世尊啊，不怀疑如来藏覆盖有无数千万烦恼库藏，也不怀疑如来法身远离一切烦恼库藏。"有两种智：出世间无分别智和后得智。获得这个词说明世间出世间智是转依的原因。获得是由此获得。它们的果有两种，即两种脱离：脱离烦恼障和脱离所知障。依次，业是达到自利利他。相应是具有它们的依处。行是展现深邃、崇高和伟大的三种佛身，与生死道恒常共存，具有不可思议的方式。摄颂：

勒译：是名八種句義。次第一偈示現八種義者。何謂八種？一者實體[①]，二者因，三者果，四者業，五者相應，六者行，七者常，八者不可思議。實體者，向說如來藏不離煩惱藏所纏，以遠離諸煩惱轉身得清淨，是名為實體應知。偈言淨故。是故，《聖者勝鬘經》言："世尊！若於無量煩惱藏所纏如來藏不疑惑者，於出無量煩惱藏法身亦無疑惑故。"因者，有二種無分別智：一者出世間無分別智，二者

① 此处"实体"的原词是 svabhāva，即自性。

依出世間智，得世間出世間依止行[1]智，是名為因。偈言得故。果者，即依此得，得證智果，是名為果。偈言遠離故。業者，有二種遠離：一者遠離煩惱障，二者遠離智障。如是次第，故名遠離。如是遠離，自利利他成就，是名為業。偈言自他利故。相應者，自利利他得無量功德，常畢竟住持，是名相應。偈言相應故。行、常、不思議者，謂三種佛法身，無始世界來作眾生利益，常不休息，不可思議。偈言依止深快大故。以是義故，略說偈言：

स्वभावहेतुफलतः कर्मयोगप्रवृत्तितः।
तन्नित्याचिन्त्यतश्चैव बुद्धभूमिष्ववस्थितिः ॥ २ ॥

今译：自性、因、果，业、相应、行、
常和不可思议，由此确立佛地。（2）

勒译：實體因果業，及以相應行，
常不可思議，名佛地應知。

तत्र स्वभावार्थे हेत्वर्थे चारभ्य बुद्धत्वे तत्प्राप्त्युपाये च श्लोकः।

今译：这里，关于自性义和因义，有一首偈颂说明佛性和获得佛性的方法。

勒译：又依實體依因，於佛地中及得彼方便因故，說三偈：

बुद्धत्वं प्रकृतिप्रभास्वरमिति प्रोक्तं यदागन्तुक-
क्लेशज्ञेयघनाभ्रजालपटलच्छन्नं रविव्योमवत्।
सर्वैर्बुद्धगुणैरुपेतममलैर्नित्यं ध्रुवं शाश्वतं
धर्माणां तदकल्पनप्रविचयज्ञानाश्रयादाप्यते ॥ ३ ॥

今译：已说佛性本性光明，被客尘烦恼所知障

① 此处“依止行”的原词是 āśrayaparivṛtti，即转依。此词也出现在这段释文的前面部分，勒译“转身”。

覆盖，如同太阳和天空被密云网幔遮蔽，
具有一切无垢佛功德，恒常，坚固，永久，
依靠对诸法的无分别智和思惟观察智①获得。（3）

勒译：向說佛法身，自性清淨體，
　　　為諸煩惱垢，客塵所染污，
　　　譬如虛空中，離垢淨日月，
　　　為彼厚密雲，羅網之所覆，
　　　佛功德無垢，常恒及不變，
　　　不分別諸法，得無漏真智。

अस्य श्लोकस्यार्थः समासेन चतुर्भिः श्लोकैर्वेदितव्यः।

今译：应知以下四首偈颂简要说明这首偈颂的意义。

勒译：此三行偈以四行②偈略釋應知。偈言：

बुद्धत्वमविनिर्भागशुक्लधर्मप्रभावितम्।
आदित्याकाशवज्ज्ञानप्रहाणद्वयलक्षणम्॥ ४ ॥

今译：佛性展现不分离清净法，如同
　　　太阳和虚空，具有智和断除二相。（4）

勒译：佛身不捨離，清淨真妙法，
　　　如虛空日月，智離染不二③。

गङ्गातीररजोऽतीतैर्बुद्धधर्मैः प्रभास्वरैः।
सर्वैरकृतकैर्युक्तमविनिर्भागवृत्तिभिः॥ ५ ॥

---

① 此处"思惟观察智"（pravicayajñāna）也就是下面第7首偈颂中所说的"随后所得智"。
② 这里所说的"三行"和"四行"即三首和四首。其中的"三行"（即"三首"）按照梵本，实际是一首。
③ 这句按照原文的意思是具有智和断除这两种相。其中的"断除"即勒译"离染"。

今译：它具有超过恒河沙数的光明佛法，

与一切无为法相应，展现不分离。（5）

勒译：過恒沙佛法，明淨諸功德，

非作法相應，不離彼實體。

स्वभावापरिनिष्पत्तिव्यापित्वागन्तुकत्वतः।
क्लेशज्ञेयावृतिस्तस्मान्मेघवत्समुदाहृता ॥ ६ ॥

今译：烦恼障和所知障自性不实，具有

遍布性和客尘性，因此说如云。（6）

勒译：煩惱及智障，彼法實無體，

常為客塵染，是故說雲喻。

द्वयावरणविश्लेषहेतुर्ज्ञानद्वयं पुनः।
निर्विकल्पं च तत्पृष्ठलब्धं तज्ज्ञानमिष्यते ॥ ७ ॥

今译：而两种智是摆脱两种障的原因，

它们是无分别智和随后所得智。（7）

勒译：遠離彼二因，向二無分別，

無分別真智，及依彼所得。

यदुक्तमाश्रयपरिवृत्तेः स्वभावो विशुद्धिरिति तत्र विशुद्धिः समासतो द्विविधा। प्रकृतिविशुद्धिर्वैमल्यविशुद्धिश्च। तत्र प्रकृतिविशुद्धिर्या विमुक्तिर्न च विसंयोगः प्रभास्वरायाश्चित्तप्रकृतेरागन्तुकमलाविसंयोगात्। वैमल्यविशुद्धिर्विमुक्तिर्विसंयोगश्च वार्यादीनामिव रजोजलादिभ्यः प्रभास्वरायाश्चित्तप्रकृतेरनवशेषमागन्तुकमलेभ्यो विसंयोगात्। तत्र वैमल्यविशुद्धौ फलार्थमारभ्य द्वौ श्लोकौ।

今译：已说由于转依，自性清净。这里，清净简而言之有两种：自性清净和离垢清净。其中，本性清净是既解脱，又不分离，因为心本性光明，而与客尘污垢不分离。离垢清净是既解脱，又分离，因为心本性光明，与所有一切客尘污垢分离，犹如水等与尘垢[①]等分离。这里，关于离垢清净的果义，有两首偈颂：

勒译：此偈明何義？向說轉身實體清淨。又清淨者略有二種。何等為二？一者自性清淨，二者離垢清淨。自性清淨者，謂性解脫無所捨離，以彼自性清淨心體不捨一切客塵煩惱，以彼本來不相應故。離垢清淨者，謂得解脫。又彼解脫不離一切法，如水不離諸塵垢等而言清淨，以自性清淨心遠離客塵諸煩惱垢更無餘故[②]。又依彼果離垢清淨故，說四偈：

ह्रद इव विमलाम्बुः फुल्लपद्मक्रमाढ्यः
सकल एव शशाङ्को राहुवक्त्राद्विमुक्तः।
रविरिव जलदादिक्लेशनिर्मुक्तरश्मिर्
विमलगुणयुतत्वाद्भाति मुक्तं तदेव ॥ ८ ॥

今译：犹如池水清净，布满绽放的
莲花，犹如圆月摆脱罗睺[③]的嘴，
犹如太阳光芒摆脱浓密乌云遮蔽，
它具有无垢功德，闪耀解脱光芒。（8）

勒译：如清淨池水，無有諸塵濁，
種種雜花樹，周常[④]常圍遶，
如月離羅睺，日無雲翳等，
無垢功德具，顯現即彼體。

① 此处“尘垢”的原词是 rajojala，似应写为 rajomala。

② 这里关于“离垢清净”，勒译的表述与原文有差异。

③ “罗睺”（rāhu）是一位阿修罗。据印度古代神话，在天神和阿修罗搅乳海时，罗睺企图偷吃搅出的甘露，被月亮和太阳发现，报告大神毗湿奴。毗湿奴砍下罗睺的脑袋。但他已经尝到一点甘露，故而他的脑袋长生不死。为了报复月亮和太阳，定时吞噬月亮和太阳。这便是月蚀和日蚀的来源。

④ 此处“周常”，据《中华大藏经》校勘记，诸本作“周匝”。

मुनिवृषमधुसारहेमरत्न-
　　प्रवरनिधानमहाफलद्रुमाभम्।
सुगतविमलरत्नविग्रहाग्र-
　　क्षितिपतिकाञ्चनबिम्बवज्जिनत्वम्॥ ९ ॥

今译：佛性如同牟尼王、蜂蜜、
　　　谷粒、金子、珍宝、宝藏、
　　　大果树、清净如来宝像，
　　　至高的大地之主和金像。（9）

勒译：蜂王美味蜜①，堅實淨真金，
　　　寶藏大果樹，無垢真金像，
　　　轉輪聖王身，妙寶如來像，
　　　如是等諸法，即是如來身。

अस्य खलु श्लोकद्वयस्यार्थः समासतो ऽष्टाभिः श्लोकैर्वेदितव्यः।

今译：应知以下八首偈颂简要说明这两首偈颂。

勒译：此四行偈以八行偈略釋應知。偈言：

रागाद्यागन्तुकक्लेशशुद्धिरम्बुह्रदादिवत्।
ज्ञानस्य निर्विकल्पस्य फलमुक्तं समासतः ॥ १० ॥

今译：清除贪瞋痴客尘污染，清净如同
　　　水池，简而言之是无分别智的果。（10）

勒译：貪等客煩惱，猶如濁水塵，
　　　無分別上智，果法如池水。

---

① 这句对应的原文是 munivṛṣamadhu，其中前一词 munivṛṣa，词义为牟尼雄牛（即"牟尼王"），指佛。后一词 madhu，词义为蜜。

सर्वाकारवरोपेतबुद्धभावनिदर्शनम्।
फलं तत्पृष्ठलब्धस्य ज्ञानस्य परिदीपितम्॥ ११ ॥

今译：展现具有一切殊胜的佛身，
说明这是随后获得智的果。（11）

勒译：示現佛法身，一切諸功德，
依彼證智果，是故如是說。

स्वच्छाम्बुह्रदवद्रागरजःकालुष्यहानितः।
विनेयाम्बुरुहध्यानवार्यभिष्यन्दनाच्च तत्॥ १२ ॥

今译：清除贪，如同清净水池清除尘垢，禅定
如同池水浸润莲花，浸润可教化众生。（12）

勒译：貪如濁水塵，淨法離垢染，
可化諸眾生，如繞池藕花，
禪定習氣潤。

द्वेषराहुप्रमुक्तत्वान्महामैत्रीकृपांशुभिः।
जगत्स्फरणतः पूर्णविमलेन्दूपमं च तत्॥ १३ ॥

今译：摆脱瞋，如同无垢圆月摆脱罗睺，
大慈悲如同明月，光芒遍照世间。（13）

勒译：遠離瞋羅睺，以大慈悲水，
遍益諸眾生，如十五日月，
遠離雲羅網，光明照眾生，
能除諸幽闇。

मोहाभ्रजालनिर्मोक्षाज्जगति ज्ञानरश्मिभिः।
तमोविधमनात्तच्च बुद्धत्वममलार्कवत्॥ १४ ॥

今译：摆脱痴，佛性如同无垢太阳摆脱云网，
智慧如同阳光，驱除世间众生的愚暗。（14）

勒译：佛無垢日月，離癡雲羅網，
智光照眾生，除滅諸黑闇。

अतुल्यतुल्यधर्मत्वात्सद्धर्मरसदानतः।
फल्गुव्यपगमात्तच्च सुगतक्षौद्रसारवत्॥ १५ ॥

今译：具有无与伦比法性，施予妙法味，
远离障碍[①]，如同佛、蜜和谷粒。（15）

勒译：得無等等法，能與妙法味，
諸佛如蜜堅，遠離蜂橹障[②]。

पवित्रत्वाद्गुणद्रव्यदारिद्र्यविनिवर्तनात्।
विमुक्तिफलदानाच्च सुवर्णनिधिवृक्षवत्॥ १६ ॥

今译：具有清净性，富有功德而消除贫困，
施予解脱果，如同金子、宝藏和树。（16）

勒译：真實妙功德，除斷諸貧窮，
能與解脫勢，故說金樹喻。

धर्मरत्नात्मभावत्वाद्द्विपदाग्र्याधिपत्यतः।
रूपरत्नाकृतित्वाच्च तद्रत्ननृपबिम्बवत्॥ १७ ॥

今译：具有法宝身，两足中至尊，形貌
宝石状，如同宝像、国王和金像。（17）

① 此处“障碍”的原词是 phalgu，词义为树木的外层或树皮，这里用于表示外面覆盖的障碍物。

② 这两句按照原文的意思是“如同佛、蜜和谷粒”。若按照勒译用词，应译为“如诸佛蜜坚，远离蜂橹障”。

勒译：法寶真實身，增上兩足尊，

　　　　勝色畢竟成，故說後三喻。

यत्तु द्विविधं लोकोत्तरमविकल्पं तत्पृष्ठलब्धं च ज्ञानमाश्रयपरिवृत्तेर्हेतु-र्विसंयोगफलसंज्ञितायाः। तत्कर्म स्वपरार्थसंपादनमित्युक्तम्। तत्र कतमा स्वपरार्थसंपत्। या सवासनक्लेशज्ञेयावरणविमोक्षादनावरणधर्मकायप्राप्तिरियमुच्यते स्वार्थसंपत्तिः। या तदूर्ध्वमा लोकादनाभोगतः कायद्वयेन संदर्शनदेशनाविभुत्वद्वय-प्रवृत्तिरियमुच्यते परार्थसंपत्तिरिति। तस्यां स्वपरार्थसंपत्तौ कर्मार्थमारभ्य त्रयः श्लोकाः।

今译：出世间无分别智和随后所得智是称为脱离障碍果的转依的原因。它们的业是达到自利利他。何为达到自利利他？摆脱烦恼障和所知障及其习气，获得无障碍法身，称为达到自利。在这之后，永远与世间恒常共存，自然而行，凭借两种佛身[①]，施展示现和说法两种自在力，称为达到利他。关于达到自利利他的业义，有三首偈颂：

勒译：又向說以二種智依自利利他業。何者為二？一者出世間無分別智，二者依出世間無分別智，轉身得身行因，遠離煩惱，得證智果故。又何者是成就自利？謂得解脫遠離煩惱障，遠離智障，得無障礙清淨法身，是名成就自身利益。又何者是成就他利益？既得成就自身利已，無始世來自然依彼二種佛身，示現世間自在力行，是名成就他身利益。又依自利利他，成就業義故，說四偈：

अनास्रवं व्याप्यविनाशधर्मि च
　　ध्रुवं शिवं शाश्वतमच्युतं पदम्।
तथागतत्वं गगनोपमं सताम्
　　षडिन्द्रियार्थानुभवेषु कारणम्॥ १८॥

今译：如来性是根基，似虚空无漏，

---

① 此处"两种佛身"指受用身和化身。

遍布，不灭性，稳固，清凉，
永久，不坠落，成为智者们
体验这种六根境界的原因。（18）

勒译：無漏及遍至，不滅法與恒，
　　　清涼不變異，不退寂淨處，
　　　諸佛如來身，如虛空無相，
　　　為諸勝智者，作六根境界。

विभूतिरूपार्थविदर्शने सदा
　　निमित्तभूतं सुकथाशुचिश्रवे।
तथागतानां शुचिशीलजिघ्रणे
　　महार्यसद्धर्मरसाग्रविन्दने ॥ १९ ॥

今译：示现种种奇妙形象，闻听
　　　清净而美妙的说法，嗅闻
　　　诸如来的净戒，品尝崇高
　　　圣洁法味，它永远是原因。（19）

勒译：示現微妙色，出於妙音聲，
　　　令嗅佛戒香，與佛妙法味。

समाधिसंस्पर्शसुखानुभूतिषु
　　स्वभावगाम्भीर्यनयावबोधने।
सुसूक्ष्मचिन्तापरमार्थगह्वरं
　　तथागतव्योम निमित्तवर्जितम्॥ २० ॥

今译：获得接触三昧的愉快感受，
　　　觉知自性深邃的法门，思惟
　　　精深微妙的第一义似密林，

如来如同虚空，远离一切相。[①]（20）

勒译：使覺三昧觸，令知深妙法，

细思惟稠林，佛離虛空相。

अस्य खलु श्लोकत्रयस्यार्थः समासतो ऽष्टभिः श्लोकैर्वेदितव्यः।

今译：应知以下八首偈颂简要说明这三首偈颂。

勒译：此四行偈以八行偈略釋應知。偈言：

कर्म ज्ञानद्वयस्यैतद्वेदितव्यं समासतः।
पूरणं मुक्तिकायस्य धर्मकायस्य शोधनम्॥ २१ ॥

今译：应知这两种智[②]的业，简而言之，

一是圆满解脱身，二是法身清净。（21）

勒译：略說二種法，業智應當知，

滿足解脱身，清淨真法身。

विमुक्तिधर्मकायौ च वेदितव्यौ द्विरेकधा।
अनास्रवत्वाद्व्यापित्वादसंस्कृतपदत्वतः ॥ २२ ॥

今译：由于无漏性、遍布性和无为性，

应知解脱身和法身两者同一。（22）

勒译：解脱身法身，二及一應知，

謂無漏遍至，及究竟無為。

अनास्रवत्वं क्लेशानां सवासननिरोधतः।
असङ्गाप्रतिघातत्वाज्ज्ञानस्य व्यापिता मता ॥ २३ ॥

① 以上两首说明智者们（即众菩萨）体验这种如来性的色、声、香、味、触和法“六根境界”。

② “两种智”指无分别智和后得智。

今译：无漏性是灭除烦恼及其习气，
　　　智无阻无碍，而具有遍布性。（23）

勒译：煩惱盡無漏，及習氣滅故，
　　　無閡及無障，智遍至應知。

अससंस्कृतत्वमत्यन्तमविनाशस्वभावतः।
अविनाशित्वमुद्देशस्तन्निर्देशो ध्रुवादिभिः ॥ २४ ॥

今译：自性永远不灭，而具有无为性，
　　　所说不灭性，由坚固等词说明。（24）

勒译：無為以不滅，實體不失故，
　　　不失名為本，恒等句解釋。

नाशश्चतुर्विधो ज्ञेयो ध्रुवत्वादिविपर्ययात्।
पूर्तिर्विकृतिरुच्छित्तिरचिन्त्यनमनच्युतिः ॥ २५ ॥

今译：应知毁灭有四种，与坚固等相对立：
　　　完结、变异、断裂和不可思议变易死。（25）

勒译：對於恒等句，有四失應知，
　　　死無常及轉，不可思議退。

तदभावाद्ध्रुवं ज्ञेयं शिवं शाश्वतमच्युतम्।
पदं तदमलज्ञानं शुक्लधर्मास्पदत्वतः ॥ २६ ॥

今译：应知因不灭而坚固、清凉、永久和
　　　不坠落，无垢智是根基，清净法所依。（26）

勒译：以無死故恒，以常故清涼，
　　　不轉故不變，寂靜故不退，

彼究竟足跡[1]，淨智白法體。

यथानिमित्तमाकाशं निमित्तं रूपदर्शने।
शब्दगन्धरसस्पृश्यधर्माणां च श्रवादिषु ॥ २७ ॥

今译：如同虚空无相，而是显现色的原因，
在耳等中引起声、香、味、触和法。（27）

勒译：具足色聲等，示現於諸根，
如虛空無相，而現色等相。

इन्द्रियार्थेषु धीराणामनास्रवगुणोदये।
हेतुः कायद्वयं तद्वदनावरणयोगतः ॥ २८ ॥

今译：同样，两种佛身无所障碍，成为原因，
智者们在六根境界中产生无漏功德。（28）

勒译：法身亦如是，具六根境界。

यदुक्तमाकाशलक्षणो बुद्ध इति तत्पारमार्थिकमावेणिकं तथागतानां बुद्धलक्षणमभिसंधायोक्तम्। एवं ह्याह। स चेद्द्वात्रिंशन्महापुरुषलक्षणैस्तथागतो द्रष्टव्योऽभविष्यत्तद्राजापि चक्रवर्ती तथागतोऽभविष्यदिति। तत्र परमार्थलक्षणे योगार्थमारभ्य श्लोकः।

今译：已说佛具有虚空相。这是依据诸如来第一义不共法的佛相而说。这样，经中说："如果凭三十二大人相能看见如来。那么，转轮王也成为如来。"这里，关于第一义相的相应义，有这首偈颂：

勒译：此偈明何義？經中說言如虛空相，諸佛亦爾者。此依第一義，諸佛如來清淨法身自體相不共法故，作如是說。以是義故，《金

[1] 此处"足迹"的原词是 pada，词义为足，引申义为根基。

剛般若波羅蜜經》[1]言："須菩提！於意云何？可以三十二大人相成就得見如來不？"須菩提言："如我解佛所說義者，不以相成就得見如來。"佛言："如是如是，須菩提！不以相成就得見如來。須菩提！若以相成就觀如來者，轉輪聖王應是如來。是故，非以相成就得見如來故。"此明何義？以依如來第一義諦清淨法身明如是義。又依相應義故，說二偈：

अचिन्त्यं नित्यं च ध्रुवमथ शिवं शाश्वतमथ
प्रशान्तं च व्यापि व्यपगतविकल्पं गगनवत्।
असक्तं सर्वत्राप्रतिघपरुषस्पर्शविगतं
न दृश्यं न ग्राह्यं शुभमपि च बुद्धत्वममलम्॥ २९ ॥

今译：不可思议，恒常，坚固，清凉，永久，
寂静，遍布，远离分别，佛性如同虚空，
无论何处不执著，无障碍，远离粗涩的
接触，不可见，不可取，清净，无垢。（29）

勒译：如空不思議，常恒及清涼，
不變與寂靜，遍離諸分別，
一切處不著，離閡麁澁觸，
亦不可見取，佛淨心無垢。

अथ खल्वस्य श्लोकस्यार्थः समासतो ऽष्टाभिः श्लोकैर्वेदितव्यः।

今译：应知以下八首偈颂简要说明这首偈颂的意义。

勒译：此二行偈以八行偈略釋應知。偈言：

विमुक्तिधर्मकायाभ्यां स्वपरार्थौ निदर्शितः।

[1] 此经有鸠摩罗什译《金刚般若波罗蜜经》和玄奘译《能断金刚般若波罗蜜多经》等。

स्वपरार्थाश्रये तस्मिन्योगो ऽचिन्त्यादिभिर्गुणैः ॥ ३० ॥

今译：解脱身和法身说明自利利他，依据
　　　自利利他，与不可思议等功德相应。（30）

勒译：解脱身法身，示自利利他，
　　　依自利利他，彼處相應義。

अचिन्त्यमनुगन्तव्यं त्रिज्ञानाविषयत्वतः।
सर्वज्ञज्ञानविषयं बुद्धत्वं ज्ञानदेहिभिः ॥ ३१ ॥

今译：应该理解佛性是一切知者智的境界，
　　　并非三慧[①]的境界，菩萨[②]也不可思议。（31）

勒译：一切諸功德，不思議應知，
　　　以非三慧境，一切種智知。

श्रुतस्याविषयः सौक्ष्म्याच्चिन्तायाः परमार्थतः।
लौक्यादिभावनायाश्च धर्मतागह्वरत्वतः ॥ ३२ ॥

今译：精微，非所闻境界；第一义，非所思
　　　境界；法性深密，非世间等修习境界。（32）

勒译：諸眾生佛體，細故非聞境，
　　　第一非思思[③]，以出世深密，
　　　世修慧不知。

दृष्टपूर्वं न तद्यस्माद्बालैर्जात्यन्धकायवत्।
आर्यैश्च सूतिकामध्यस्थितबालार्कबिम्बवत्॥ ३३ ॥

① “三慧”指闻所成慧、思所成慧和修所成慧。

② 此处“菩萨”的原词是 jñānadehin，词义为有智身者，即智者，类似本论中使用的同义词 dhīmat 和 dhīra，均指称菩萨。

③ 此处“思思”，据《中华大藏经》校勘记，诸本作“思慧”。

今译：愚痴凡夫如同天生目盲者前所未见，
　　　圣人们如同产妇怀中婴儿不见日轮。（33）

勒译：諸愚癡凡夫，本來未曾見，
　　　如盲不矚色，二乘如嬰兒，
　　　不見日月輪。

उत्पादविगमान्नित्यं निरोधविगमाद्ध्रुवम्।
शिवमेतद्द्वयाभावाच्छाश्वतं धर्मतास्थितेः ॥ ३४ ॥

今译：远离生而恒常，远离灭而坚固，
　　　无二而清凉，安住法性而永久。（34）

勒译：以不生故常，以不滅故恒，
　　　離二故清涼，法性住不變。

शान्तं निरोधसत्यत्वाद्व्यापि सर्वावबोधतः।
अकल्पमप्रतिष्ठानादसक्तं क्लेशहानितः ॥ ३५ ॥

今译：证得灭谛而寂静，觉知一切而遍布，
　　　无所住而无分别，离烦恼而无执著。（35）

勒译：證滅故寂靜，一切覺故遍，
　　　不住不分別，離煩惱不著。

सर्वत्राप्रतिघं सर्वज्ञेयावरणशुद्धितः।
परुषस्पर्शनिर्मुक्तं मृदुकर्मण्यभावतः ॥ ३६ ॥

今译：清除一切所知障而一切处无碍，
　　　行为具有柔软性而远离粗涩接触。（36）

勒译：無智障離閡，柔軟離麁澁。

अदृश्यं तदरूपित्वादग्राह्यमनिमित्ततः।

शुभं प्रकृतिशुद्धत्वादमलं मलहानितः ॥ ३७ ॥

今译：无形色而不可见，无形相而不可取，

本性清净而清净，远离污垢而无垢。（37）

勒译：無色不可見，離相不可取，

以自性故淨，離染故無垢。

यत्पुनरेतदाकाशवदसंस्कृतगुणाविनिर्भागवृत्त्यापि तथागतत्वमा भवगतेरचिन्त्यमहोपायकरुणाज्ञानपरिकर्मविशेषेण जगद्धितसुखाधाननिमित्तममलैस्त्रिभिः स्वाभाविकसांभोगिकनैर्माणिकैः कायैरनुपरतमनुच्छिन्नमनाभोगेन प्रवर्तत इति द्रष्टव्यमावेणीकधर्मयुतत्वादिति। तत्र वृत्त्यर्थमारभ्य बुद्धकायविभागे चत्वारः श्लोकाः।

今译：如来性如同虚空，展现无为功德不分离，与生死道恒常共存，尤其修习不可思议大方便慈悲智，为施予世间利益和快乐。运用三种无垢身即自性身、受用身和化身，不停息、不间断自然而行，应知这是由于不共法。这里，关于佛身差别的行义，有四首偈颂：

勒译：此偈明何義？虛空譬喻者，明諸佛如來無為諸功德不離佛法身，於所有諸有得不可思議勝大方便業、勝大悲業、勝大智業，為與一切眾生樂相。無垢清淨三種佛身，所謂實佛、受法樂佛及化身佛，常不休息，常不斷絕，自然修行，以為利益一切眾生，應知以不共餘人唯諸佛如來法身相應故。此明何義？以依此身相應諸行差別故，說八偈：

अनादिमध्यान्तमभिन्नमद्वयं
त्रिधा विमुक्तं विमलाविकल्पकम्।
समाहिता योगिनस्तत्प्रयत्नाः
पश्यन्ति यं धर्मधातुस्वभावम्॥ ३८ ॥

今译：无始无终无中间，不断，不二，

三种解脱[①]，清净无垢，无分别，
瑜伽行者沉思入定，勤奋努力
追求，便能看到这种法界自性。（38）

勒译：非初非中後，不破壞不二，
遠離於三界，無垢無分別，
此甚深境界，非二乘所知，
具勝三昧慧，如是人能見。

अमेयगङ्गासिकतातिवृत्तै-
गुणैरचिन्त्यैरसमैरुपेतः।
सवासनोन्मूलितसर्वदोष-
स्तथागतानाममलः स धातुः ॥३९ ॥

今译：这是如来界，清净无垢，
根除一切弊病及其习气，
具有超过无量恒河沙数、
不可思议的无比功德。（39）

勒译：出過於恒沙，不思議功德，
唯如來成就，不與餘人共，
如來妙色身，清淨無垢體，
遠離諸煩惱，及一切習氣。

विचित्रसद्धर्ममयूखविग्रहै-
र्जगद्विमोक्षार्थसमाहृतोद्यमः।
क्रियासु चिन्तामणिराजरत्नव-
द्विचित्रभावो न च तत्स्वभाववान्॥४० ॥

---

① “三种解脱”（tridhā vimuktam）可能指摆脱烦恼障、所知障和三昧障。参阅下面第45首偈颂。此处勒译“远离于三界”。

今译：为了救度世间，身体闪耀
种种妙法光芒，勤奋努力，
所作所为如同如意宝珠王，
但各种形态并无各自自性。（40）

勒译：種種勝妙法，光明以為體，
令眾生解脫，常無有休息，
所作不思議，如摩尼寶王，
能現種種形，而彼體非實。

लोकेषु यच्छान्तिपथावतार-
प्रपाचनाव्याकरणे निदानम्।
बिम्बं तदप्यत्र सदावरुद्ध-
माकाशधाताविव रूपधातुः ॥ ४१ ॥

今译：镜像[1]身是在这世间教化和
授记众生入寂静道的因缘，
而它依然始终在如来界中，
如同色界永远在空界中。（41）

勒译：為世間說法，示現寂靜處，
教化使淳熟，授記令入道，
如來鏡像身，而不離本體，
猶如一切色，不離於虛空。

एषां खलु चतुर्णां श्लोकानां पिण्डार्थो विंशतिश्लोकैर्वेदितव्यः।

今译：应知以下二十首偈颂说明这四首偈颂的总义。

勒译：此八行偈以二十五偈略釋應知。偈言：

① “镜像”（bimba）也可译为“影像”。

यत्तद्बुद्धत्वमित्युक्तं सर्वज्ञत्वं स्वयंभुवाम्।
निर्वृतिः परमाचिन्त्यप्राप्तिः प्रत्यात्मवेदिता ॥ ४२ ॥

今译：所说佛性也就是自在者们的一切知性，
至高涅槃，不可思议获得，自觉内证。（42）

勒译：向說佛法身，及一切種智，
自在[1]與涅槃，及第一義諦，
不可思議法，應供等功德，
唯自身內證，應當如是知。

तत्प्रभेदस्त्रिभिः कायैर्वृत्तिः स्वाभाविकादिभिः।
गाम्भीर्यौदार्यमाहात्म्यगुणधर्मप्रभावितैः ॥ ४३ ॥

今译：它展现差别，有自性身等三种佛身，
展现深邃、崇高和伟大的功德性。（43）

勒译：彼三身差別，實法報化等，
所謂深快大，無量功德身。

तत्र स्वभाविकः कायो बुद्धानां पञ्चलक्षणः।
पञ्चाकारगुणोपेतो वेदितव्यः समासतः ॥ ४४ ॥

今译：其中，诸佛的自性身具有五相，
简而言之，应知具有五种功德。（44）

勒译：明實體身者，謂諸佛法身，
略說五種相，五功德應知。

असंस्कृतमसंभिन्नमन्तद्वयविवर्जितम्।
क्लेशज्ञेयसमापत्तित्रयावरणनिःसृतम्॥ ४५ ॥

① 此处“自在”的原词是 svayaṃbhuvām，词义为“自在者们的”，即“诸佛的”。

今译：无为，无差别，远离二边，
　　　摆脱烦恼、所知和三昧三障①。（45）

勒译：無為無差別，遠離於二邊，
　　　出離煩惱障，智障三昧障。

वैमल्यादविकल्पत्वाद्योगिनां गोचरत्वतः।
प्रभास्वरं विशुद्धं च धर्मधातोः स्वभावतः ॥ ४६ ॥

今译：无污垢，无分别，瑜伽行者境界，
　　　法界的自性，因而光明而清净。（46）

勒译：以離一切垢，故聖人境界，
　　　清淨光明照，以法性如是。

अप्रमेयैरसंख्येयैरचिन्त्यैरसमैर्गुणैः।
विशुद्धिपारमीप्राप्तैर्युक्तं स्वाभाविकं वपुः ॥ ४७ ॥

今译：自性身具有无量无数、不可思议、
　　　无与伦比的功德，达到最高清净。（47）

勒译：無量阿僧祇②，不可數思議，
　　　無等諸功德，到第一彼岸。

उदारत्वादगण्यत्वात्तर्कस्यागोचरत्वतः।
कैवल्याद्वासनोच्छित्तेरप्रमेयादयः क्रमात् ॥ ४८ ॥

今译：由于广大，不可计量，非思辨者境界，
　　　独一无二，断绝习气，依次为无量等。（48）

勒译：實法身相應，以快不可數，

---

① 这里所说三障中的"三昧障"指阻碍三昧的障碍。
② "阿僧祇"是 asaṃkhyeya（"无数"）一词的音译。

非思量境界，及遠離習氣，
無邊等佛法，次第不離報。

विचित्रधर्मसंभोगरूपधर्मावभासतः।
करुणाशुद्धिनिष्यन्दसत्त्वार्थास्रंसनत्वतः ॥ ४९ ॥

今译：受用各种法味，展现各种色法，
不断为众生流出慈悲清净水。（49）

勒译：受種種法味，示現諸妙色，
淨慈悲習氣[①]。

निर्विकल्पं निराभोगं यथाभिप्रायपूरितः।
चिन्तामणिप्रभावर्द्धेः सांभोगस्य व्यवस्थितिः ॥ ५० ॥

今译：无分别，自然而行，如愿满足众生，
具有如意宝珠神通力，受用身确立。（50）

勒译：無虛妄分別，利益諸眾生，
自然無休息，如如意寶珠，
滿足眾生心，受樂佛如是，
神通力自在。

देशने दर्शने कृत्यास्रंसने ऽनभिसंस्कृतौ।
अतत्स्वभावाख्याने च चित्रतोक्ता च पञ्चधा ॥ ५१ ॥

今译：说法，示现，不断努力，无所造作，
说明不实自性，这五种称为多样性。（51）

勒译：此神力自在，略說有五種，
說法及可見，諸業不休息，

[①] 此处"习气"的原词是 niṣyanda，词义为流出或流动。

及休息隱沒，示現不實體，
是名要略說，有五種自在[1]。

रङ्गप्रत्ययवैचित्र्यादतद्भावो यथा मणेः।
सत्त्वप्रत्ययवैचित्र्यादतद्भावस्तथा विभोः ॥ ५२ ॥

今译：如同摩尼珠缘于色彩而多样，并非实性，
同样，如来缘于众生而多样，也非实性。（52）

勒译：如摩尼寶珠，依種種諸色，
異本生諸相，一切皆不實。

महाकरुणया कृत्स्नं लोकमालोक्य लोकवित्।
धर्मकायादविरलं निर्माणैश्चित्ररूपिभिः ॥ ५३ ॥

今译：怀有大慈悲，观察整个世界，通晓世界，
运用各种幻化的色身，而不脱离法身。（53）

勒译：如來亦如是，方便力示現。

जातकान्युपपत्तिं च तुषितेषु च्युतिं ततः।
गर्भा[व]क्रमणं जन्म शिल्पस्थानानि कौशलम्॥ ५४ ॥

今译：经历种种前生，生于兜率天，然后，
降生入胎，诞生，通晓种种技艺。（54）

勒译：從兜率陀退，次第入胎生，
習學諸伎藝，嬰兒入王宮。

अन्तःपुररतिक्रीडां नैष्क्रम्यं दुःखचारिकाम्।
बोधिमण्डोपसंक्रान्तिं मारसैन्यप्रमर्दनम्॥ ५५ ॥

① 此处“自在”的原词是 citratā，词义为多样性。

今译：在后宫娱乐游戏，出家修苦行，
前往菩提道场，降伏摩罗魔军。（55）

勒译：厭離諸欲相，出家行苦行，
推問諸外道，往詣於道場，
降伏諸魔眾。

संबोधिं धर्मचक्रं च निर्वाणाधिगमक्रियाम्।
क्षेत्रेष्वपरिशुद्धेषु दर्शयत्या भवस्थिते ॥ ५६ ॥

今译：成正等觉，转动法轮，证得涅槃，
住于生死道，在不清净国土中示现，（53）

勒译：成大妙覺尊，轉無上法輪，
入無餘涅槃，於不清淨國，
現如是等事，世間無休息。

अनित्यदुःखनैरात्म्यशान्तिशब्दैरुपायवित्।
उद्वेज्य त्रिभवात्सत्त्वान्प्रतारयति निर्वृत्तौ ॥ ५७ ॥

今译：通晓方便，宣说无常、苦、无我和
寂静，引导众生厌离三界，入涅槃。（57）

勒译：宣說無常苦，無我寂靜名，
方便智慧力，令彼諸眾生，
厭離三界苦，後入於涅槃。

शान्तिमार्गावतीर्णाश्च प्राप्यनिर्वाणसंज्ञिनः।
सद्धर्मपुण्डरीकादिधर्मतत्त्वप्रकाशनैः ॥ ५८ ॥

今译：向进入寂静道者和称为达到涅槃者[1]，

① 这里是指声闻乘人和缘觉乘人。

宣示《妙法莲华经》[①]等，说明真实法。（58）

勒译：以入寂靜道，諸聲聞人等，
有是虛妄相，言我得涅槃，
法華等諸經，皆說如實法。

पूर्वग्रहान्निवर्त्यैतान्प्रज्ञोपायपरिग्रहात्।
परिपाच्योत्तमे याने व्याकरोत्यग्रबोधये ॥ ५९ ॥

今译：掌握般若方便，扭转他们以前的见解，
教化他们进入至上乘，授记至上菩提。[②]（59）

勒译：般若方便攝，迴先虛妄心，
令淳熟上乘，授妙菩提記。

सौक्ष्म्यात्प्रभावसंपत्तेर्बालसार्थातिवाहनात्।
गाम्भीर्यौदार्यमाहत्म्यमेषु ज्ञेयं यथाक्रमम्॥ ६० ॥

今译：精微而富有威力，救度愚痴众生，
应知依次为深邃、崇高和伟大。（60）

勒译：微細大勢力，令愚癡眾生，
過嶮難惡道，深快及以大，
次第說應知。

प्रथमो धर्मकायो ऽत्र रूपकायौ तु पश्चिमौ।
व्योम्नि रूपगतस्येव प्रथमे ऽन्त्यस्य वर्तनम्॥ ६१ ॥

今译：第一是法身，其次是两种色身，依据
前者，后两者转出，如虚空中种种色。（61）

① 此经有法护译《正法华经》和鸠摩罗什译《妙法莲华经》等。
② 以上第 54 首至这一首简述佛陀的生平事迹。

勒译：初法身如來，第二色身佛，

　　　譬如虛空中，有一切色身，

　　　於初佛身中，最後身亦爾。

तस्यैव कायत्रयस्य जगद्धितसुखाधानवृत्तौ नित्यार्थमारभ्य श्लोकः।

今译：关于为世间利益和快乐而展现这三种佛身的常义，有这首偈颂：

勒译：自此以下，即依如是三種佛身，為樂眾生利益眾生，略說二偈：

हेत्वानन्त्यात्सत्त्वधात्वक्षयत्वात्
कारुण्यर्द्धिज्ञानसंपत्तियोगात्।
धर्मैश्वर्यान्मृत्युमारावभङ्गान्
नैःस्वाभाव्याच्छाश्वतो लोकनाथः ॥६२॥

今译：原因无穷，众生界无尽，

　　　具有慈悲、神通、智慧和

　　　成就，法自在，摧毁死魔，

　　　无自性①，世界护主永恒。（62）

勒译：世尊體常住，以修無量因，

　　　眾生界不盡，慈悲心如意，

　　　智成就相應，法中得自在，

　　　降伏諸魔怨，體寂靜故常。

अस्य पिण्डार्थः षड्भिः श्लोकैर्वेदितव्यः।

今译：应知以下六首偈颂说明这首偈颂的意义。

① 此处“无自性”的原词是naiḥsvābhāvya，勒译“体寂静”。在下面的第67首偈颂中，对此词的解释是“自性无为，原本寂静”。

勒译：此二行偈以六行偈略釋應知。偈言：

**कायजीवितभोगानां त्यागैः सद्धर्मसंग्रहात्।
सर्वसत्त्वहितायादिप्रतिज्ञोत्तरणत्वतः ॥ ६३ ॥**

今译：舍弃身命和享受，摄取妙法，
　　　为利益一切众生，实现本愿①。（63）

勒译：棄捨身命財，攝取諸佛法，
　　　為利益眾生，究竟滿本願。

**बुद्धत्वे सुविशुद्धायाः करुणायाः प्रवृत्तितः।
ऋद्धिपादप्रकाशाच्च तैरवस्थानशक्तितः ॥ ६४ ॥**

今译：依据佛性，展现完全清净和慈悲，
　　　展现四神足②，依靠这些而能安住。（64）

勒译：得清淨佛身，起大慈悲心，
　　　修行四如意，依彼力住世。

**ज्ञानेन भवनिर्वाणद्वयग्रहविमुक्तितः।
सदाचिन्त्यसमाधानसुखसंपत्तियोगतः ॥ ६५ ॥**

今译：凭智慧摆脱世间和涅槃两种执著，
　　　始终获得不可思议三昧快乐成就。（65）

勒译：以成就妙智，離有涅槃心，
　　　常得心三昧，成就樂相應。

---

① "本愿"（ādipratijñā）指前生立下的救度众生的誓愿。
② "四神足"（ṛddhipāda）指通过欲求、心念、精进和观想引发的四种入定而获得神通力。此词勒译"四如意"。

लोके विचरतो लोकधर्मैरनुपलेपतः।
शमामृतपदप्राप्तौ मृत्युमाराप्रचारतः ॥ ६६ ॥

今译：行于世间而不受种种世间法污染，
达到寂静甘露境界，而摆脱死魔。（66）

勒译：常在於世間，不為世法染，
得淨甘露處，故離一切魔。

असंस्कृतस्वभावस्य मुनेरादिप्रशान्तितः।
नित्यमशरणानां च शरणाभ्युपपत्तितः ॥ ६७ ॥

今译：牟尼自性无为，原本寂静，
永远成为无庇护者的庇护。（67）

勒译：諸佛本不生，本來寂靜故，
以常可歸依，故言歸依我。

सप्तभिः कारणैराद्यैर्नित्यता रूपकायतः।
पश्चिमैश्च त्रिभिः शास्तुर्नित्यता धर्मकायतः ॥ ६८ ॥

今译：前七种原因说明色身常性，
后三种说明导师法身常性。①（68）

勒译：初七種譬喻，如來色身常，
後三種譬喻，善逝法身常。

स चायमाश्रयपरिवृत्तिप्रभावितस्तथागतानां प्राप्तिनयो ऽचिन्त्यनयेना-
नुगन्तव्य इति। अचिन्त्यार्थमारभ्य श्लोकः।

今译：这种诸如来展现转依所得法门，应该理解为不可思议法门。

---

① 这里所说十种原因见第 62 颂。以上六颂，前四颂说明色身，后两颂说明法身。

关于不可思议，有这首偈颂：

勒译：此偈明何義？諸佛如來依法身轉得無上身，不可思議應知。依不可思議故，說二偈：

अवाक्यवत्त्वात्परमार्थसंग्रहा-
दतर्कभूमेरुपमानिवृत्तितः।
निरुत्तरत्वाद्भवशान्त्यनुद्ग्रहा-
दचिन्त्य आर्यैरपि बुद्धगोचरः ॥ ६९ ॥

今译：具有不可言说性，摄取第一义，
非思辨领域，不可比喻，无上，
不执取世间和涅槃[①]，这佛境界，
甚至对圣人们，也不可思议。（69）

勒译：非言語所說，第一義諦攝，
離諸覺觀地，無譬喻可說，
最上勝妙法，不取有涅槃，
非三乘所知，唯是佛境界。

अस्य पिण्डार्थश्चतुर्भिः श्लोकैर्वेदितव्यः।

今译：应知以下四首偈颂说这首偈颂总义。

勒译：此二行偈以五行偈略釋應知。偈言：

अचिन्त्यो ऽनभिलाप्यत्वादलाप्यः परमार्थतः।
परमार्थो ऽप्रतर्क्यत्वादतर्क्यो व्यनुमेयतः ॥ ७० ॥

今译：不可言说而不可思议，第一义而不可言说，
不可思辨而第一义，不可比喻而不可思辨。（70）

---

① 此处“世间和涅槃”的原词是bhavaśānti，直译为“生死和寂静”。勒译“有涅槃”，也就是“世间和涅槃”。

勒译：不可得思議，以離言語相，
離言語相者，以第一義攝，
第一義攝者，非思量境界，
非思量境者，以無譬喻知。

व्यनुमेयो ऽनुत्तरत्वादानुत्तर्यमनुद्ग्रहात्।
अनुद्ग्रहो ऽप्रतिष्ठानादगुणदोषाविकल्पनात्॥ ७१ ॥

今译：无上而不可比喻，不执取而无上，
无所住，不分别功德过失而不执取。（71）

勒译：無譬喻知者，以最勝無上，
最勝無上者，不取有涅槃，
不取是二者，不取功德過。

पञ्चभिः कारणैः सौक्ष्म्यादचिन्त्यो धर्मकायतः।
षष्ठेनातत्त्वभावित्वादचिन्त्यो रूपकायतः ॥ ७२ ॥

今译：前五种原因[①]而精微，法身不可思议，
第六种原因[②]而无实性，色身不可思议。（72）

勒译：前五種譬喻，微細不思議，
如來法身常，第六譬喻者，
以得自在故，如來色身常。

अनुत्तरज्ञानमहाकृपादिभि-
र्गुणैरचिन्त्या गुणपारगा जिनाः।
अतः क्रमो ऽन्त्यो ऽयमपि स्वयंभुवो
ऽभिषेकलब्धा न महर्षयो विदुरिति ॥ ७३ ॥

---

① “前五种原因”指不可言说、第一义、不可思辨、不可比喻和无上。
② “第六种原因”指不执取。

今译：具有无上智和大慈悲等功德，
　　　诸佛功德圆满，不可思议，
　　　因此，这达到终极的自在者，
　　　获得灌顶的大仙们①也不知晓。（73）

इति रत्नगोत्रविभागे महायानोत्तरतन्त्रशास्त्रे बोध्यधिकारो नाम द्वितीयः परिच्छेदः ॥ २ ॥

今译：以上是《究竟一乘宝性论》中名为《菩提》的第二品。

---

① 此处"大仙们"指菩萨。

今译：第三　功德品

勒译：究竟一乘寶性論如來功德品第九

उक्ता निर्मला तथता। ये तदाश्रिता मणिप्रभावर्णसंस्थानवदभिन्नप्रकृतयो ऽत्यन्तनिर्मला गुणास्त इदानीं वक्तव्या इति। अनन्तरं बुद्धगुणविभागमारभ्य श्लोकः।

今译：已说真如无污垢。现在应说依据真如的完全清净的功德。它们的本性与真如不分离，如同摩尼珠的光芒、色彩和形状。下面关于佛功德的分类，有这首偈颂：

勒译：論曰：已說無垢真如法身，次說依彼無垢真如法身一切功德。如摩尼寶不離光明形色諸相，如來法身無量無邊自性清淨無垢功德亦復如是。以是義故，依佛功德，次說二偈：

स्वार्थः परार्थः परमार्थकाय-
　　स्तदाश्रिता संवृतिकायता च।
फलं विसंयोगविपाकभावा-
　　देतच्चतुः षष्टिगुणप्रभेदम्॥ १ ॥

今译：自利利他，第一义身，
　　　　以及依据它的①世俗身，
　　　　由于分离性和成熟性，
　　　　果有六十四种分类。（1）

勒译：自利亦利他，第一義諦身，
　　　　依彼真諦身，有此世諦體，

---

① 此处"它的"指第一义身的。

果遠離淳熟，此中具足有，
六十四種法，諸功德差別。

किमुक्तं भवति।

今译：这是说什么？

勒译：此偈示現何義？偈言：

आत्मसंपत्त्यधिष्ठानं शरीरं पारमार्थिकम्।
परसंपत्त्यधिष्ठानमृषेः सांकेतिकं वपुः ॥ २ ॥

今译：第一义身是成就自己的根基，
佛的世俗身是成就他人的根基。（2）

勒译：於自身成就，住持諸佛法，
故攝第一身，為他身住持，
諸如來世尊，故有世諦體。

विसंयोगगुणैर्युक्तं वपुराद्यं बलादिभिः।
वैपाकिकैर्द्वितीयं तु महापुरुषलक्षणैः ॥ ३ ॥

今译：第一身具有十力等分离功德，
第二身具有大人相成熟功德。[①]（3）

勒译：佛無量功德，初身攝應知，
十力四無畏，大丈夫相等，
彼受樂報體，第二佛身攝。

अतः परं ये च बलादयो यथा चानुगन्तव्यास्तथतामधिकृत्य ग्रन्थः।

[①] 这首偈颂中，"分离"（visaṃyoga）一词指与烦恼污垢分离，故而十力、四无畏和十八不共佛法这三十二种功德是与烦恼污垢分离的第一义身具有的功德。"成熟"（vaipākika）一词指前生积累的福德和智慧资粮成熟，故而三十二大人相是世俗身具有的功德。

今译：然后，关于真如，应该理解十力等。

勒译：此偈明何義？明十力等六十四種佛身功德。此云何知？依彼義故，略說二偈：

बलत्वमज्ञानवृतेषु वज्रव-
　　द्विशारदत्वं परिषत्सु सिंहवत्।
तथागतावेणिकतान्तरीक्षवन्
　　मुनेर्द्विधादर्शनमम्बुचन्द्रवत्॥ ४ ॥

今译：十力如同金刚杵破除无知障，
　　四无畏如同狮子处于会众中，
　　如来的不共佛法如同虚空，
　　牟尼的两种显现[①]如同水中月。（4）

勒译：佛力金剛杵，破無智者障，
　　如來無所畏，處眾如師子，
　　如來不共法，清淨如虛空，
　　如彼水中月，眾生二種見。

बलान्वित इति।

今译：具有十力：

勒译：自此已下功德品中餘殘論偈，依此二偈次第示現彼十力等六十四種如來功德，如《陀羅尼自在王經》廣說應知。初依十力故，說二偈：

स्थानास्थाने विपाके च कर्मणामिन्द्रियेषु च।
धातुष्वप्यधिमुक्तौ च मार्गे सर्वत्रगामिनि ॥ ५ ॥

今译：处非处，业的成熟，诸根，

① “两种显现”指佛的受用身和化身。

诸界，虔信，遍及一切道。（5）

勒译：處非處果報，業及於諸根，

性信至處道。

ध्यानादिक्लेशवैमल्ये निवासानुस्मृतावपि।
दिव्ये चक्षुषि शान्तौ च ज्ञानं दशविधं बलम्॥ ६ ॥

今译：禅定污染清净，忆念前世，

天眼，寂静，这是十种智力。[①]（6）

勒译：離垢諸禪定，憶念過去世，

天眼寂靜智，如是等諸句，

說十種力名。

वज्रवदिति।

今译：如同金刚杵：

स्थानास्थानविपाकधातुषु जगन्नानाधिमुक्तौ नये
संक्लेशव्यवदान इन्द्रियगणे पूर्वे निवासस्मृतौ।
दिव्ये चक्षुषि चास्रवक्षयविधावज्ञानवर्माचल-
प्राकारद्रुमभेदनप्रकिरणच्छेदाद्बलं वज्रवत्॥ ७ ॥

今译：处非处，成熟，诸界，世间各种虔信，

种种道，污染清净，诸根，忆念前世，

天眼，漏尽，这十力破除、粉碎和斩断

无知铠甲、山、墙壁和树，如同金刚杵。（7）

① 以上两首偈颂讲述佛的十力，即十种智力。“处非处”指能知一切善恶是非。“业的成熟”指能知众生三世一切业缘果报。“诸根”指能知众生诸根优劣利钝。“诸界”指能知众生各种本性。“虔信”指能知众生各种信仰。“遍及一切道”指能知生死六道轮回。“禅定污染清净”指能知禅定的污染和清净，“忆念前世”指具有宿命通。“天眼”指具有天眼通。“寂静”指具有漏尽通。

चतुर्वैशारद्यप्राप्त इति।

今译：获得四无畏：

勒译：又依四無畏故，說三偈：

सर्वधर्माभिसंबोधे विबन्धप्रतिषेधने।
मार्गाख्याने निरोधाप्तौ वैशारद्यं चतुर्विधम्॥ ८ ॥

今译：觉知一切法，排除障碍，说明
种种道，达到灭寂，四种无畏。[1]（8）

勒译：如實覺諸法，遮諸閡道障，
說道得無漏，是四種無畏。

ज्ञेये वस्तुनि सर्वथात्मपरयोर्ज्ञानात्स्वयंज्ञापना-
द्धेये वस्तुनि हानिकारणकृतेः सेव्ये विधौ सेवनात्।
प्राप्तव्ये च निरुत्तरे ऽतिविमले प्राप्तेः परप्रापणाद्
आर्याणां स्वपरार्थसत्यकथनादस्तम्भितत्वं क्वचित्॥ ९ ॥

今译：自知知他，自知和令他知一切应知的事，
自己灭除和令他人灭除一切应灭除的事，
自己达到和令他人达到应达到的无上清净，
自利利他说真谛，诸佛无论何处不畏缩。（9）

勒译：於所知境界，畢竟知自他，
自知教他知，此非遮障道，
能證勝妙果，自得令他得，
說自他利諦，是諸處無畏。

① 这首偈颂讲述佛的四种无畏：“觉知一切法”指觉知一切法，住于正见，无所畏惧。“排除障碍”指排除阻碍修道的各种障碍，无所畏惧。“说明种种道”指宣说出离之道，无所畏惧。“达到寂灭”指断除一切烦恼，达到寂灭，无所畏惧。

सिंहवदिति।

今译：如同狮子：

नित्यं वनान्तेषु यथा मृगेन्द्रो
　　निर्भीरनुत्त्रस्तगतिर्मृगेभ्यः।
मुनीन्द्रसिंहो ऽपि तथा गणेषु
　　स्वस्थो निरास्थः स्थिरविक्रमस्थः॥ १० ॥

今译：正如兽王狮子处在森林中，
　　　始终不惧怕其他任何兽类，
　　　同样，牟尼狮王处在会众中
　　　自在，无所顾虑，勇猛坚定。（10）

अष्टदशावेणिकबुद्धधर्मसमन्वागत इति।

今译：具有十八不共佛法：

勒译：又依十八不共佛法故，說八偈：

स्खलितं रवितं नास्ति शास्तुर्न मुषिता स्मृतिः।
न चासमाहितं चित्तं नापि नानत्वसंज्ञिता॥ ११ ॥

今译：导师无身体过失，无言语过失，
　　　无妄念，无不定心，无差异想。（11）

勒译：佛無過無諍，無妄念等失，
　　　無不定散心，無種種諸想。

नोपेक्षाप्रतिसंख्यापहानिर्न च्छन्दवीर्यतः।
स्मृतिप्रज्ञाविमुक्तिभ्यो विमुक्तिज्ञानदर्शनात्॥ १२ ॥

今译：有舍弃非无思择，不缺乏意欲和精进，

不缺乏念、慧和解脱，不缺乏解脱知见。（12）

勒译：無作意護心[1]，欲精進不退，

念慧及解脱，知見等不退。

ज्ञानपूर्वंगमं कर्म त्र्यध्वज्ञानमनावृतम्।
इत्येते ऽष्टादशान्ये च गुरोरावेणिका गुणाः ॥ १३ ॥

今译：一切业随智行，知三世无障碍，

这十八种及其他是佛不共功德。[2]（13）

勒译：諸業智為本，知三世無障，

佛十八功德，及餘不說者。

नास्ति प्रस्खलितं रवो मुषितता चित्ते न संभेदतः
संज्ञा न स्वरसाध्युपेक्षणमृषेर्हानिर्न च च्छन्दतः।
वीर्याच्च स्मृतितो विशुद्धविमलप्रज्ञाविमुक्तेः सदा
मुक्तिज्ञाननिर्दशनाच्च निखिलज्ञेयार्थसंदर्शनात्॥ १४ ॥

今译：佛始终无过失，无粗语，无妄念，心不散乱，

无差异想，不舍弃自性，不缺乏意欲和精进，

不缺乏念，不缺乏清净无垢慧，不缺乏解脱，

不缺乏解脱知见，不缺乏展现一切所知对象。（14）

勒译：佛身口無失，若他來破壞，

內心無動相，非作心捨心[3]，

① 此处“无作意护心”的原词是 nopekṣāpratisaṃkhyā，词义为无不思择舍弃，意谓并非不加思考而舍弃。

② 以上三首偈颂讲述佛的十八不共法，依次为身无失、口无失、意无失、无不定心、无异想心、无不知舍心、欲无减、精进无减、念无减、智慧无减、解脱无减、解脱知见无减、身业随智慧行、口业随智慧行、意业随智慧行、知过去无碍、知未来无碍和知现在无碍。

③ 此处“作心舍心”的原词是 svarasādhyupekṣaṇa，词义为舍弃自味，即舍弃自性。勒译将其中的 svarasa（“自味”或“自性”）译为“心”。

世尊欲精進，念淨智解脫，
知見常不失，示現可知境。

सर्वज्ञानुपुरोजवानुपरिवर्त्यर्थेषु कर्मत्रयं
त्रिष्वध्वस्वपराहत सुविपुलज्ञानप्रवृत्तिर्ध्रुवम्।
इत्येषा जिनता महाकरुणया युक्तावबुद्धा जिनैर्
यद्बोधाज्जगति प्रवृत्तमभयदं सद्धर्मचक्रं महत्॥ १५ ॥

今译：在种种领域中依随①一切知者展现三业②，
在三世中，永远无碍，展示博大智慧，
诸佛觉知以上这种具有大慈悲的佛性，
然后，在世间转动施予无畏的大法轮。（15）

勒译：一切諸業等，智為本展轉，
三世無障閡，廣大智行常，
是名如來體，大智慧相應，
覺彼大菩提，最上勝妙法，
為一切眾生，轉於大法輪，
無畏勝妙法，令彼得解脫。

आकाशवदिति।

今译：如同虚空：

या क्षित्यादिषु धर्मता न नभसः सा धर्मता विद्यते
ये चानावरणादिलक्षणगुणा व्योम्नो न ते रूपिषु।
क्षित्यम्बुज्वलनानिलाम्बरसमा लोकेषु साधारणा

① 此处“依随”的原词是 anupurojava，属于混合梵语。巴利语中有 purejava 一词，词义为先行的或随同的。

② “三业”（karmatraya）指身业、口业和意业。

बुद्धावेणिकता न चाश्वपि पुनर्लोकेषु साधारणा ॥ १६ ॥

今译：地等[1]中的法性不是虚空的法性，
虚空无限等相功德不见于有色物，
地水火风空在世界中具有共同性，
而佛的不共性与世界毫无共同性。（16）

द्वात्रिंशन्महापुरुषलक्षणरूपधारीति।

今译：具有三十二大人相色：

勒译：又依三十二大人相故，說十一偈：

सुप्रतिष्ठितचक्राङ्कव्यायतोत्सङ्गपादता।
दीर्घाङ्गुलिकता जालपाणिपादावनद्धता ॥ १७ ॥

今译：脚底平整，有轮相，脚跟宽阔，脚背
隆起，手指纤长，手指和脚趾有网幔。（17）

त्वङ्मृदुश्रीतरुणता सप्तोत्सदशरीरता।
एणेयजङ्घता नागकोशवद्वस्तिगुह्यत ॥ १८ ॥

今译：皮肤柔软细嫩，身体七处[2]丰满，
小腿似伊尼鹿，私处隐密似象。（18）

सिंहपूर्वार्धकायत्वं निरन्तरचितांशता।
संवृत्तस्कन्धता वृत्तश्लक्ष्णानुन्नामबाहुता ॥ १९ ॥

今译：上半身似狮子，双肩间胸脯厚实，
肩膀圆满，手臂浑圆细腻平整。（19）

प्रलम्बबाहुता शुद्धप्रभामण्डलगात्रता।

① “地等”指地、水、火和风。
② “身体七处”指两手、两足、两肩和颈脖。

कम्बुग्रीवत्वममलं मृगेन्द्रहनुता समा ॥ २० ॥

今译：手臂下垂，身体闪耀明净光环，
脖子洁白似贝螺，下颌似狮子。（20）

चत्वारिंशद्दशनता स्वच्छाविरलदन्तता।
विशुद्धसमदन्तत्वं शुक्लप्रवरदंष्ट्रता ॥ २१ ॥

今译：四十颗洁净紧密的牙齿，
排列整齐，洁白而明亮。（21）

प्रभूतजिह्वतानन्ताचिन्त्यरसरसाग्रता।
कलविङ्करुतं ब्रह्मस्वरता च स्वयंभुवः ॥ २२ ॥

今译：舌头宽长，品尝无限不可思议至上味，
自在者的声音似迦陵频伽鸟，似梵天。（22）

नीलोत्पलश्रीवृषपक्ष्मनेत्र-
सितामलोर्णोदितचारुवक्त्रः।
उष्णीषशीर्षव्यवदातसूक्ष्म-
सुवर्णवर्णच्छविरग्रसत्त्वः ॥ २३ ॥

今译：眼似蓝莲，睫毛似牛，
脸庞优美，两眉之间
有白毫，头顶有肉髻，
皮肤金色，白净细腻。（23）

एकैकविश्लिष्टमृदूर्ध्वदेह-
प्रदक्षिणावर्तसुसूक्ष्मरोमा।
महेन्द्रनीलामलरत्नकेशो
न्यग्रोधपूर्णद्रुममण्डलाभः ॥ २४ ॥

今译：身体上一毛孔一毛发，
细微柔软，右旋向上，
头发似天王明净青玉，
身躯圆满似尼拘陀树。（24）

नारायणस्थामदृढात्मभावः
समन्तभद्रो ऽप्रतिमो महर्षिः।
द्वात्रिंशदेतान्यमितद्युतीनि
नरेन्द्रचिह्नानि वदन्ति शास्तुः ॥ २५ ॥

今译：身体坚固威武似那罗延，
全身吉祥，无与伦比，
导师有光辉三十二相，
这是人中至尊的标志。（25）

勒译：足下相平滿，具足千輻輪，
跟牗[1]趺[2]上隆，伊尼鹿王蹲[3]，
手足悉柔軟，諸指皆纖長，
鵝王網縵指，臂肘上下牗，
兩肩前後平，左右俱圓滿，
立能手過膝，馬王陰藏相，
身牗相洪雅，如尼拘樹王，
體相七處滿，上半如師子，
威德勢堅固，猶如那羅延，
身色新淨妙，柔軟金色皮，
淨軟細平密，一孔一毛生，

① “牗”指匀称平正。
② “趺”指脚背。
③ “蹲”的原词是jaṅgha，词义为小腿。

毛柔軟上靡，微細輪右旋，
身淨光圓匝，頂上相高顯，
項如孔雀王，頤方若師子，
髮淨金精色，喻如因陀羅，
額上白毫相，通面淨光明，
口含四十齒，二牙白踰雪，
深密內外明，上下齒平齊，
迦陵頻伽聲，妙音深遠聲，
所食至喉現，得味中上味，
細薄廣長舌，二目淳紺色，
瞬眼若牛王，功德如蓮華，
如是說人尊，妙相三十二，
一一不雜亂，普身不可嫌。[①]

दकचन्द्रवदिति।

今译：如同水中月：

व्यभ्रे यथा नभसि चन्द्रमसो विभूतिं
पश्यन्ति नीलशरदम्बुमहाह्रदे च।
संबुद्धमण्डलतलेषु विभोर्विभूतिं
तद्विज्जिनात्मजगणा व्यवलोकयन्ति ॥ २६ ॥

今译：正如在秋季蓝色的天空和
大水池中看到月亮光辉威力，
同样，佛子们在佛的道场
地面看到如来的光辉威力。（26）

① 以上勒译三十二相排序与原文有差异，故而这里不采取与原文对照排列的方式。

इतीमानि दश तथागतबलानि चत्वारि वैशारद्यान्यष्टादशावेणिका बुद्धधर्मा द्वात्रिंशच्च महापुरुषलक्षणान्यकेनाभिसंक्षिप्य चतुःषष्टिर्भवन्ति।

今译：如来十力、四无畏、十八不共佛法和三十二大人相，总共六十四种功德。

勒译：此佛十力、四無所畏、十八不共法、三十二大人相，略集一處，是名六十四種功德應知。偈言：

गुणाश्चैते चतुःषष्टिः सनिदानाः पृथक्पृथक्।
वेदितव्या यथासंख्यं रत्नसूत्रानुसारतः ॥ २७ ॥

今译：应知依据宝经，这六十四种
功德，依次分别，各有因缘。（27）

勒译：六十四功德，修因及果報，
一一各差別，寶經次第說。

एषां खलु यथोद्दिष्टानामेव चतुःषष्टेस्तथागतगुणानामपि यथानुपूर्व्या विस्तरविभागे निर्देशो रत्नदारिकासूत्रानुसारेण वेदितव्यः। यत्पुनरेषु स्थानेषु चतुर्विधमेव यथाक्रमं वज्रसिंहाम्वरदकचन्द्रोदाहरणमुदाहृतमस्यापि पिण्डार्थो द्वादशभिः श्लोकैर्वेदितव्यः।

今译：以上所说六十四种如来功德，应知详细的说明依据《宝女经》[①]。还有四方面的例举，依次为金刚杵、狮子、虚空和水中月，应知下面十二首偈颂说明它们的总义。

勒译：此偈明何義？向說諸佛如來六十四種功德因果差別，依此次第《寶女經》中廣說應知。又復依此四處，次第有四種喻，謂金剛杵及師子王、虛空譬喻、水中月等，有九行偈。依彼九偈，略說偈言：

निर्वेधिकत्वनिर्दैन्यनिष्कैवल्यनिरीहतः।

① 此经有昙无谶译《大集经》中的《宝女品》和法护译《宝女所问经》。

वज्रसिंहाम्बरस्वच्छदकचन्द्रनिदर्शनम्॥ २८ ॥

今译：不可穿透，无困苦，独一无二，无动摇，
而用金刚杵、狮子、虚空和水中月说明。（28）

勒译：衝過[①]無慈心[②]，不共他無心[③]，
故說杵師子，空水中月喻。

又依十力金剛杵喻故，說二偈：

處非處果性，眾生諸信根，
種種道修地，過宿命差別，
天眼漏盡等，佛力金剛杵，
能刺碎散斫，癡鎧山牆樹。[④]

बलादिषु बलैः षड्भिस्त्रिभिरेकेन च क्रमात्।
सर्वज्ञेयसमापत्तिसवासनमलोद्धृतेः ॥ २९ ॥

今译：十力中，依次为六力、三力和一力，
根除一切所知三昧障及其习气污垢。（29）

勒译：此偈示現何義？略說偈言：

諸如來六力，次第三及一，
所知境界中，離三昧諸障，
及離餘垢障。

भेदाद्विकरणाच्छेदाद्वर्मप्राकारवृक्षवत्।
गुरुसारदृढाभेद्यं वज्रप्रख्यमृषेर्बलम्॥ ३० ॥

① 此处“冲过”的原词是 nirvedhikatva，词义为不可穿透性，意谓坚固性。勒译“冲过”可能是引申为能穿透一切。

② 此处“无慈心”的原词是 nirdainya，词义为无困苦或无不幸。

③ 此处“无心”的原词是 nirīha，词义为无动摇或无作为。

④ 这首偈颂见于本品原文中的第 7 首。其中的“道”指生死轮回的六道，“修”指修禅。

今译：如同破除、粉碎和斩断铠甲、墙壁和树，佛的
十力如同金刚杵沉重、坚固、结实和不可摧毁。（30）

勒译：譬如破散截，鎧牆及樹等，
亦重亦堅固，亦不可破壞，
如來十種力，猶如彼金剛，
故說金剛杵。

गुरु कस्माद्यतः सारं सारं कस्माद्यतो दृढम्।
दृढं कस्माद्यतो ऽभेद्यमभेद्यत्वाच्च वज्रवत्॥ ३१ ॥

今译：为何沉重？因为坚固；为何
坚固？因为结实；为何结实？
因为不可摧毁；为何不可
摧毁？因为它如同金刚杵。[①]（31）

निर्भयत्वान्निरास्थत्वात्स्थैर्याद्विक्रमसंपदः।
पर्षद्गणेष्वशारद्यं मुनिसिंहस्य सिंहवत्॥ ३२ ॥

今译：无所畏惧，无所顾虑，勇猛坚定，
牟尼王如同狮子，在会众中无畏。（32）

勒译：又依四無畏師子王喻故，說二偈：
譬如師子王，諸獸中自在，
常處於山林，不怖畏諸獸，
佛人王亦爾，處於諸群眾，
不畏及善住[②]，堅固奮迅[③]等。[④]

---

① 这首偈颂不见于勒译。
② 此处“善住”的原词是 nirāsthatva，词义为不关心、不注意或无顾虑。
③ 此处“奋迅”的原词是 vikrama，词义为跨步、英勇或勇猛。
④ 这首偈颂见于本品第 10 首。

सर्वाभिज्ञतया स्वस्थो विहरत्यकुतोभयः।
निरास्थः शुद्धसत्त्वेभ्यो ऽप्यात्मनो ऽसमदर्शनात्॥ ३३ ॥

今译：具有一切神通而自在，无所畏惧，即使面对
清净众生也无顾虑，因为看到自己无与伦比。（33）

勒译：此偈示現何義？略說偈言：
知病苦知因，遠離彼苦因，
說聖道妙藥，為離病證滅。[①]
遠離諸怖畏，善住奮迅城，
佛王在大眾，無畏如師子，
以知一切法，是故能善住，
一切處不畏，離愚癡凡夫，
二乘及清淨，以見我無等。

स्थिरो नित्यसमाधानात्सर्वधर्मेषु चेतसः।
विक्रान्तः परमाविद्यावासभूमिव्यतिक्रमात्॥ ३४ ॥

今译：心永远专注于一切法而坚定，
超越无明住地，而无比勇猛。（34）

勒译：於一切法中，心常定堅固，
何故名奮迅，過無明住地，
自在無閡處，是故名奮迅。

लौकिकश्रावकैकान्तचारिधीमत्स्वयंभुवाम्।
उत्तरोत्तरधीसौक्ष्म्यात्पञ्चधा तु निदर्शनम्॥ ३५ ॥

今译：世人、声闻、缘觉、菩萨和自在者，
智慧微妙依次递增，故而示现五大。（35）

---

① 这首偈颂讲述"苦集灭道"四圣谛，不见于原文。

勒译：又依十八不共法虛空譬喻故，說三偈：

地水火風等，彼法空中無，
諸色中亦無，虛空無閡法，
諸佛無障礙，猶如虛空相，
如來在世間，如地水火風，
而諸佛如來，所有諸功德，
乃至無一法，共餘世間有。[①]

此偈示現何義？略說偈言：

聲聞及空行[②]，智者及自在，
上上[③]微細法，故示現五大。

सर्वलोकोपजीव्यत्वाद्भूम्यम्ब्वग्न्यनिलोपमाः।
लौक्यलोकोत्तरातीतलक्षणत्वान्नभोनिभाः ॥ ३६ ॥

今译：维持一切世间，如同地、水、火和风，
具有超越世间和出世间相，而如同空。（36）

勒译：諸眾生受用，如地水火風，
離世離出世，故說虛空大。

गुणा द्वात्रिंशदित्येते धर्मकायप्रभाविताः।
मणिरत्नप्रभावर्णसंस्थानवदभेदतः ॥ ३७ ॥

今译：这些是法身展现的三十二种功德[④]，与法身
不分离，如同摩尼珠的光芒、色彩和形状。（37）

勒译：三十二功德，依止法身有，

① 这首偈颂见于本品原文中的第 16 首。
② “空行”的原词是 ekāntacārin，词义为独行者，即缘觉。
③ “上上”的原词是 uttarottara，词义为依次增加。
④ 此处“三十二种功德”指十力、四无畏和十八不共法。

如世間燈炷，明煖及色相，
相應無差別，諸如來法身，
一切諸功德，無差別亦爾。

द्वात्रिंशल्लक्षणाः काये दर्शनाह्लादका गुणाः।
निर्माणधर्मसंभोगरूपकायद्वयाश्रिताः ॥ ३८ ॥

今译：身上三十二相，具有令人悦目功德，
依靠化身和受用法味身这两种色身。（38）

勒译：又依三十二大丈夫相水中月喻故，說二偈：

秋空無雲曀，月在天及水，
一切世間人，皆見月勢力，
清淨佛輪[①]中，具功德勢力，
佛子見如來，功德身亦爾。[②]

शुद्धेर्दूरान्तिकस्थानां लोके ऽथ जिनमण्डले।
द्विधा तद्दर्शनं शुद्धं वारिव्योमेन्दुबिम्बवत्॥ ३९ ॥

今译：在世间和佛的道场，远离清净者看到
这两者纯洁形象，如同水中和空中月。（39）

勒译：此偈示現何義？略說偈言：

三十二功德，見者生歡喜，
依法報化身，三種佛而有，
法身淨無垢，遠離於世間，
在如來輪中，眾生見二處，

① “佛轮”的原词是 sambuddhamaṇḍalatala，词义为佛轮地面，可理解为佛的菩提道场。

② 这首偈颂见于本品原文中第 26 首。

如清淨水中，見於月影像，
是三十二相，依色身得名，
如摩尼寶珠，不離光色相，
色身亦如是，不離三十二。

इति रत्नगोत्रविभागे महायानोत्तरतन्त्रशास्त्रे गुणाधिकारो नाम त्रितीयः परिच्छेदः ॥ ३ ॥

今译：以上是《究竟一乘宝性论》中名为《功德》的第三品。

今译：第四　如来业品

勒译：究竟一乘寶性論自然不休息佛業品第十

उक्ता विमला बुद्धगुणाः। तत्कर्म जिनक्रियेदानीं वक्तव्या। सा पुनरनाभोगतश्चाप्रश्रब्धितश्च समासतो द्वाभ्यामाकराभ्यां प्रवर्तत इति। अनन्तरमनाभोगाप्रश्रब्धं बुद्धकार्यमारभ्य द्वौ श्लोकौ।

今译：已说佛功德无污垢。现在应说佛业，即佛的作为。简而言之有两种形态，即自然而行和不休息。下面，关于佛业自然而行和不休息，有两首偈颂：

勒译：論曰：已說無垢諸佛功德，次說諸佛如來作業。彼諸佛業自然而行，常不休息，教化眾生應知。此依略說有二種法自然而行。以是義故，依諸佛業自然而行，常不休息，常作佛事故，說六偈：

विनेयधातौ विनयाभ्युपाये विनेयधातोर्विनयक्रियायाम्।
तद्देशकाले गमने च नित्यं विभोरनाभोगत एव वृत्तिः ॥ १ ॥

今译：可教化众生界[①]，教化的方法，教化众生界的
作为，教化的地点和时间，佛永远自然而行。（1）

勒译：於可化眾生，以教化方便，
起化眾生業，教化眾生界，
諸佛自在人，於可化眾生，
常待處待時，自然作佛事。

① 此处“众生界”的原词是 dhātu（“界”），与“可教化”（vineya）一词连用，指可教化众生界。

कृत्स्नं निष्पाद्य यानं प्रवरगुणगणज्ञानरत्नस्वगर्भं
पुण्यज्ञानार्करश्मिप्रविसुतविपुलानन्तमध्याम्बराभम्।
बुद्धत्वं सर्वसत्त्वे विमलगुणनिधिं निर्विशिष्टं विलोक्य
क्लेशज्ञेयाभ्रजालं विधमति करुणा वायुभूता जिनानाम्॥२॥

今译：已经完全确立大乘，它充满
殊胜功德和智慧，如同蕴含
珍宝的大海，如同布满阳光的
无前无后无中间的广阔天空，
看到具有清净无垢的功德宝藏，
这佛性在一切众生中无差别，
而驱除如同乌云的烦恼障和
所知障，诸佛的慈悲如同风。（2）

勒译：遍覺知大乘，最妙功德聚，
如大海水寶，如來智亦爾，
菩提廣無邊，猶如虛空界，
於無量功德，大智慧日光，
遍照諸眾生，有佛妙法身，
無垢功德藏，如我身無異，
煩惱障智障，雲霧羅網覆，
諸佛慈悲風，吹令散滅盡。

एतयोर्यथाक्रमं द्वाभ्यामष्टाभिश्च श्लोकैः पिण्डार्थो वेदितव्यः।

今译：应知以下八首偈颂依次说明这两首偈颂的总义：

勒译：此六行偈義以十四偈略釋應知。偈言：

यस्य येन च यावच्च यदा च विनयक्रिया।
तद्विकल्पोदयाभावादनाभोगः सदा मुनेः ॥ ३ ॥

今译：教化的作为为谁，依靠什么，哪里，何时，
对于这些不起分别，牟尼始终自然而行。（3）

勒译：以何等性智，何者何處時，
作業無分別，是故業自然。

यस्य धातोर्विनेयस्य येनोपायेन भूरिणा।
या विनीतिक्रिया यत्र यदा तद्देशकालयोः ॥ ४ ॥

今译：教化的作为为可教化众生界，依靠
种种方法，在教化的地点和时间。（4）

勒译：以何等根性，諸眾生可度，
以何等智慧，能度諸眾生，
又以何者是，化眾生方便，
眾生以何處，何時中可化。

निर्याणे तदुपस्तम्भे तत्फले तत्परिग्रहे।
तदावृत्तौ तदुच्छित्तिप्रत्यये चाविकल्पतः ॥ ५ ॥

今译：出离，它的所依，它的果实，它的摄受，
它的障碍，断除障碍的因缘，皆不分别。（5）

勒译：進趣及功德，為果為攝取，
彼障及斷障，諸緣不分別。

भूमयो दश निर्याणं तद्धेतुः संभृतिद्वयम्।
तत्फलं परमा बोधिर्बोधेः सत्त्वः परिग्रहः ॥ ६ ॥

今译：出离①是十地，它的原因是两种资粮②，
果实是至高的菩提，众生摄受菩提。（6）

① “出离”的原词是 niryāṇa，词义为离开或出发。这里的意思是出离世间，进入菩萨十地。

② “两种资粮”（saṃbhṛti，相当于 saṃbhāra）指福德和智慧。此词勒译“二谛”。

勒译：進趣謂十地，功德因二諦，
果謂大菩提，攝菩提眷屬[①]。

तदावृतिरपर्यन्तक्लेशोपक्लेशवासनाः।
करुणा तत्समुद्घातप्रत्ययः सार्वकालिकः ॥ ७ ॥

今译：它的障碍是无边烦恼和随烦恼习气，
一切时间断除障碍的因缘是慈悲。（7）

勒译：彼障謂無邊，煩惱及習氣，
斷障謂大慈，及大悲心等，
是名一切時，常種種因緣。

स्थानानि वेदितव्यानि षडेतानि यथाक्रमम्।
महोदधिरविव्योमनिधानाम्बुदवायुवत्॥ ८ ॥

今译：应知这六方面[②]依次如同大海、
太阳、天空、宝藏、云和风。（8）

勒译：如是等六處，次第說應知，
如大海水寶，空日地[③]雲風。

ज्ञानाम्बुगुणरत्नत्वादग्रयानं समुद्रवत्।
सर्वसत्त्वोपजीव्यत्वात्संभारद्वयमर्कवत्॥ ९ ॥

今译：智慧水和功德宝，至上乘[④]如同大海，
维持一切众生，两种资粮如同太阳。（9）

勒译：菩提如空界[⑤]，廣無中後邊，

① 此处“眷属”的原词是 sattva（“众生”）。“摄菩提眷属”意谓摄受菩提的众生。
② “这六方面”参阅前面第 2 颂和第 5 颂。
③ 此处“地”不见于原文，若加上“地”，则成为七种譬喻。
④ “至上乘”即大乘，也就是前面所说的“出离”，即出离世间，进入大乘。
⑤ 这里提到的“菩提如空界”，按照原文在下一首偈颂。而原文中提到的“至上乘如同大海”这里没有涉及。

為利益眾生，二種業如日，
能悉遍照知。

विपुलानन्तमध्यत्वाद्बोधिराकाशधतुवत्।
सम्यक्संबुद्धधर्मत्वात्सत्त्वधातुर्निधानवत्॥ १० ॥

今译：无前后中间而广大，菩提如同空界，
具有正等觉法性，众生界如同宝藏。（10）

勒译：一切眾生界，皆有如來性，
如地中伏藏。

आगन्तुव्याप्त्यनिष्पत्तेस्तत्संक्लेशो ऽभ्रराशिवत्।
तत्क्षिप्तिप्रत्युपस्थानात्करुणोद्वृत्तवायुवत्॥ ११ ॥

今译：客尘遍布无实性，烦恼如同密云，
驱除这些客尘，慈悲如同扬起的风。（11）

勒译：猶如彼大地，體安固不動，
為利益眾生，見彼我無別。[①]
客塵煩惱等，本自無體性，
一切皆虛妄，如雲聚不實，
起大慈悲心，猶如猛風吹，
煩惱智障盡，如彼雲聚散。

पराधिकारनिर्याणात्सत्त्वात्मसमदर्शनात्।
कृत्यापरिसमाप्तेश्च क्रियाप्रश्रब्धिरा भवात्॥ १२ ॥

今译：怀有众生与自己平等见，为他人谋求出离，

① 这首偈颂不见于原文，说明勒译增添了“大地”这个譬喻。

事业未完成，与世间恒常共存，永不休息。（12）

勒译：化事[1]未究竟，故常在世間，

從本際以來，自然不休息。

यदनुत्पादानिरोधप्रभावितं बुद्धत्वमित्युक्तं तत्कथमिहासंस्कृतादप्रवृत्तिलक्षणाद्बुद्धत्वादनाभोगाप्रतिप्रश्रब्धमा लोकादविकल्पं बुद्धकार्यं प्रवर्तत इति। बुद्धमाहात्म्यधर्मतामारभ्य विमतिसंदेहजातानामचिन्त्यबुद्धविषयाधिमुक्तिसंजननार्थं तस्य माहात्म्ये श्लोकः।

今译：已说佛性展现无生无灭。既然在这世上，佛性具有无为性和不生起相，为何会有自然而行、与世间恒常共存和无分别的佛业产生？为了让对佛的伟大法性怀有困惑和怀疑的众生对不可思议的佛境界产生虔信。关于佛的伟大性，有这首偈颂：

勒译：問曰：如向所說諸佛如來不生不滅。若如是者即無為法，無為法者不修行業，云何自然不休息，常教化眾生事？答曰：為示現彼諸佛大事，斷諸疑惑。是故，依彼不可思議無垢清淨諸佛境界，示現大事故，以譬喻說一行偈：

शक्रदुन्दुभिवन्मेघब्रह्मार्कमणिरत्नवत्।
प्रतिश्रुतिरिवाकाशपृथिवीवत्तथागतः ॥ १३ ॥

今译：如来如同帝释天、天鼓、云、梵天、

太阳、摩尼珠、回音、虚空和大地。（13）

勒译：帝釋妙鼓雲，梵天日摩尼，

響及虛空地，如來身亦爾。

अस्य खलु सूत्रस्थानीयस्य श्लोकस्य यथाक्रमं परिशिष्टेन ग्रन्थेन विस्तरविभागनिर्देशो वेदितव्यः।

---

① 此处“化事”指度化众生的事业。

今译：应知以下其他偈颂依次详细分别说明经中这首偈颂：

勒译：依此一行修多羅攝取義偈[1]九種譬喻，自此以下廣說餘殘六十六偈[2]應知。又復依彼廣說偈義，九種譬喻略說彼義，及以次第廣說如來無上利益一切眾生修行究竟，以十九偈解釋應知。偈言：[3]

शक्रप्रतिभासत्वादिति।

今译：如同帝释天：

विशुद्धवैडूर्यमयं यथेदं स्यान्महीतलम्।
स्वच्छत्वात्तत्र दृश्येत देवेन्द्रः साप्सरोगणः॥ १४॥

今译：如同净琉璃铺成的地面，光洁
明亮，能看见那里的天王和天女。（14）

प्रासादो वैजयन्तश्च तदन्ये च दिवौकसः।
तद्विमानानि चित्राणि ताश्च दिव्या विभूतयः॥ १५॥

今译：天王的胜利宫，以及其他的天神，
他们的美妙宫殿，种种神奇威力。（15）

अथ नारीनरगणा महीतले निवासिनः।
प्रतिभासं तमालोक्य प्रणिधिं कुर्युरीदृशम्॥ १६॥

今译：于是，居住在大地上的男男女女，
看到这种影像，发出这样的誓愿：（16）

अद्यैव न चिरादेवं भवेमस्त्रिदशेश्वराः।
कुशलं च समादाय वर्तेरंस्तदवाप्तये॥ १७॥

---

[1] "一行修多罗摄取义偈"意谓一首经中总括意义的偈颂。
[2] 这里所说"六十六偈"（按照梵本约三十多偈）见于勒译单列在释论前的本偈中。
[3] 勒译此处与本品原文中第77首偈颂衔接。

今译:"但愿我们此后不久也成为天神!"
　　　为了实现愿望,他们从事善业。(17)

प्रतिभासो ऽयमित्येवमविज्ञायापि ते भुवः।
च्युत्वा दिव्युपपद्येरंस्तेन शुक्लेन कर्मणा ॥ १८ ॥

今译:即使他们不知道这只是影像,
　　　但依靠善业,死后升入天国。(18)

प्रतिभासः स चात्यन्तमविकल्पो निरीहकः।
एवं च महतार्थेन भुवि स्यात्प्रत्युपस्थितः ॥ १९ ॥

今译:这全然是影像,无分别,无作用,
　　　而这样出现在大地上,有大利益。(19)

तथा श्रद्धादिविमले श्रद्धादिगुणभाविते।
सत्त्वाः पश्यन्ति संबुद्धं प्रतिभासं स्वचेतसि ॥ २० ॥

今译:同样,依靠虔信等清净,修习虔信等
　　　功德,众生在自己心中看见佛的影像。(20)

लक्षणव्यञ्जनोपेतं विचित्रेर्यापथक्रियम्।
चङ्क्रम्यमाणं तिष्ठन्तं निषण्णं शयनस्थितम्॥ २१ ॥

今译:具有三十二相和八十种好,
　　　展现各种威仪,行住坐卧。(21)

भाषमाणं शिवं धर्मं तूष्णींभूतं समाहितम्।
चित्राणि प्रातिहार्याणि दर्शयन्तं महाद्युतिम्॥ २२ ॥

今译:宣说清凉法,沉默,入定,
　　　展示各种神通,大放光辉。(22)

तं च दृष्ट्वाभियुज्यन्ते बुद्धत्वाय स्पृहान्विताः।
तद्धेतुं च समादाय प्राप्नुवन्तीप्सितं पदम्॥ २३ ॥

今译：看到他，产生愿望，追求佛性，
依靠这种原因，达到愿望目的。（23）

प्रतिभासः स चात्यन्तमविकल्पो निरीहकः।
एवं च महतार्थेन लोकेषु प्रत्युपस्थितः ॥ २४ ॥

今译：这全然是影像，无分别，无作用，
而这样出现在世间上，有大利益。（24）

स्वचित्तप्रतिभासो ऽयमिति नैवं पृथग्जनाः।
जानन्त्यथ च तत्तेषामवन्ध्यं बिम्बदर्शनम्॥ २५ ॥

今译：凡夫不知道这是自己心中的影像，
而见到这种影像，对他们并无害处。（25）

तद्धि दर्शनमागम्य क्रमादस्मिन्नये स्थिताः।
सद्धर्मकायं मध्यस्थं पश्यन्ति ज्ञानचक्षुषा ॥ २६ ॥

今译：因为见到后，逐步安住这个法门，
他们凭借智眼看到其中的妙法身。（26）

भूर्यद्वत्स्यात्समन्तव्यपगतविषमस्थानान्तरमला
वैडूर्यस्पष्टशुभ्रा विमलमणिगुणा श्रीमत्समतला।
शुद्धत्वात्तत्र बिम्बं सुरपतिभवनं माहेन्द्रमरुताम्
उत्पद्येत क्रमेण क्षितिगुणविगमादस्तं पुनरियात्॥ २७ ॥

今译：正如大地若无一处崎岖，清净无垢，品质如同
洁净的摩尼珠，明亮如同琉璃，地面平整优美，
由于这种清净性，出现天王宫殿和众天神影像，

而随着大地的这种品质消失，这种影像也消失。（27）

तद्भावायोपवासव्रतनियमतया दानाद्यभिमुखाः
पुष्पादीनि क्षिपेयुः प्रणिहितमनसो नारीनरगणाः।
वैडूर्यस्वच्छभूते मनसि मुनिपतिच्छायाधिगमने
चित्राण्युत्पादयन्ति प्रमुदितमनसस्तद्वज्जिनसुताः ॥ २८ ॥

今译：为前往天国，男男女女心中发愿，恪守
誓愿，斋戒和自制，热心布施和献花等，
同样，佛子们求取牟尼王影像，一旦心中
洁净似琉璃，出现种种影像，满心欢喜。（28）

यथैव वैडूर्यमहीतले शुचौ
सुरेन्द्रकायप्रतिबिम्बसंभवः।
तथा जगच्चित्तमहीतले शुचौ
मुनीन्द्रकायप्रतिबिम्बसंभवः ॥ २९ ॥

今译：正如琉璃地面明净，
出现天王身体影像，
同样，世人心地明净，
出现佛的身体影像。（29）

बिम्बोदयव्ययमनाविलताविलस्व-
चित्तप्रवर्तनवशाज्जगति प्रवृत्तम्।
लोकेषु यद्वदवभासमुपैति बिम्बं
तद्वन्न तत्सदिति नासदिति प्रपश्येत्॥ ३० ॥

今译：影像在世间或生或灭，
依据心中清净不清净，
如同在世间出现影像，

而不知道真实不真实。（30）

देवदुन्दुभिवदिति।

今译：如同天鼓：

यथैव दिवि देवानां पूर्वशुक्लानुभावतः।
यत्नस्थानमनोरूपविकल्परहिता सती ॥ ३१ ॥

今译：正如在天神的天国，天鼓具有前世清净
经验，远离努力[1]、处所、心和色[2]的分别。（31）

अनित्यदुःखानैरात्म्यशान्तशब्दैः प्रमादिनः।
चोदयत्यमरान्सर्वानसकृद्देवदुन्दुभिः ॥ ३२ ॥

今译：一次又一次发出“无常、苦、无我、
寂静”的鼓音，劝说放逸的众天神。（32）

व्याप्य बुद्धस्वरेणैवं विभुर्जगदशेषतः।
धर्मं दिशति भव्येभ्यो यत्नादिरहितो ऽपि सन्॥ ३३ ॥

今译：同样，佛遍及一切，远离努力等，
以佛音向一切世间可教化众生说法。（33）

देवानां दिवि दिव्यदुन्दुभिरवो यद्वत्स्वकर्मोद्भवो
धर्मोदाहरणं मुनेरपि तथा लोके स्वकर्मोद्भवम्।
यत्नस्थानशरीरचित्तरहितः शब्दः स शान्त्यावहो
यद्वत्तद्वदते चतुष्टयमयं धर्मः स शान्त्यावहः ॥ ३४ ॥

① 此处“努力”（yatna）一词也可译为“功用”。“远离努力（或功用）”指自然而行。

② 此处“色”（rūpa）一词在下面第 34 首偈颂中换用“身”（śarīra）。

今译：正如在天神的天国，鼓音产生于自己的业，

同样，牟尼在世间的法音产生于自己的业，

正如鼓音远离努力、处所、身和心，带来

寂静，同样，法音远离这四者，带来寂静。（34）

संग्रामक्लेशवृत्तावसुरबलजयक्रीडाप्रणुदनं
दुन्दुभ्याः शब्दहेतुप्रभवमभयदं यद्वत्सुरपुरे।
सत्त्वेषु क्लेशदुःखप्रमथनशमनं मार्गोत्तमविधौ
ध्यानारूप्यादिहेतुप्रभवमपि तथा लोके निगदितम्॥ ३५॥

今译：正如天城遭遇战祸时，鼓音施与无畏，

是摧毁阿修罗魔军的胜利游戏之因，

法音宣说至上圣道，是世间无色定[①]等

之因，摧毁和平息众生的烦恼痛苦。（35）

कस्मादिह धर्मदुन्दुभिरेवाधिकृता न तदन्ये दिव्यास्तूर्यप्रकाराः। ते ऽपि हि दिवौकसां पूर्वकृतकुशलकर्मवशादघट्टिता एव दिव्यश्रवणमनोहरशब्दमनुरुवन्ति। तैस्तथागतघोषस्य चतुःप्रकारगुणवैधर्म्यात्। तत्पुनः कतमत्। तद्यथा प्रादेशिकत्वमहितत्वमसुखत्वमनैर्याणिकत्वमिति। धर्मदुन्दुभ्याः पुनरप्रादेशिकत्व-मशेषप्रमत्तदेवगणसंचोदनतया च तत्कालानतिक्रमणतया च परिदीपितम्। हितत्वमसुरादिपरचक्रोपद्रवभयपरित्राणतया चाप्रमादसंनियोजनतया च। सुखत्वमसत्कामरतिसुखविवेचनतया च धर्मारामरतिसुखोपसंहरणतया च। नैर्याणिकत्वमनित्यदुःखशून्यानात्मशब्दोच्चारणतया च सर्वोपद्रवोपायासोपशान्ति-करणतया च परिदीपितम्। एभिः समासतश्चतुर्भिराकारैर्धर्मदुन्दुभिसाधर्म्येण बुद्धस्वरमण्डलं विशिष्यत इति। बुद्धस्वरमण्डलविशेषणश्लोकः।

今译：为何这里只涉及法鼓[②]，而不涉及其他天国乐器？它们也

[①] "无色定"（ārūpya）指超越欲界和色界的入定。

[②] 这段中所说"法鼓"，指如同天鼓的法鼓。

是凭借众天神前世的善业，敲击①时发出令众天神悦耳的乐音。因为它们的品质有四方面与佛音不相似。怎么不相似？它们的偏狭性、无利益性、无快乐性和无出离性。而不失时机劝说所有放逸的天神，说明法鼓无偏狭性。教导众天神不放逸，解除对阿修罗等敌军侵扰的畏惧，说明法鼓有利益性。解除对邪恶欲乐的耽迷，带来受用法乐的快乐，说明有快乐性。发出"无常、苦、空和无我"的鼓音，平息一切灾难和痛苦，说明法鼓的出离性。总之，佛音轮在这四方面与法鼓相似而殊胜。关于佛音轮的殊胜性，有这首偈颂：

सार्वजन्यो हितसुखः प्रातिहार्यत्रयान्वितः ।
मुनेर्घोषो यतो दिव्यतूर्येभ्यो ऽतो विशिष्यते ॥ ३६ ॥

今译：施与一切众生利益和快乐，具有三种
神变，因此，佛音优于种种天国乐器。（36）

एषां खलु चतुर्णामाकाराणां यथासंख्यमेव चतुर्भिः श्लोकः समासनिर्देशो वेदितव्यः ।

今译：应知下面四首偈颂依次简要说明这四个方面：

शब्दा महान्तो दिवि दुन्दुभीनां
क्षितिस्थितेषु श्रवणं न यान्ति ।
संसारपातालगतेषु लोके
संबुद्धतूर्यस्य तु याति शब्दः ॥ ३७ ॥

今译：天鼓的鼓音响遍天国，
传不到地上众生耳中，
而佛的乐音在这世间，
能传到轮回道地狱中。（37）

---

① 此处"敲击"的原词是 aghaṭṭita，似应为 āghaṭṭita。

बह्व्यो ऽमराणां दिवि तूर्यकोट्यो
नदन्ति कामज्वलनाभिवृद्धौ।
एकस्तु घोषः करुणात्मकानां
दुःखाग्निहेतुप्रशमप्रवृत्तः ॥ ३८ ॥

今译：天国天神的数千万种
乐器发声，燃旺欲火，
而心怀慈悲的诸如来，
以一音平息痛苦之火。（38）

शुभा मनोज्ञा दिवि तूर्यनिस्वना
भवन्ति चित्तोद्धतिवृद्धिहेतवः।
तथागतानां तु रुतं महात्मनां
समाधिचित्तार्पणभाववाचकम्॥ ३९ ॥

今译：天国乐器声优美动听，
成为内心激动的原因，
而崇高的诸如来话音，
让人们的心沉思入定。（39）

समासतो यत्सुखकारणं दिवि
क्षितावनन्तास्वपि लोकधातुषु।
अशेषलोकस्फरणावभासनं
प्रघोषमागम्य तदप्युदाहृतम्॥ ४० ॥

今译：总之，这说明如来音
在所有一切世界展现，
是天国和大地，乃至
无边世界快乐的原因。（40）

कायविकुर्वितेन दशदिगशेषलोकधातुस्फरणमृद्धिप्रातिहार्यमिति सूचितम्। चेतःपर्यायज्ञानेन तत्पर्यापन्नं सर्वसत्त्वचित्तचरितगहनावभासनमादेशना-प्रातिहार्यम्। वाग्घोषोदाहरणेन नैर्याणिकीं प्रतिपदमारभ्य तदववादानुशासन-मनुशास्तिप्रातिहार्यम्। इत्येवमव्याहतगतेराकाशधातुवदपरिच्छिन्नवर्तिनो ऽपि बुद्धस्वरमण्डलस्य यन्न सर्वत्र सर्वघोषोपलब्धिः प्रजायते न तत्र बुद्धस्वरमण्डलस्यापराध इति। प्रत्यायनार्थमतत्प्रहितानामात्मापराधे श्लोकः।

今译：凭借身体变化，在十方一切世界展现，表示神通神变。凭借心门智，深入心中，照亮一切众生心行密林，表示说法神变。凭借言说譬喻，宣说和教导出离之道，表示教诲神变。这样，佛音轮如同空界无障碍，不间断。即使如此，并非无论何处人人获得佛音。但这不是佛音轮的过失。为了说明这是不专心者自己的过失，有这首偈颂：

यथा सूक्ष्मान् शब्दाननुभवति न श्रोत्रविकलो
न दिव्यश्रोत्रो ऽपि श्रवणपथमायान्ति निखिलम्।
तथा धर्मः सूक्ष्मः परमनिपुणज्ञानविषयः
प्रयात्येकेषां तु श्रवणपथमविलष्टमनसाम्॥ ४१॥

今译：正如聋子听不见微妙的声音，
天耳通也不能听到所有声音，
这样，微妙的法，大智境界，
只传入心无污染[1]的人们耳中。（41）

मेघवदिति।

今译：如同云：

प्रावृट्काले यथा मेघः पृथिव्यामभिवर्षति।
वारिस्कन्धं निराभोगो निमित्तं सस्यसंपदः॥ ४२॥

① 此处“无污染”的原词是avilaṣṭa，依据此句勒译“以闻心不染”，应为akliṣṭa。

今译：正如雨季，云向大地降雨，水界
　　　自然而行，成为谷物丰收的原因。（42）

करुणाम्बुदतस्तद्वत्सद्धर्मसलिलं जिनः।
जगत्कुशलसस्येषु निर्विकल्पं प्रवर्षति ॥ ४३ ॥

今译：同样，佛的慈悲云无分别，
　　　向世间善业谷物降下妙法雨。（43）

लोके यथा कुशलकर्मपथप्रवृत्ते
　　वर्षन्ति वायुजनितं सलिलं पयोदाः।
तद्वत्कृपानिलजगत्कुशलाभिवृद्धेः
　　सद्धर्मवर्षमभिवर्षति बुद्धमेघः ॥ ४४ ॥

今译：正如在生起善业的世间，
　　　云借助风势，降下雨水，
　　　同样，慈悲风增长世间
　　　善业，佛云降下妙法雨。（44）

भवेषु संवित्करुणावभृत्कः
　　क्षराक्षरासङ्गनभस्तलस्थः।
समाधिधारण्यमलाम्बुगर्भो
　　मुनीन्द्रमेघः शुभसस्यहेतुः ॥ ४५ ॥

今译：住于空中，不执著灭或不灭，
　　　牟尼王云具有慈悲和智慧，
　　　蕴含三昧和陀罗尼清净雨水，
　　　成为一切世界谷物清净原因。（45）

भाजनविमात्रतायाम्।

今译：关于器性差别：

शीतं स्वादु प्रसन्नं मृदु लघु च पयस्तत्पयोदयाद्विमुक्तं
क्षारादिस्थानयोगादतिबहुरसतामेति यद्वत्पृथिव्याम्।
आर्याष्टाङ्गाम्बुवर्षं सुविपुलकरुणामेघगर्भाद्विमुक्तं
सन्तानस्थानभेदाद्बहुविधरसतामेति तद्वत्प्रजासु ॥ ४६ ॥

今译：云中降下的雨水清凉、甜美、柔软、轻盈，
而遇到地面咸涩等处，变成多种多样味，
同样，从大慈悲云中降下的八圣道雨水，
由于众生所处情况不同，而变成各种味。（46）

निरपेक्षप्रवृत्तौ।

今译：关于无所顾虑：

यानाग्रे ऽभिप्रसन्नानां मध्यानां प्रतिघातिनाम्।
मनुष्यचातकप्रेतसदृशां राशयस्त्रयः ॥ ४७ ॥

今译：信奉至上乘者、中等者和谤法者，
这三类众生如同人、饮雨鸟和鬼。（47）

ग्रीष्मान्ते ऽम्बुधरेष्वसत्सु मनुजा व्योम्न्यप्रचाराः खगा
वर्षास्वप्यतिवर्षणप्रपतनात्प्रेताः क्षितौ दुःखिताः।
अप्रादुर्भवनोदये ऽपि करुणामेघाभ्रधर्माम्भसो
धर्माकाङ्क्षिणि धर्मताप्रतिहते लोके च सैवोपमा ॥ ४८ ॥

今译：夏末无云，人和不飞行空中的鸟受苦，
而在雨季，雨量过多，地上的鬼受苦，
在世间，慈悲云的法水降下或不降下，
求法者和谤法者各自受苦，同样如此。（48）

स्थूलैर्बिन्दुनिपातनैरशनिभिर्वज्राग्निसंपातनैः
सूक्ष्मप्राणकशैलदेशगमिकान्नापेक्षते तोयदः।
सूक्ष्मौदारिकयुक्त्युपायविधिभिः प्रज्ञाकृपाम्भोधरस्
तद्वत्क्लेशगतान्दृष्ट्यनुशयान्नापेक्षते सर्वथा ॥ ४९ ॥

今译：正如云降下暴雨，连同霹雳和雷杵电火，
并不关心那些微小的生物和山上的行人，
同样，怀有般若慈悲水，运用粗细方法，
完全不考虑哪些有烦恼习气和持邪见者。（49）

दुःखाग्निप्रशमने।

今译：关于平息痛苦之火：

संसारो ऽनवराग्रजातिमरणस्तत्संसृतौ पञ्चधा
मार्गः पञ्चविधे च वर्त्मनि सुखं नोच्चारसौगन्ध्यवत्।
तद्दुःखं ध्रुवमग्निशस्त्रशिशिरक्षारादिसंस्पर्शजं
तच्छान्त्यै च सृजन्कृपाजलधरः सद्धर्मवर्षं महत्॥ ५० ॥

今译：无始以来生死轮回，流转在五道之中，
毫无快乐，如同粪便恶臭，永远痛苦，
如同接触烈火、刀剑、冰霜和咸涩等，
为平息它，降下蕴含慈悲水的妙法雨。（50）

देवेषु च्युतिदुःखमित्यवगमात्पर्यैष्टिदुःखं नृषु
प्राज्ञा नाभिलषन्ति देवमनुजेष्वैश्वर्यमप्युत्तमम्।
प्रज्ञायाश्च तथागतप्रवचनश्रद्धानुमान्यादिदं
दुःखं हेतुरयं निरोध इति च ज्ञानेन संप्रेक्षणात्॥ ५१ ॥

今译：已经知道天神坠落的痛苦，凡人追求
欲望的痛苦，智者不渴望天神和人的

至高权力，依靠般若，信奉如来言说，
凭智慧觉察："这是苦因，这是苦灭。"（51）

व्याधिर्ज्ञेयो व्याधिहेतुः प्रहेयः
स्वास्थ्यं प्राप्यं भेषजं सेव्यमेवम्।
दुःखं हेतुस्तन्निरोधोऽथ मार्गो
ज्ञेयं हेयः स्पर्शितव्यो निषेव्यः ॥५२॥

今译：应认知病，应排除病因，
应获得健康，应使用药，
这样，苦集灭道，应该
认知、排除、达到和消除。[①]（52）

महाब्रह्मवदिति।

今译：如同大梵天：

सर्वत्र देवभवने ब्राह्म्यादविचलन्पदात्।
प्रतिभासं यथा ब्रह्मा दर्शयत्यप्रयत्नतः ॥ ५३ ॥

今译：正如梵天不离梵界，在天国
各处显现影像，毫不费力。（53）

तद्वन्मुनिरनाभोगान्निर्माणैः सर्वधातुषु।
धर्मकायादविचलन्भव्यानामेति दर्शनम्॥ ५४॥

今译：同样，牟尼不离法身，在一切世界，
运用化身，自然而行，向众生显现。（54）

① 这首偈颂是说应该认知苦，排除苦因，达到灭寂苦因，修习八正道，即遵行"苦、集、灭、道"四圣谛。

यद्वद्ब्रह्मा विमानान्न चलति सततं कामधातुप्रविष्टं
देवाः पश्यन्ति चैनं विषयरतिहरं दर्शनं तच्च तेषाम्।
तद्वत्सद्धर्मकायान्न चलति सुगतः सर्वलोकेषु चैनं
भव्याः पश्यन्ति शश्वत्सकलमलहरं दर्शनं तच्च तेषाम्॥५५॥

今译：正如梵天不离天宫，处于欲界，众天神
永远看见他，向他们显现消除一切欲乐，
同样，如来不离法身，一切世界的众生
永远看见他，向他们显现消除一切污垢。（55）

तस्यैव पूर्वप्रणिधानयोगा-
न्मरुद्गणानां च शुभानुभावात्।
ब्रह्मा यथा भासमुपैत्ययत्ना-
न्निर्माणकायेन तथा स्वयंभूः ॥ ५६ ॥

今译：梵天依靠前世的誓愿，
以及众天神的清净感知，
毫不费力地这样显现，
自在者凭借化身也同样。（56）

अनाभासगमने।

今译：关于不显现：

च्युतिं गर्भाक्रान्तिं जननपितृवेश्मप्रविशनं
रतिक्रीडारण्यप्रविचरणमारप्रमथनम्।
महाबोधिप्राप्तिं प्रशमपुरमार्गप्रणयनं
निदर्श्याधन्यानां नयनपथमभ्येति न मुनिः ॥ ५७ ॥

今译：降生，入胎，诞生，进入父王宫中，
欲乐游戏，林中修行，降伏摩罗。

证得大菩提，指引进入寂静城道路，

牟尼依然没有进入薄福者的视域。（57）

सूर्यवदिति।

今译：如同太阳：

सूर्ये यथा तपति पद्मगणप्रबुद्धि-
रेकत्र कालसमये कुमुदप्रसुप्तिः।
बुद्धिप्रसुप्तिगुणदोषविधावकल्पः
सूर्यो ऽम्बुजेष्वथ च तद्वदिहार्यसूर्यः ॥ ५८ ॥

今译：太阳照耀时，众多莲花同时

觉醒，而睡莲入睡，如同太阳

不分别这些莲花，圣者太阳

也不分别功德觉醒和弊病入睡。（58）

द्विविधः सत्त्वधातुरविनेयो विनेयश्च। तत्र यो विनेयस्तमधिकृत्य पद्मोपमता स्वच्छजलभाजनोपमता च।

今译：众生界有两类：不可教化和可教化。其中，关于可教化众生，如同莲花和净水容器。

निर्विकल्पो यथादित्यः कमलानि स्वरश्मिभिः।
बोधत्येकमुक्ताभिः पाचयत्यपराण्यपि ॥ ५९ ॥

今译：正如太阳不分别，释放自己的同一

光芒，唤醒众莲花和催熟其他植物。（59）

सद्धर्मकिरणैरेवं तथागतदिवाकरः।
विनेयजनपद्मेषु निर्विकल्पः प्रवर्तते ॥ ६० ॥

今译：同样，如来太阳释放妙法光芒，
不分别，照耀可教化众生莲花。（60）

धर्मरूपशरीराभ्यां बोधिमण्डाम्बरोदितः।
जगत्स्फरति सर्वज्ञदिनकृज्ज्ञानरश्मिभिः ॥ ६१ ॥

今译：凭借法身和色身在菩提道场空中升起，
一切知者太阳用智慧的光芒遍照世界。（61）

यतः शुचिनि सर्वत्र विनेयसलिलाशये।
अमेयसुगतादित्यप्रतिबिम्बोदयः सकृत्॥ ६२ ॥

今译：所有各处可教化众生水池清净，
无量如来太阳的影像同时显现。（62）

एवमविकल्पत्वे ऽपि सति बुद्धानां त्रिविधे सत्त्वराशौ दर्शनादेशनाप्रवृत्ति-क्रममधिकृत्य शैलोपमता।

今译：尽管诸佛具有这种不分别性，仍然依照次序向三类众生显现和说法。关于这种次序，如同山。

सदा सर्वत्र विसृते धर्मधातुनभस्तले।
बुद्धसूर्ये विनेयाद्रितन्निपातो यथार्हतः ॥ ६३ ॥

今译：佛太阳在法界虚空中，永远遍照一切，
投射可教化众生山，依随他们的能力。（63）

उदित इह समन्ताल्लोकमाभास्य यद्व-
त्प्रततदशशतांशुः सप्तसप्तिः क्रमेण।
प्रतपति वरमध्यन्यूनशैलेषु तद्व-
त्प्रतिपतति जिनसूर्यः सत्त्वराशौ क्रमेण ॥ ६४ ॥

今译：太阳升起，放射千道光芒，
照亮整个世界，依次照耀
大山、中山和小山，同样，
佛太阳依次照耀三类众生。（64）

प्रभामण्डलविशेषणे।

今译：关于光轮的殊胜：

सर्वक्षेत्रनभस्तलस्फरणता भानोर्न संविद्यते
नाप्यज्ञानतमोऽन्धकारगहनज्ञेयार्थसंदर्शनम्।
नानावर्णविकीर्णरश्मिविसरैरेकैकरोमोद्भवैर्
भासन्ते करुणात्मका जगति तु ज्ञेयार्थसंदर्शकाः ॥ ६५ ॥

今译：太阳并不遍照一切大地和天空，不显现
无知黑暗笼罩的密林中那些所知对象，
而心怀慈悲者每根毛发闪发各种色彩和
光芒，照亮世间，显示一切所知对象。（65）

बुद्धानां नगरप्रवेशसमये चक्षुर्विहीना जनाः
पश्यन्त्यर्थमनर्थजालविगमं विन्दन्ति तद्दर्शनात्।
मोहान्धाश्च भवार्णवान्तरगता दृष्ट्यन्धकारावृता
बुद्धार्कप्रभयावभासितधियः पश्यन्त्यदृष्टं पदम्॥ ६६ ॥

今译：诸佛进入城中时，那些无眼者看见
对象，看见后，知道远离有害之网，
愚暗者沉浮生死海，受邪见蒙蔽，
佛太阳照亮智慧后，看见未见境界。（66）

चिन्तामणिवदिति।

今译：如同如意宝珠：

युगपद्गोचरस्थानां सर्वाभिप्रायपूरणम्।
कुरुते निर्विकल्पो ऽपि पृथक्चिन्तामणिर्यथा ॥ ६७ ॥

今译：正如如意宝珠自己不分别，而满足
处在同一境界人们各自的一切心愿。（67）

बुद्धचिन्तामणिं तद्वत्समेत्य पृथगाशयाः।
शृण्वन्ति धर्मतां चित्रां न कल्पयति तांश्च सः ॥ ६८ ॥

今译：人们各怀心愿，来到佛如意宝珠前，
聆听各种妙法，而他对他们不分别。（68）

यथाविकल्पं मणिरत्नमीप्सितं
धनं परेभ्यो विसृजत्ययत्नतः।
तथा मुनिर्यत्नमृते यथार्हतः
परार्थमातिष्ठति नित्यमा भवात्॥ ६९ ॥

今译：正如如意宝珠不分别，施与
他人愿望的财宝，毫不费力，
同样，牟尼毫不费力，永远
与世共存，依随情况利益他人。（69）

दुर्लभप्राप्तभावास्तथागता इति।

今译：关于如来难遇：

इह शुभमणिप्राप्तिर्यद्वज्जगत्यतिदुर्लभा
जलनिधिगतं पातालस्थं यतः स्पृहयन्ति तम्।

न सुलभमिति ज्ञेयं तद्वज्जगत्यतिदुर्भगे
मनसि विविधक्लेशग्रस्ते तथागतदर्शनम्॥ ७० ॥

今译：正如在这世上，净摩尼珠难得，
人们渴望在海中和地下获得它，
应知在这不幸运的世界，人们
心中充满各种烦恼，如来难遇。（70）

प्रतिश्रुत्काशब्दवदिति।

今译：如同回音：

प्रतिश्रुत्कारुतं यद्वत्परविज्ञप्तिसंभवम्।
निर्विकल्पमनाभोगं नाध्यात्मं न बहिः स्थितम्॥ ७१ ॥

今译：正如回音产生于他者的声音，
无分别，自然而行，无内外。（71）

तथागतरुतं तद्वत्परविज्ञप्तिसंभवम्।
निर्विकल्पमनाभोगं नाध्यात्मं न बहिः स्थितम्॥ ७२ ॥

今译：同样，如来音产生于他者声音，
无分别，自然而行，无内外。（72）

आकाशवदिति।

今译：如同虚空：

निष्किंचने निराभासे निरालम्बे निराश्रये।
चक्षुष्पथव्यतिक्रान्ते ऽप्यरूपिण्यनिदर्शने ॥ ७३ ॥

今译：无所有，无影像，无所缘，无所依，
超越视域无所见，无色像，不显现。（73）

यथा निम्नोन्नतं व्योम्नि दृश्यते न च तत्तथा।
बुद्धेष्वपि तथा सर्वं दृश्यते न च तत्तथा ॥ ७४ ॥

今译：即使看见虚空有高低，实际并非如此，
同样，在诸佛中所见一切，也是如此。[①]（74）

पृथिवीवदिति।

今译：如同大地：

सर्वे महीरुहा यद्वदविकल्पां वसुंधराम्।
निश्रित्य वृद्धिं वैरूढिं वैपुल्यमुपयान्ति च ॥ ७५ ॥

今译：正如一切植物依靠大地生长，
发育，壮大，而大地不分别。（75）

संबुद्धपृथिवीमेवमविकल्पामशेषतः।
जगत्कुशलमूलानि वृद्धिमाश्रित्य यान्ति हि ॥ ७६ ॥

今译：同样，世间善根依靠佛地
增长，而佛地全然不分别。（76）[②]

उदाहरणानां पिण्डार्थः।

今译：譬喻总义：

न प्रयत्नमृते कश्चिद्दृष्टः कुर्वन्क्रियामतः।
विनेयसंशयच्छित्त्यै नवधोक्तं निदर्शनम्॥ ७७ ॥

今译：做事毫不费力，而无所可见，因此，
为解除可教化众生疑惑，说九种譬喻。（77）

① 这里所说如同虚空，是指佛的法身。
② 以上第 14 首至这一首，其中有三十多首见于勒译单列在释论前的本偈中，其余则不见于勒译。

勒译：遠離一切業，未曾見有果，
為一切疑人，除諸疑網故，
說九種譬喻。

सूत्रस्य तस्य नाम्नैव दीपितं तत्प्रयोजनम्।
यत्रैते नव दृष्टान्ता विस्तरेण प्रकाशिताः ॥ ७८ ॥

今译：以这部经的名义，宣示这个含义，
其中运用这九种譬喻，详细说明。（78）

勒译：彼修多羅名，廣說此諸法，
彼修多羅中，廣說九種喻。

एतच्छ्रुतमयोदारज्ञानालोकाद्यलंकृताः।
धीमन्तो ऽवतरन्त्याशु सकलं बुद्धगोचरम्॥ ७९ ॥

今译：智者们闪耀由所闻形成的博大
智慧光，迅速进入完整佛境界。（79）

勒译：彼名智境界，快妙智莊嚴，
有智者速入，具足佛境界。

इत्यर्थं शक्रवैडूर्यप्रतिबिम्बाद्युदाहृतिः।
नवधोदाहृता तस्मिन्तत्पिण्डार्थो ऽवधार्यते ॥ ८० ॥

今译：为此，以帝释天的琉璃中影像等
九种譬喻说明，应知它们的总义。（80）

勒译：說彼天帝釋，琉璃鏡像等，
九種諸譬喻，應知彼要義。

दर्शनादेशना व्याप्तिर्विकृतिर्ज्ञाननिःसृतिः।
मनोवाक्कायगुह्यानि प्राप्तिश्च करुणात्मनाम्॥ ८१ ॥

今译：心怀慈悲者显现，说法，遍至，变化，
释放智慧、心、口和身业神秘，获得。[①]（81）

勒译：見說及遍至，以離諸相智，
身口意業密，大慈悲者得。

सर्वाभोगपरिस्पन्दप्रशान्ता निर्विकल्पिकाः।
धियो विमलवैडूर्यशक्रबिम्बोदयादिवत्॥ ८२ ॥

今译：一切功用活动平息，智慧无分别，
如同净琉璃中的帝释天影像显现等。（82）

勒译：離諸功用心，無分別寂靜，
以智故無垢，如大毗琉璃，
帝釋等譬喻。

प्रतिज्ञाभोगशान्तत्वं हेतुर्धीनिर्विकल्पता।
दृष्टान्तः शक्रबिम्बादिः प्रकृतार्थसुसिद्धये ॥ ८३ ॥

今译：宗是功用平息，因是智慧无分别，
喻证是帝释天影像等，意义成立。[②]（83）

勒译：智究竟滿足，故究竟寂靜，
以有淨智慧，是故無分別，
為成種種義，故說釋等喻。

अयं च प्रकृतो ऽत्रार्थो नवधा दर्शनादिकम्।
जन्मान्तर्धिमृते शास्तुरनाभोगात्प्रवर्तते ॥ ८४ ॥

① 这里说明九种譬喻的九种意义，依次与帝释天影像、天鼓、云、梵天、太阳、如意宝珠、回音、虚空和大地对应。

② 宗（pratijñā）、因（hetu）和喻证（dṛṣṭānta）是因明三段论法。

今译：导师无生无灭，自然而行，运用
　　　显现等九种譬喻，这种意义成立。（84）

勒译：為成彼義者，說九種見等，
　　　離生離神通[1]，諸佛現是事。

एतमेवार्थमधिकृत्योदाहरणसंग्रहे चत्वारः श्लोकाः।

今译：关于这种意义，另有四首偈颂总摄这些譬喻意义：

यः शक्रवद्दुन्दुभिवत्पयोदव-
द्ब्रह्मार्कचिन्तामणिराजरत्नवत्।
प्रतिश्रुतिव्योममहीवदा भवा-
त्परार्थकृद्यत्नमृते स योगवित्॥ ८५॥

今译：这位通晓瑜伽者永远与世间共存，
　　　自然而行，为他人谋利益，如同
　　　帝释天、天鼓、云、梵天、太阳、
　　　如意宝珠、回音、虚空和大地。（85）

सुरेन्द्ररत्नप्रतिभासदर्शनः
सुदैशिको दुन्दुभिवद्विभो रुतम्।
विभुर्महाज्ञानकृपाभ्रमण्डलः
स्फरत्यनन्तं जगदा भवाग्रतः॥ ८६॥

今译：优秀导师的显现如同天王
　　　琉璃中的影像，声音如同
　　　天鼓，大智慧慈悲云遍布
　　　无边世间，直至生死终极。（87）

---

[1] 此处"神通"的原词是 antardhi，词义为消失或灭亡。若是"神通"，原词应为 ṛddhi，但用在这里也不合适。

अनास्रवाद्ब्रह्मवदच्युतः पदा-
दनेकधा दर्शनमेति निर्मितैः।
सदार्कवज्ज्ञानविनिःसृतद्युति-
र्विशुद्धचिन्तामणिरत्नमानसः ॥ ८७ ॥

今译：如同梵天，他不离无漏界，
显现各种化身；如同太阳，
他永远放射智慧的光芒；
心如同明净的如意宝珠。（87）

प्रतिरव इव घोषो ऽनक्षरोक्तो जिनानां
गगनमिव शरीरं व्याप्यरूपि ध्रुवं च।
क्षितिरिव निखिलानां शुक्लधर्मौषधीनां
जगत इह समन्तादास्पदं बुद्धभूमिः ॥ ८८ ॥

今译：佛音如同回音，无所言说，
身体如同虚空，永远遍布
而无形色，佛地如同大地，
世界所有清净法药草所依。（88）

कथं पुनरनेनोदाहरणनिर्देशेन सततमनुत्पन्ना अनिरुद्धाश्च बुद्धा भगवन्त उत्पद्यमाना निरुध्यमानाश्च संदृश्यन्ते सर्वजगति चैषामनाभोगेन बुद्धकार्याप्रतिप्रश्रब्धिप्ररिति परिदीपितम्।

今译：按照这种譬喻所说，既然佛世尊永远不生不灭，为何又会看到他们出现和消失，在一切世界中自然而行，从事佛业不休息？说明如下：

शुभं वैडूर्यवच्चित्ते बुद्धदर्शनहेतुकम्।
तद्विशुद्धिरसंहार्यश्रद्धेन्द्रियविरूढिता ॥ ८९ ॥

今译：心清净似琉璃，佛显现之因，
清净心不动摇，信根则增强。（89）

शुभोदयव्ययाद्बुद्धप्रतिबिम्बोदयव्ययः।
मुनिर्नोदेति न व्येति शक्रवद्धर्मकायतः ॥ ९० ॥

今译：依随清净生灭，佛影像生灭，而依据
法身，牟尼无生无灭，如同帝释天。（90）

अयत्नात्कृत्यमित्येवं दर्शनादि प्रवर्तते।
धर्मकायादनुत्पादानिरोधादा भवस्थितेः ॥ ९१ ॥

今译：显现等作为毫不费力，依据
无生无灭法身，与世间共存。（91）

अयमेषां समासार्थ औपम्यानां क्रमः पुनः।
पूर्वकस्योत्तरेणोक्तो वैधर्म्यपरिहारतः ॥ ९२ ॥

今译：依次再说这些譬喻的要义，
后者所说排除前者的不相似。（92）

勒译：是名為略說，種種義譬喻，
先喻解異後，後喻解異前。

बुद्धत्वं प्रतिबिम्बाभं तद्वन्न च न घोषवत्।
देवदुन्दुभिवत्तद्वन्न च नो सर्वथार्थकृत्॥ ९३ ॥

今译：佛性如同帝释天影像，而不像影像无声，
如同天鼓，而不像天鼓不利益一切众生。（93）

勒译：佛體如鏡像，如彼琉璃地，
人非不有聲；如天妙法鼓，
非不作法事。

महामेघोपमं तद्वन्न च नो सार्थबीजवत्।
महाब्रह्मोपमं तद्वन्न च नात्यन्तपाचकम्॥ ९४ ॥

今译：如同云，而不像云没有有益种子，如同
　　　大梵天，而不像大梵天永远不教化众生。（94）

勒译：如彼大雲雨，非不作利益，
　　　而亦非不生，種種諸種子[①]，
　　　如梵天不動，而非不淳熟。

सूर्यमण्डलवत्तद्वन्न नात्यन्त तमो ऽपहम्।
चिन्तामणिनिभं तद्वन्न च नो दुर्लभोदयम्॥ ९५ ॥

今译：如同太阳，而不像太阳不能彻底驱除黑暗，
　　　如同如意宝珠，而不像如意宝珠不难获得[②]。（95）

勒译：如彼大日輪，非不破諸闇，
　　　如彼如意寶，而非不希有。

प्रतिश्रुत्कोपमं तद्वन्न च प्रत्ययसंभवम्।
आकाशसदृशं तद्वन्न च शुक्लास्पदं च तत्॥ ९६ ॥

今译：如同回音，而不像回音那样依缘生起[③]，
　　　如同虚空，而不像虚空不成为清净所依。（96）

勒译：猶如彼聲響，非不因緣成[④]，
　　　猶如彼虛空，非不為一切，
　　　眾生作依止。

---

① 这里勒译的表述与原文有差异，也就是将“有益”和“种子”分成两句表述。
② 这句是说佛比如意宝珠更难得。
③ 前面第 71 首和第 72 首偈颂提到回音和佛音都产生于他者声音。因此，这里的意思可能是指佛本身不依缘而起。
④ 此处“非不因缘成”按照原文应是“非因缘所成”，即不像回音那样依缘而起。

पृथिवीमण्डलप्रख्यं तत्प्रतिष्ठाश्रयत्वतः।
लौक्यलोकोत्तराशेषजगत्कुशलसंपदम्॥ ९७ ॥

今译：如同大地，因为是根基和所依，
　　　成就世间出世间一切众生善业。[①]（97）

勒译：猶如彼大地，而非不住持，
　　　一切種種物，以依彼大地，
　　　荷負諸世間，種種諸物故。

बुद्धानां बोधिमागम्य लोकोत्तरपथोदयात्।
शुक्लकर्मपथध्यानाप्रमाणारूप्यसंभव इति ॥ ९८ ॥

今译：依靠诸佛菩提，出现出世间道，产生
　　　一切善业道，禅定，无量心，无色定。（98）

勒译：依諸佛菩提，出世間妙法，
　　　成就諸白業，諸禪四無量[②]，
　　　及以四空定[③]，諸如來自然，
　　　常住諸世間，有如是諸業，
　　　一時非前後，作如是妙業。

इति रत्नगोत्रविभागे महायानोत्तरतन्त्रशास्त्रे तथागतकृत्यक्रियाधिकारश्चतुर्थः परिच्छेदः श्लोकार्थसंग्रहव्याख्यानतः समाप्तः ॥ ४ ॥

今译：以上是《究竟一乘宝性论》中名为《如来业》的第四品。说明偈颂总义终。

[①] 这里没有明说与大地的不相似之处，而实际是说不像大地不能成就世间出世间一切众生的善业。
[②] "四无量"（apramāṇa）指慈、悲、喜和舍四无量心。
[③] "空定"即无色定，有四种：空无边处定、识无边处定、无所有处定和非想非非想处定。

今译：第五　利益品

勒译：究竟一乘寶性論校量[①]信功德品第十一

अतः परमेष्वेव यथापरिकीर्तितेषु स्थानेष्वधिमुक्तानामधिमुक्त्यनुशंसे षड्लोकाः।

今译：下面，对于以上所说这些方面，那些虔信者的虔信利益[②]，有六首偈颂：

勒译：論曰：向說四種法，自此已下明有慧人於彼法中能生信心，依彼信者所得功德，說十四偈：

बुद्धधातुर्बुद्धबोधिर्बुद्धधर्मा बुद्धकृत्यम्।
गोचरो ऽयं नायकानां शुद्धसत्त्वैरप्यचिन्त्यः ॥ १ ॥

今译：佛界，佛菩提，佛法，佛业[③]，导师们的
这种境界，甚至清净众生也不可思议。（1）

勒译：佛性佛菩提，佛法及佛業，
諸出世淨人，所不能思議。

इह जिनविषये ऽधिमुक्तबुद्धिर्गुण-
गणभाजनतामुपैति धीमान्।
अभिभवति स सर्वसत्त्वपुण्य-
प्रसवमचिन्त्यगुणाभिलाषयोगात्॥ २ ॥

今译：智者智慧虔信佛境界，

① 此处原文是“挍量”，通“校量”，这里意谓用比较的方法说明和赞叹。

② “利益”的原词是 anuśaṃsa（巴利语 ānisaṃsa），词源义是称赞或赞叹，在佛经中的常用义是利益。此词在汉译佛经中译为“赞叹”、“福利”、“功德”或“利益”。

③ 此处“佛界，佛菩提，佛法，佛业”也就是七金刚句中后四个论题：界、菩提、功德和业。

渴望不可思议的功德，
成为一切功德的容器，
胜过一切众生的功德。（2）

勒译：此諸佛境界，若有能信者，
　　　得無量功德，勝一切眾生，
　　　以求佛菩提，不思議果報，
　　　得無量功德，故勝諸世間。

यो दद्यान्मणिसंस्कृतानि कनकक्षेत्राणि बोध्यर्थिको
बुद्धक्षेत्ररजःसमान्यहरहो धर्मेश्वरेभ्यः सदा।
यश्चान्यः शृणुयादितः पदमपि श्रुत्वाधिमुच्येदयं
तस्माद्दानमयाच्छुभाद्बहुतरं पुण्यं समासादयेत्॥ ३ ॥

今译：若有人渴望菩提，长期每天向法王们布施
　　　装饰有摩尼珠的金地，数量如同佛土尘埃，
　　　而另有人只是闻听此经一句，闻听后虔信，
　　　由此获得的功德，比布施获得的功德更多。（3）

勒译：若有人能捨，摩尼珠珍寶，
　　　遍布十方界，無量佛國土，
　　　為求佛菩提，施與諸法王，
　　　是人如是施，無量恒沙劫，
　　　若復有人聞，妙境界一句，
　　　聞已復能信，過施福無量。

यः शीलं तनुवाङ्मनोभिरमलं रक्षेदनाभोगव-
द्धीमान्बोधिमनुत्तरामभिलषन्कल्पाननेकानपि।
यश्चान्यः शृणुयादितः पदमपि श्रुत्वाधिमुच्येदयं

तस्माच्छीलमयाच्छुभाद्बहुतरं पुण्यं समासादयेत्॥ ४ ॥

今译：若有智者渴望无上菩提，身、口和意持戒，
清净知守护，自然而行，已经坚持许多劫，
而另有人只是闻听此经一句，闻听后虔信，
由此获得的功德，比持戒获得的功德更多。（4）

勒译：若有智慧人，奉持無上戒，
身口意業淨，自然常護持，
為求佛菩提，如是無量劫，
是人所得福，不可得思議，
若復有人聞，妙境界一句，
聞已復能信，過戒福無量。

ध्यायेद्ध्यानमपीह यस्त्रिभुवनक्लेशाग्निनिर्वापकं
दिव्यब्रह्मविहारपारमिगतः संबोध्युपायाच्युतः।
यश्चान्यः श्रृणुयादितः पदमपि श्रुत्वाधिमुच्येदयं
तस्माद्ध्यानमयाच्छुभाद्बहुतरं पुण्यं समासादयेत्॥ ५ ॥

今译：若在世上，有人修禅，熄灭三界烦恼之火。
由于菩提方便不退落，通向天住和梵住，
而另有人只是闻听此经一句，闻听后虔信，
由此获得的功德，比修禅获得的功德更多。（5）

勒译：若人入禪定，焚三界煩惱，
過天行彼岸[①]，無菩提方便[②]，
若復有人聞，妙境界一句，

① 此处“过天行彼岸”的原文是 divyabrahmavihārapāramigata，直译为“达到天住和梵住的彼岸”。“天住和梵住”指天界和梵界。

② 此处“无菩提方便”的原文是 sambodhyupāyācyuta，词义为菩提方便不退落。

聞已復能信，過禪福無量。

दानं भोगानावहत्येव यस्मा-
च्छीलं स्वर्गं भावना क्लेशहानिम्।
प्रज्ञा क्लेशज्ञेयसर्वप्रहाणं सातः
श्रेष्ठा हेतुरस्याः श्रवो ऽयम्॥ ६ ॥

今译：布施果报是富贵，持戒果报
是天国，修习果报是清除烦恼，
而至高的智慧断除烦恼障和
所知障，闻听是获得它的原因。（6）

勒译：無慧人能捨，唯得富貴報，
修持禁戒者，得生人天中，
修行斷諸障，非慧不能除，
慧除煩惱障，亦能除智障，
聞法為慧因，是故聞法勝，
何況聞法已，復能生信心。

एषां श्लोकानां पिण्डार्थो नवभिः श्लोकैर्वेदितव्यः।

今译：应知以下九首偈颂说明这些偈颂的总义。

勒译：此十四偈以十一偈略釋應知。偈言：

आश्रये तत्परावृत्तौ तद्गुणेष्वर्थसाधने।
चतुर्विधे जिनज्ञानविषये ऽस्मिन्यथोदिते ॥ ७ ॥

今译：所依，它的转依，它的功德，意义
成立，以上所说在四种如来智境界。（7）

勒译：身及彼所轉，功德及成義，
示此四種法，唯如來境界。

धीमानस्तित्वशक्तत्वगुणवत्त्वाधिमुक्तितः।
तथागतपदप्राप्तिभव्यतामाशु गच्छति ॥ ८ ॥

今译：智者虔信它的存在、能力和功德，
便迅速获得进入如来境界的潜能。（8）

勒译：智者信為有，及信畢竟得，
以信諸功德，速證無上道。

अस्त्यसौ विषयो ऽचिन्त्यः शक्यः प्राप्तुं स मादृशैः।
प्राप्त एवं गुणश्चासाविति श्रद्धाधिमुक्तितः ॥ ९ ॥

今译：他虔信："这个不可思议境界存在，
具有这样的功德，我辈也能进入。"（9）

勒译：究竟到彼岸，如來所住處，
信有彼境界，彼非可思議，
我等可得彼，彼功德如是。

छन्दवीर्यस्मृतिध्यानप्रज्ञादिगुणभाजनम्।
बोधिचित्तं भवत्यस्य सततं प्रत्यपस्थितम्॥ १० ॥

今译：他始终生起菩提心，即意欲、精进、
忆念、禅定和智慧等功德的容器。（10）

勒译：唯深信勝智，欲精進念定，
修智等功德，無上菩提心，
一切常現前。

तच्चित्तप्रत्युपस्थानादविवर्त्यो जिनात्मजः।
पुण्यपारमितापूरिपरिशुद्धिं निगच्छति ॥ ११ ॥

今译：由于生起菩提心，佛子永远
不退转，达到功德圆满清净。（11）

勒译：以常現前故，名不退佛子，

彼岸淨功德，畢竟能成就。

पुण्यं पारमिताः पञ्च त्रेधा तदविकल्पनात्।
तत्पूरिः परिशुद्धिस्तु तद्विपक्षप्रहाणतः ॥ १२ ॥

今译：五波罗蜜是功德，三不分别[①]

而圆满，断除障碍而清净。（12）

勒译：五度[②]是功德，以不分別三，

畢竟及清淨，以離對治法。

दानं दानमयं पुण्यं शीलं शीलमयं स्मृतम्।
द्वे भावनामयं क्षान्तिध्याने वीर्यं तु सर्वगम्॥ १३ ॥

今译：布施唯独形成布施功德，

持戒唯独形成持戒功德，

修习形成忍辱和禅定两者

功德，精进遍及一切功德。（13）

勒译：施唯施功德，持戒唯持戒，

餘二度修行，謂忍辱禪定，

精進遍諸處。

त्रिमण्डलविकल्पो यस्तज्ज्ञेयावरणं मतम्।
मात्सर्यादिविपक्षो यस्तत्क्लेशावरणं मतम्॥ १४ ॥

今译：三轮[③]分别形成所知障，

---

① 下面第 14 首偈颂提到“三轮分别形成所知障”。

② “五度”即五波罗蜜。

③ “三轮”一般指施者、受者和施舍之物。

妒忌等障碍是烦恼障。（14）

勒译：慳等所治法，名為煩惱障，
　　　虛分別三法，是名為智障。

एतत्प्रहाणहेतुश्च नान्यः प्रज्ञामृते ततः।
श्रेष्ठा प्रज्ञा श्रुतं चास्य मूलं तस्माच्छ्रुतं परम्॥ १५॥

今译：除了智慧，没有其他断除障碍的原因，
　　　智慧至高，闻听是根本，因此也至高。（15）

勒译：遠離彼諸障，更無餘勝因，
　　　唯真妙智慧，是故般若勝，
　　　彼智慧根本，所謂聞慧是，
　　　以聞慧生智，是故聞為勝。

इतीदमाप्तागमयुक्तिसंश्रया-
　　दुदाहृतं केवलमात्मशुद्धये।
धियाधिमुक्त्या कुशलोपसंपदा
　　समन्विता ये तदनुग्रहाय च॥ १६॥

今译：依据经典和道理所说以上
　　　这些，只是为了自身清净，
　　　同时，也为了有益于那些
　　　具足智慧、虔信和善根者。（16）

勒译：又自此已下明向所說義，依何等法說，依何等義說，依何等相說。初依彼法故，說二偈：

　　　我此所說法，為自心清淨，
　　　依諸如來教，修多羅相應，
　　　若有智慧人，聞能信受者，

我此所說法，亦為攝彼人。

प्रदीपविद्युन्मणिचन्द्रभास्करा-
न्प्रतीत्य पश्यन्ति यथा सचक्षुषः।
महार्थधर्मप्रतिभाप्रभाकरं
मुनिं प्रतीत्येदमुदाहृतं तथा ॥ १७ ॥

今译：正如依靠灯、闪电、摩尼宝珠、
月亮和太阳，有眼者看见事物，
同样，我所说的这些依靠牟尼，
闪耀大利益妙法光芒的太阳。（17）

勒译：自此已下次依彼義故，說二偈：

依燈電摩尼，日月等諸明，
一切有眼者，皆能見境界，
依佛法光明，慧眼者能見，
以法有是利，故我說此法。

यदर्थवद्धर्मपदोपसंहितं
त्रिधातुसंक्लेशनिबर्हणं वचः।
भवेच्च यच्छान्त्यनुशंसदर्शकं
तदुक्तमार्षं विपरीतमन्यथा ॥ १८ ॥

今译：充满有意义的法句，
所说消除三界烦恼，
显示寂静利益，这是
圣典，其他是颠倒说。（18）

勒译：自此已下次依彼相故，說二偈：

若一切所說，有義有法句，
能令修行者，遠離於三界，
及示寂靜法，最勝無上道，
佛說是正經，餘者顛倒說。

यत्स्यादविक्षिप्तमनोभिरुक्तं
　　शास्तारमेकं जिनमुद्दिशद्भिः।
मोक्षाप्तिसंभारपथानुकूलं
　　मूर्ध्ना तदप्यार्षमिव प्रतीच्छेत्॥ १९ ॥

今译：那些心不散乱者所说，
指明佛是唯一的导师，
遵循通向解脱资粮道，
也应像圣典那样信受。（19）

勒译：自此已下依護法方便故，說七偈：

雖說法句義，斷三界煩惱，
無明覆慧眼，貪等垢所纏，
又於佛法中，取少分說者，
世典善言說，彼三[①]尚可受，
何況諸如來，遠離煩惱垢，
無漏智慧人，所說修多羅。[②]

यस्मान्नेह जिनात्सुपण्डिततमो लोके ऽस्ति कश्चित्क्वचित्
　　सर्वज्ञः सकलं स वेद विधिवत्तत्त्वं परं नापरः।

① 此处“彼三”指上述三种人：一是虽说法句义，但仍受贪瞋痴缠绕，二是只能说少量佛法，三是善于说世俗经典。
② 勒译这首偈颂表述与原文不同，而意义相通。

तस्माद्यत्स्वयमेव नीतमृषिणा सूत्रं विचाल्यं न तत्
सद्धर्मप्रतिबाधनं हि तदपि स्यान्नीतिभेदान्मुनेः ॥ २० ॥

今译：在这世上无论何处，没有高于佛的智者，
没有其他一切知者，如实知道至高真实，
因此，决不能背离仙人亲自宣导[①]的经典。
否则，毁谤经典，也就损害牟尼的妙法。（20）

勒译：以離於諸佛，一切世間中，
更無勝智慧，如實知法者，
如來說了義[②]，彼不可思議
思者是謗法，不識佛意故。

आर्यांश्चापवदन्ति तन्निगदितं धर्मं च गर्हन्ति यत्
सर्वः सो ऽभिनिवेशदर्शनकृतः क्लेशो विमूढात्मनाम्।
तस्मान्नाभिनिवेशदृष्टिमलिने तस्मिन्निवेश्या मतिः
शुद्धं वस्त्रमुपैति रङ्गविकृतिं न स्नेहपङ्काङ्कितम्॥ २१ ॥

今译：毁谤圣者们，指责他们所说法，这一切
是本性愚痴者的污垢，形成于执著邪见，
因此，思想不应该执著这样的邪见污垢，
如同白布能染色，油渍斑斑脏布不可染。（21）

勒译：謗聖及壞法，此諸邪思惟，
煩惱愚癡人，妄見所計故，
故不應執著，邪見諸垢法，
以淨衣受色，垢膩不可染。

---

① 此处“宣导”的原词是 nīta，词义为引导或指导。

② “了义”（nītārtha）指直接完全显示的佛法义理。原文中没有使用此词，而是说“宣导的经典”。

धीमान्द्यादधिमुक्तिशुक्लविरहान्मिथ्याभिमानाश्रयात्
सद्धर्मव्यसनावृतात्मकतया नेयार्थतत्त्वग्रहात्।
लोभग्रेधतया च दर्शनवशाद्धर्मद्विषां सेवनाद्
आराद्धर्मभृतां च हीनरुचयो धर्मान्क्षिपन्त्यर्हताम्॥ २२ ॥

今译：愚痴者摒弃虔信和清净，执著邪见和骄慢，
本性受谤法邪见蒙蔽，偏信不了义[1]为真实，
贪图利养，执著邪见，侍奉谤法者，远离
持法者，热衷低劣信仰者抛弃阿罗汉法。（22）

勒译：自此已下依謗正法故，說三偈：

愚不信白法，邪見及憍慢，
過去謗法障，執著不了義，
著供養恭敬，唯見於邪法，
遠離善知識，親近謗法者，
樂著小乘法，如是等眾生，
不信於大乘，故謗諸佛法。

नाग्नेर्नोग्रविषादहेर्न वधकान्नैवाशनिभ्यस्तथा
भेतव्यं विदुषामतीव तु यथा गम्भीरधर्मक्षतेः।
कुर्युर्जीवितविप्रयोगमनलव्यालारिवज्राग्नयस्
तद्धेतोर्न पुनर्व्रजेदतिभयामावीचिकानां गतिम्॥ २३ ॥

今译：智者们不应该像畏惧丧失深邃妙法那样，
畏惧烈火、毒药、猛蛇、谋杀者和霹雳，
烈火、猛蛇、敌人和雷电可以剥夺生命，
但不构为堕入恐怖的无间地狱的原因。（23）

① “不了义”（neyārtha）指没有直接完全显示的佛法义理。

勒译：自此已下依謗正法得惡果報故，說六偈：

智者不應畏，怨家蛇火毒，
因陀羅霹靂，刀杖諸惡獸，
師子虎狼等，彼但能斷命，
不能令人入，可畏阿鼻獄，
應畏謗深法，及謗法知識，
決定[1]令人入，可畏阿鼻獄。

यो ऽभीक्ष्णं प्रतिसेव्य पापसुहृदः स्याद्बुद्धदुष्टाशयो
मातापित्रिरिहद्वधाचरणकृत्संघाग्रभेत्ता नरः।
स्यात्तस्यापि ततो विमुक्तिरचिरं धर्मार्थनिध्यानतो
धर्मे यस्य तु मानसं प्रतिहतं तस्मै विमुक्तिः कुतः ॥ २४ ॥

今译：即使有人长期侍奉恶友，恶意伤害佛陀，
杀母、杀父、杀阿罗汉，破坏僧团团结，
而一旦深信法义，他很快就能获得解脱，
然而，一心毁谤法，怎么可能获得解脱？（24）

勒译：雖近惡知識，惡心出佛血，
及殺害父母，斷諸聖人命，
破壞和合僧，及斷諸善根，
以繫念正法，能解脫彼處，
若復有餘人，誹謗甚深法，
彼人無量劫，不可得解脫。

रत्नानि व्यवदानधातुममलां बोधिं गुणान्कर्म च
व्याकृत्यार्थपदानि सप्त विधिवद्यत्पुण्यमाप्तं मया।

---

① “決定”指肯定或必定。

तेनेयं जनतामितायुषमृषिं पश्येदनन्तद्युतिं
दृष्ट्वा चामलधर्मचक्षुरुदयाद्बोधिं परामाप्नुयात्॥ २५॥

今译：三宝、清净界、无垢菩提、功德和佛业，
我已如实说明这七个词句，而获得功德，
但愿众生由此看到具有无量光的无量寿佛[①]，
看到后，产生清净法眼，而获得至上菩提。（25）

勒译：自此已下依於說法法師生敬重心故，說二偈：

若人令眾生，學信如是法，
彼是我父母，亦是善知識，
彼人是智者，以如來滅後，
迴邪見顛倒，令入正道故。[②]

自此已下依彼說法所得功德，以用迴向[③]故，說三偈：

三寶清淨性，菩提功德業，
我略說七種，與佛經相應，
依此諸功德，願於命終時，
見無量壽佛，無邊功德身，
我及餘信者，既見彼佛已，
願得離垢眼，成無上菩提。

एषामपि दशानां श्लोकानां पिण्डार्थस्त्रिभिः श्लोकैर्वेदितव्यः।

今译：应知以下三首偈颂说明这十首偈颂[④]的总义：

---

① "无量寿佛"（amitāyus）或称"阿弥陀佛"，是西方极乐世界净土佛。这说明如来藏也吸纳净土信仰。
② 这首偈颂不见于原文。
③ 此处"回向"（pariṇāmana）指以自己积累的功德，用于自己和信众见到无量寿佛，产生无垢法眼，而获得无上菩提。
④ "十首偈颂"指以上第16首至第25首。

勒译：自此已下略說句義，偈言：

यतश्च यन्निमित्तं च यथा च यदुदाहृतम्।
यन्निष्यन्दफलं श्लोकैश्चतुर्भिः परिदीपितम्॥ २६ ॥

今译：四首偈颂①说明依据、原因、
如何、怎样和产生的结果。（26）

勒译：依何等法說，依何等義說，
依何等相說，如彼法而說，
如彼義而說，如彼相而說，
彼一切諸法，六行偈示現。

आत्मसंरक्षणोपायो द्वाभ्यामेकेन च क्षतेः।
हेतुः फलमथ द्वाभ्यां श्लोकाभ्यां परिदीपितम्॥ २७ ॥

今译：两首②说明保护自己的方法，一首③
说明谤法原因，两首④说明谤法结果。（27）

勒译：護自身方便，以七行偈說，
明誹謗正法，故有三行偈，
六偈示彼因。

संसारमण्डलक्षान्तिर्बोधिप्राप्तिः समासतः।
द्विधा धर्मार्थवादस्य फलमन्तेन दर्शितम्॥ २८ ॥

今译：最后一首⑤简要说明所说法义的两个
结果：安忍生死轮回和获得菩提。（28）

---

① 这里"四首"指第 16 首至第 19 首。
② 这里"两首"指第 20 首和第 21 首。
③ 这里"一首"指第 22 首。
④ 这里"两首"指第 23 首和第 24 首。
⑤ "最后一首"指第 25 首。

勒译：以二偈示現，於彼說法人，
　　　　深生敬重心，大眾聞忍受[①]，
　　　　得彼大菩提，略說三種法，
　　　　示現彼果報。

इति रत्नगोत्रविभागे महायानोत्तरतन्त्रशास्त्रे ऽनुशंसाधिकारो नाम पञ्चमः परिच्छेदः श्लोकार्थसंग्रहव्याख्यानतः समाप्तः ॥ ५ ॥

今译：以上是《究竟一乘宝性论》中名为《利益》的第五品。偈颂总义释终。

勒译：究竟一乘寶性論卷第四

---

① 此处"忍受"的原词是 kṣānti，在原文中与 saṃsāramaṇḍala 组成复合词，即忍受生死轮回。